U0924979

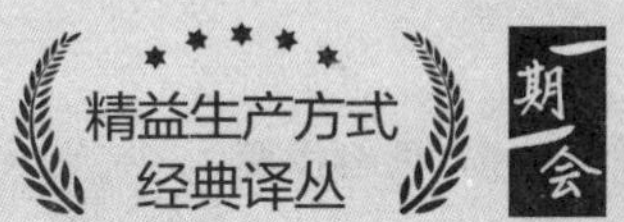

全图解

日本汽车工厂

从发动机制造·涂装·组装到生产管理

【日】青木干晴 著　蓝青青 译　【日】门胁圭 主审

内容提要

本书是作者在日本汽车工厂几十年工作经验的总结，详细地介绍了汽车制造的工序，而且将生产管理和生产工序结合起来，介绍了如何衔接各个工序、如何提高生产效率、如何降低差错率和次品率。书中配有大量的插图和表格，非常直观地介绍展现了汽车制造的各种技术窍门。本书适合汽车制造业相关人士阅读。

图书在版编目（CIP）数据

全图解日本汽车工厂/(日)青木干晴著；蓝青青译.—上海：上海交通大学出版社，2017
(一期一会)
ISBN 978-7-313-17268-6

Ⅰ.①全… Ⅱ.①青… ②蓝… Ⅲ.①汽车制造厂—生产管理—日本—图解 Ⅳ.①F431.364-64

中国版本图书馆CIP数据核字(2017)第126975号

全图解日本汽车工厂

——从发动机制造·涂装·组装到生产管理

著　　者：[日]青木干晴　　译　　者：蓝青青
出版发行：上海交通大学出版社　　地　　址：上海市番禺路951号
邮政编码：200030　　电　　话：021-64071208
出 版 人：郑益慧
印　　制：上海景条印刷有限公司　　经　　销：全国新华书店
开　　本：710 mm × 1000 mm　1/16　　印　　张：16.25
字　　数：183千字
版　　次：2017年7月第1版　　印　　次：2017年7月第1次印刷
书　　号：ISBN 978-7-313-17268-6/F
定　　价：68.00元

序

一位持续26年在丰田做改善的男子这样写道，把描写日本强大制造能力之根基的这样一本著作，翻译成外语并出版到海外，这样做真的好吗？

日本会不会就此失去制造能力的强大之处呢？

这就是三年内一直在困扰着我，一直使我犹豫是否该去翻译出版本书的原因。但是，在听取很多来本研究会咨询的企业所面临的问题，并提出解决方案的过程中，很强烈地感受到，如果大家都读过这本《全图解日本汽车工厂》著作的话，很多问题就都能迎刃而解了。

本书在日本的很多工厂生产现场被人们所拜读，可以毫不夸张地说是放在生产现场的圣经。很多读过本书的读者都感慨“这是本面向所有行业人士的必读之书”。

这次，感谢上海交通大学出版社，感谢译者，让它得以在中国成书，作为主审我十分高兴。

在本书完稿出版之前，如果你想系统化地学习生产现场的基础、原理和改善方法的话，只能从公司的上司、前辈处学习他们自己的感想和经验，也就是所谓的OJT教育。

很多工厂，和生产现场所面临着的从业人员及管理监督者们的教育问题，都可在短时间内通过这本书上的知识来解决。

本书通俗易懂地讲解了TPS(丰田生产方式),其内容不仅是汽车行业,各种其他行业、业态也都适用。TPS是在日本的医院、服务业,甚至是酒窖都有应用,并行之有效的管理方法。

特别是在中国被人们大大误解的"kanban(看板)",在本书中都有简单易懂的说明。希望各位读者在完全理解原意的基础上,在自己的生产现场务必多多实践。作者青木干治在书中记录了和本研究会一起在中国进行改善活动时收获的心得、方法,相信这些内容一定会令各位读者感同身受。

作者以自身的视点,冷静地分析了汽车制造工厂的未来和电动汽车的发展方向,也请作为参考。

最后,认为在本书中介绍的"kanban""信息指示灯""一个流生产""平准化结构"等方法正是因为运用在日本,运用在丰田汽车上才会成功,才会行之有效。但中国不一样,在中国并不一定有效果,抱有这种想法的读者也不在少数吧。

这个问题本身其实已经落伍了。不是"能有效果吗",而是已经"有效果了"。

本研究会已经在中国为1800多家公司引进了丰田汽车式思考方式,TPS(丰田生产方式)一个流式生产,TPM(Total Productive Maintenance),都取得了很好的效果。平均投资效果比有18.22倍。就投资效果比而言,可以很自信地说比日本国内还高。

首先请先思考一下本书中所记述的事例中有哪些是自己工厂能直接借鉴的,并请务必实践一下。如果做不好的话请考虑一下为何做不好,并进行相应的改善,如果改善成功的话,就再进行横向、纵向拓展,并考虑是什么原因导致的成功。总之首先请实践。

最后,想向各位读者分享这样一句话。

“失败是成功之母,唯有实践出真知。”

为了尽可能的帮大家解决生产现场上的各种烦恼,本研究会有很多经验丰富的研究员随时准备为各位服务。

(可免费商谈,免费电话400-640-1765)

主审　门胁圭

前　言

我自进入丰田汽车后，在总公司的各职能部门（人事部、会计部、财务部）工作之后，又在生产汽车的总部工厂（成本小组、生产管理室）、田原工厂（发动机工厂、铸造工厂的生产管理室）等地一直从事与“生产工序和生产管理”相关的工作。

我现在在日本、中国、韩国等地从事丰田生产方式导入的咨询工作，除了汽车行业，也受托于与汽车毫无关系的行业。我认为“生产的根本在于管理”，所以才从事起改善工作。在改善的过程中，我渐渐注意到一件事，那就是我所接触过的工厂都与丰田工厂某处工序十分相似。

这就说明“汽车制造”这一工作所触及的领域相当广泛。此外，无论在那些工厂的哪道工序，在“制造手法”和“生产管理”方面都具有共通性，应用起来十分便利。

当然一般来说，每个客户都只清楚自己工厂的工序。我觉得为了能使他们积极主动地推进各项改善工作，我觉得最佳捷径就是除了自己工厂以外，还要让他们了解更为广义的“制造工序”，在此基础上让他们明白“制造手法”和“生产管理”具有共通性和普遍性这一道理。

因此，关于应用范围极广的汽车工厂，我决定对其工序中的“制造手法”和“生产管理手法”进行全面彻底的说明。

在丰田，无论发生什么故障，不光是制造部的人员，生产管理、品质管理、设备保养等相关部门的人员都会立即赶往故障发生现场，探讨应对措施。如果不能让设备尽快恢复正常运转，生产线上的几千名作业人员就会处于闲散状态。

那时，我作为生产管理的负责人参与讨论并采取了各种应对措施。例如，如果生产线有可能长时间停止，就必须赶往前工序和后工序，对运货的卡车班次进行调整等等。

实际上，对我而言，这也是一种宝贵的学习机会。因为设备一旦停止，相关人员就会齐聚一堂，这样我就可以听到许多技术性、专业性的意见和建议。此外，即使问题解决了，在那里也可以向相关人员请教自己不懂的方面，他们总是很耐心地告诉我。反之，如果不去问的话，自然也就什么都不会告诉我。

不仅是在工厂，在社会上也是如此。当遇到疑惑不解的问题时，如果不积极主动地去问的话，谁都不会告诉我们答案，问题自然也就得不到解决。

就这样，近30年来我耳闻目睹了汽车工厂的所有工序，并对专业之外的部门有了自己的认识。通过我的所见所闻，重新对汽车工厂的工序进行说明，对众多读者而言我想这么做是有意义的。

例如，像铸造、锻造、成形等工序一直以来都是产品制造的基本工序。即使是学文的人通过了解“产品的制造过程”“制造的根本”，也能在技术领域开阔视野、增长知识，并且通晓“技术工序的根本”。而这种知识不仅限于汽车行业，也与钢铁业、铝成形、造船、飞机、铁道、电气通信等诸多行业制造水平的提升有着千丝万缕的关系。

此外，在这里还有一点至关重要，那就是为了能让大家全面了解制造商的真正实力和制造秘诀，仅仅知道各道工序是远远不够的。事实上

“生产管理和品质管理”的目的在于推动各工序的工作顺利开展，因而有必要也结合这两者进行说明。用在丰田的话来说，就是要“理解看板的含义”。

从这个意义上来讲，本书的目的不在于单纯地描述汽车制造的工序，而是要将生产管理和生产工序结合起来进行说明。

各道工序是怎样衔接运转的？人员是怎样想方设法推进各项工作顺利开展的？现在正值日本制造业艰难挣扎之际，身为在生产现场工作了30年的人，我深感有责任对此进行介绍。

现在我作为一名咨询顾问，一直在各个国家进行改善指导，并将指导过程中的经验总结在本书的结尾部分，从而能够具体了解到是在什么样的情况下发现问题的，又是怎样解决问题的。此外，通过一些事例，也能够进一步深入了解韩国人、中国人的工作方式及处事态度。

在本书中，关于将“生产工序”和“旨在确保工序顺利运转的生产管理”的工作加以结合这点上倘若能够得到读者的认同和理解，并对大家工作有所帮助，那将是我最大的荣幸。

2012年9月

青木干晴

目 录

第 1 章

汽车制造的流程

——全图解汽车工序

俯瞰汽车工厂
——在建筑布局方面下工夫

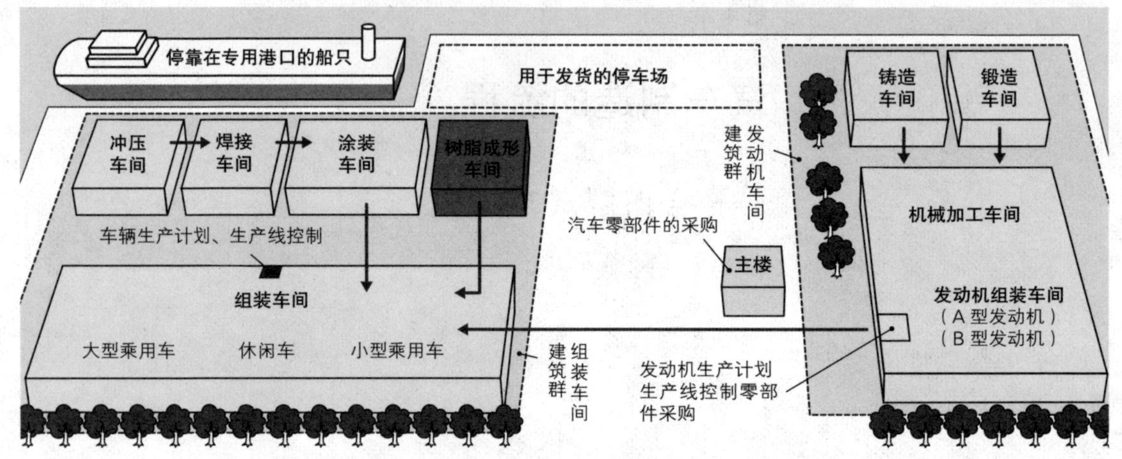

图 1-1-1　汽车工厂的建筑布局

上图形象地描绘了汽车工厂的建筑布局。这个布局虽然是虚构的，但是接近实体工厂的布局。左半部分是汽车的**组装车间建筑群**。事实上，很多时候，生产大型乘用车、休闲车、小型乘用车的各栋建筑是分开的。

所有汽车的车体生产线都要按照顺序从“冲压车间→焊接车间→涂装车间”然后流到“组装车间”。

大型乘用车的冲压车间和焊接车间、涂装车间在上图中位于不同的建筑里，之间有道路相连。**工件**（在制品）经过这些道路，然后进入各大车间。由于大型车的涂装非常复杂，因此在涂装车间需要很长的生产线。

作为工序而独立存在的是**树脂成形车间**，保险杠和仪表板等树脂产品都在这里生产。不管是大型车、小型车还是其他的车，所有车辆的组装生产线都需要树脂零件，因此将树脂成形车间设在正中央。

建筑用地的右半部分是**发动机车间建筑群**，在这个车间生产两种发动机。发动机的制造依次分为“铸造 · 锻造→机械加工→发动机组装”工序。由于发动机是汽车上最大的一个零部件，搬运也需要耗费巨大的成本。所以，像这个工厂这样，在组装车间的附近能生产发动机的话是最为理想的。

在组装车间建筑群和发动机车间建筑群的正中间是**主楼**。主楼里设有厂长办公室、生产管理室、品质管理室、总社总务部保安科（警务 · 消防）等等。

但是生产管理和品质管理相关的负责人都分散在各栋建筑中。之所以这样安排，是因为一旦工序内发生问题出现情况的话，必须要尽早赶往现场。

▶ **选址时必不可少的“水”**　在涂装车间的“水洗工序”中需要用到大量的水。此外，在机械车间冷却机械时也要用大量的水，车间外的大型冷却塔就是用于冷却的。总之，汽车工厂需要大量的水，雨水少的话，有时会导致停工。

汽车制造的整体工序图
——“车体产线”“树脂”“发动机”3道工序

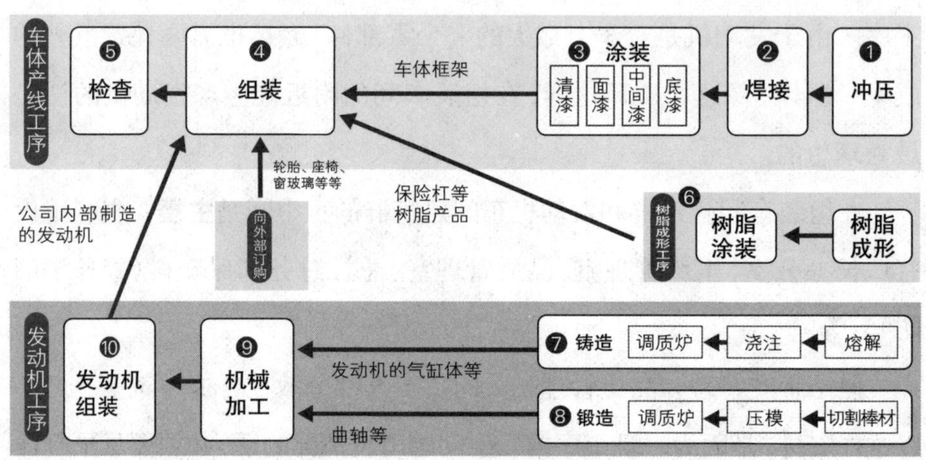

图1-2-1 零件汇集到组装工序

▶ **车体产线工序**

在汽车工厂大致可以分成**车体产线工序**、**树脂成形工序**以及**发动机工序**这三道工序。其中最主要的是车体产线工序，经过后续的①～③工序，到达“④ 组装工序”，最终生产出汽车。

① *冲压工序* 对运到工厂的卷状薄铁板进行冲压，制造出车顶、车门等各种形状的金属部件。

② *焊接工序* 焊接冲压好的各类部件，打造汽车车身。汽车的基本框架就形成了。

③ 涂装工序　为了使铁板不生锈并赋予车体光泽度要进行涂装(底漆、中间漆、面漆、清漆)。

④ 组装工序　组装的对象不仅包含①~③工序中做好的零部件,也有从外购厂家处买来的轮胎、座椅,下一道树脂成形工序中做好的保险杠以及工厂内部制造的发动机等等。

⑤ 检查工序　对行车状况、刹车、车灯、排气、漏雨与否等进行检查之后发货。

▶ 树脂成形工序

⑥ 树脂成形工序　在这道工序中对保险杠、仪表板等大型的树脂产品进行注塑,并喷上与汽车同样的颜色。由于大件很多,因此缩短搬运距离尤为重要,所以很多都是工厂内部制造的。

▶ 发动机工序

发动机是汽车的中枢部件,所以多为内部制造。发动机工序可分为以下4道工序。

⑦ 铸造工序　将熔解的金属注入模具中,能够做出复杂的形状。

⑧ 锻造工序　虽然不能做出复杂的形状,但能够做出需要强度的零部件。

⑨ 机械加工工序　用刃具对做好的铸造件和锻造件进行切削加工。

⑩ 发动机组装　利用⑦~⑨工序中完成的各类发动机零部件组装出1台发动机。这些零部件全部都汇集到车体产线的"④ 组装工序",形成汽车的外形轮廓。接下来看一下各项的具体内容。

▶ 发动机中铸造件和锻造件的区别　铸造件和锻造件之间没有明确的区分。就像曲柄这种零件,也有高级车采用锻造件,低价位的车采用铸造件这样的例子。根据发动机的等级,综合考虑成本、强度(性能)、重量之后再做决定。

冲压工序

——车门和车顶在此进行剪裁、加工制作而成

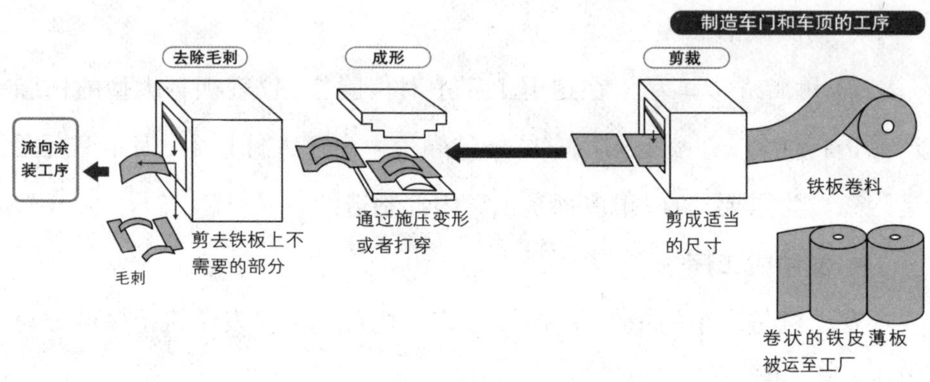

图1-3-1　在冲压工序对铁板卷料进行冲压

冲压工序指的是通过机器在铁板（钢板）上施加压力（冲压），改变铁板形状的一道工序。

首先将起重机运过来的铁板卷料拉伸开来，用剪切机裁成需要的大小。

然后用冲压机对裁好的铁板施加压力。这样一来铁板能够大幅度地弯曲，做成车顶和车门等产品。此外，裁剪下来的边角料也不浪费，可以用于加油口等地方。

冲压机非常大，备有很多的**金属模具**，通过更换模具来生产大量的冲压件。我们将这种模具的更换称之为**换模**，而这一过程大概需要几分钟到10分钟的时间。

▶ **换模**　锻造、铸造以及冲压时，不同的产品需要用到不同的模具。由于工厂生产多个品种的产品，所以需要不断进行模具的更换，从而生产各种各样的产品。这种更换模具的作业叫做“换模”，很大程度上影响着生产效率。

此外，冲压时，小件需要数百吨，大件需要数千吨的压力。可以说汽车的制造是从冲压开始的。

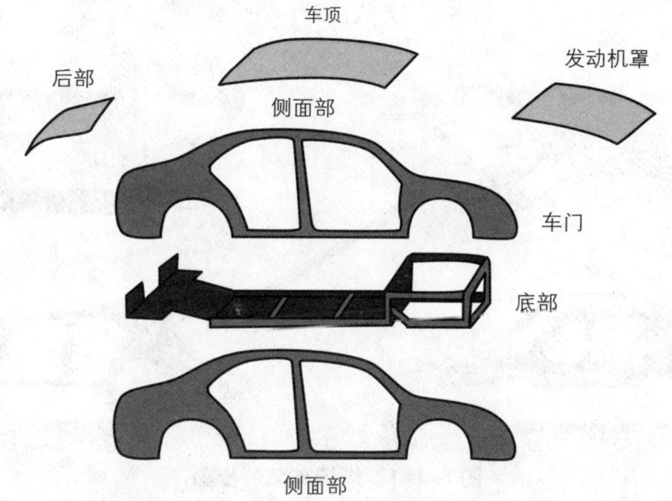

图1-3-2　冲压后汽车的各部分就完成了

焊接工序

——自动焊接机进行电弧焊接以及点焊接

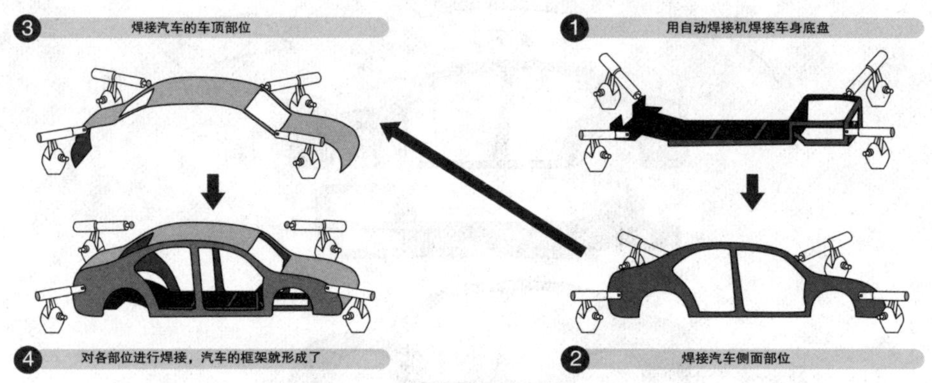

图1-4-1 焊接车架的步骤

将冲压好的铁板（车门、车顶等）从冲压工序运至焊接工序，通过高温进行熔解，接合在一起。和之后的涂装工序一样，**自动设备**派上了很大的用场。经过冲压加工的车门等框架类的零部件通过焊接，将侧面、车顶、底座等接合在一起，然后进行车体整体的金属焊接。

汽车的**焊接工序**主要是靠自动焊接机进行**点焊接**，自动焊接机一边更换焊枪（多关节机械臂）一边灵活地进行细致的作业。不能进行点焊接的地方则进行**电弧焊接**（硬焊处理）。在焊接工序中，常常会溅出火花，因此作业人员作业时要戴**防护眼镜**，同时也有具备清扫功能的自动设备。

> ▶ **点焊接** 铁板与铁板之间有电流流过，利用产生的热量熔化铁板的一种焊接方式。1辆汽车有3 000处至4 000处要进行点焊接。与此相比，需要电弧焊接的地方只有几十处。

自动焊接机上已设定好焊接时正规的操作程序，所以当汽车类型发生改变时，也要更换焊接用的零部件（焊枪、**夹具**），由于海外的工厂和国内采用同样的自动焊接机进行作业，因此只要变更一下夹具和自动焊接机的程序，就可以将同样类型的汽车移交给海外工厂生产。

我们将焊接组装完的车身叫做"**白车身**"（英文：WhiteBody），通常写成W/B。虽然对车身进行了焊接，但发动机和内饰等都还未安装进去。这时，如果**舾装零部件**预留孔的位置等不准确的话，就无法正确安装其他零部件，所以白车身的精度关系到最终汽车的品质。正因为如此，冲压、焊接工序中作业的好坏对后面工序有很大的影响。

再者，焊接时产生的火花会对车体造成损伤，因此在这方面要想办法尽可能使得火花不飞溅。

> ▶ **舾装**（xī zhuā ng） 汽车、船舶制造过程中，将发动机等装置安装到主体结构上的一道工序。此外，我们把消防车、吊车等特种车的制造商叫做舾装制造商，与普通的汽车制造商加以区别。

涂装工序

——喷底漆、喷中间漆、喷面漆、磨光

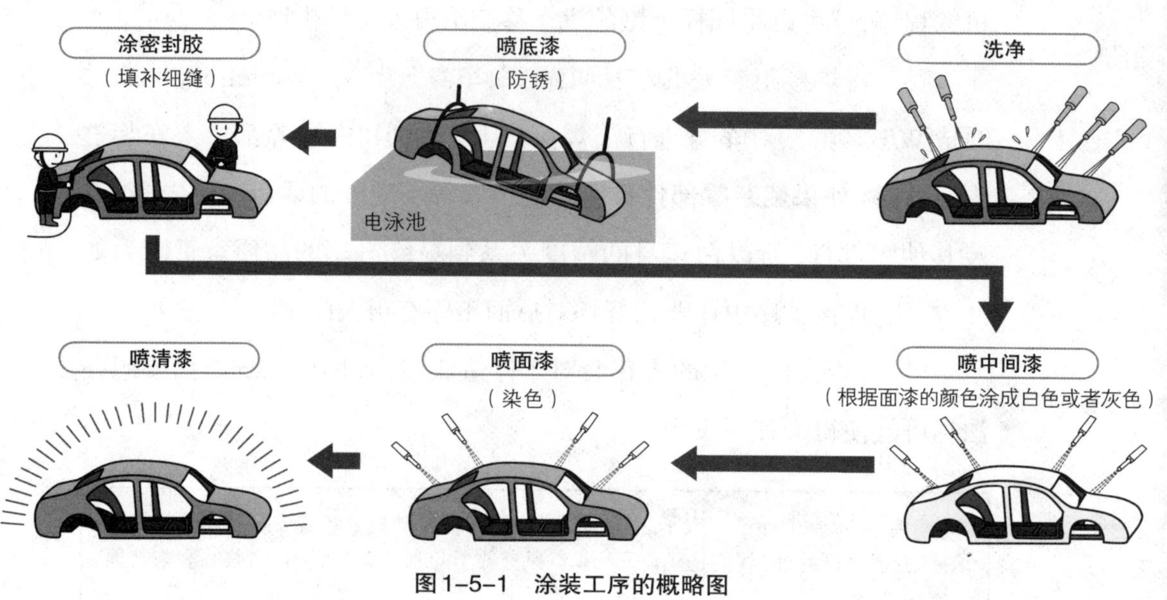

图1-5-1 涂装工序的概略图

▶ 前处理就好比化妆打底一样

对焊接工序运过来的车体进行**涂装**。这么做主要有两个目的：①防止车体生锈；②通过喷漆，使汽车光洁亮丽。

其实汽车以外的工业用品大多也会在表面进行涂装，基本上都是出于同样的目的。

涂装工序中，不是一开始就在铁板上喷漆，首先要进行“**前处理**”。

所谓的前处理就是指在铁、铝等金属表面进行化学处理。这样一来可以防止汽车生锈，并提升涂装的品质。

前处理就好比女性化妆时进行打底。化妆时，不会将化妆品直接涂在肌肤上，为了更好地保护肌肤以及吸收化妆品，要首先涂抹基本的化妆品（即打底）。在这点上前处理就相当于化妆打底。为了将汽车涂装得更加美观漂亮，必须要进行“化学性的打底作业”。

我们把在前处理工序进行的化学处理又称之为“**表面改性**”。

▶ **表面改性**　除了涂装以外，使齿轮和工具表面硬化的热处理等等也属于表面改性的例子。也就是说，不是改变零部件本身的材料，而是通过对表面进行加工处理以改变材料的特性，赋予其表面新的性能。

▶ 4道“喷漆工序”的意义

正如下页图（详图请参考第12 ~ 15页）所显示的那样，在**涂装工序中，稍稍用水洗净之后，会有4道喷漆工序：底漆→中间漆→面漆→清漆**。

喷底漆是为了达到防锈的效果，将车体浸入带电的池子（电泳池）中。**喷中间漆**是为了能够映衬出汽车最终的颜色而将车体涂成白色或灰色（二道底漆）。**喷面漆**时则是用自动涂装机将汽车各个角落喷上最终的颜色。在最后**喷清漆**是为了对汽车表面的涂层进行磨光处理，使汽车整体看起来光洁亮丽。

各道喷漆工序结束之后，利用烘干炉让涂膜干燥固化并进行检查。

然后涂装完毕的车体被运往“主体组装”车间。涂装工序是汽车生产工序中非常长的一道工序。

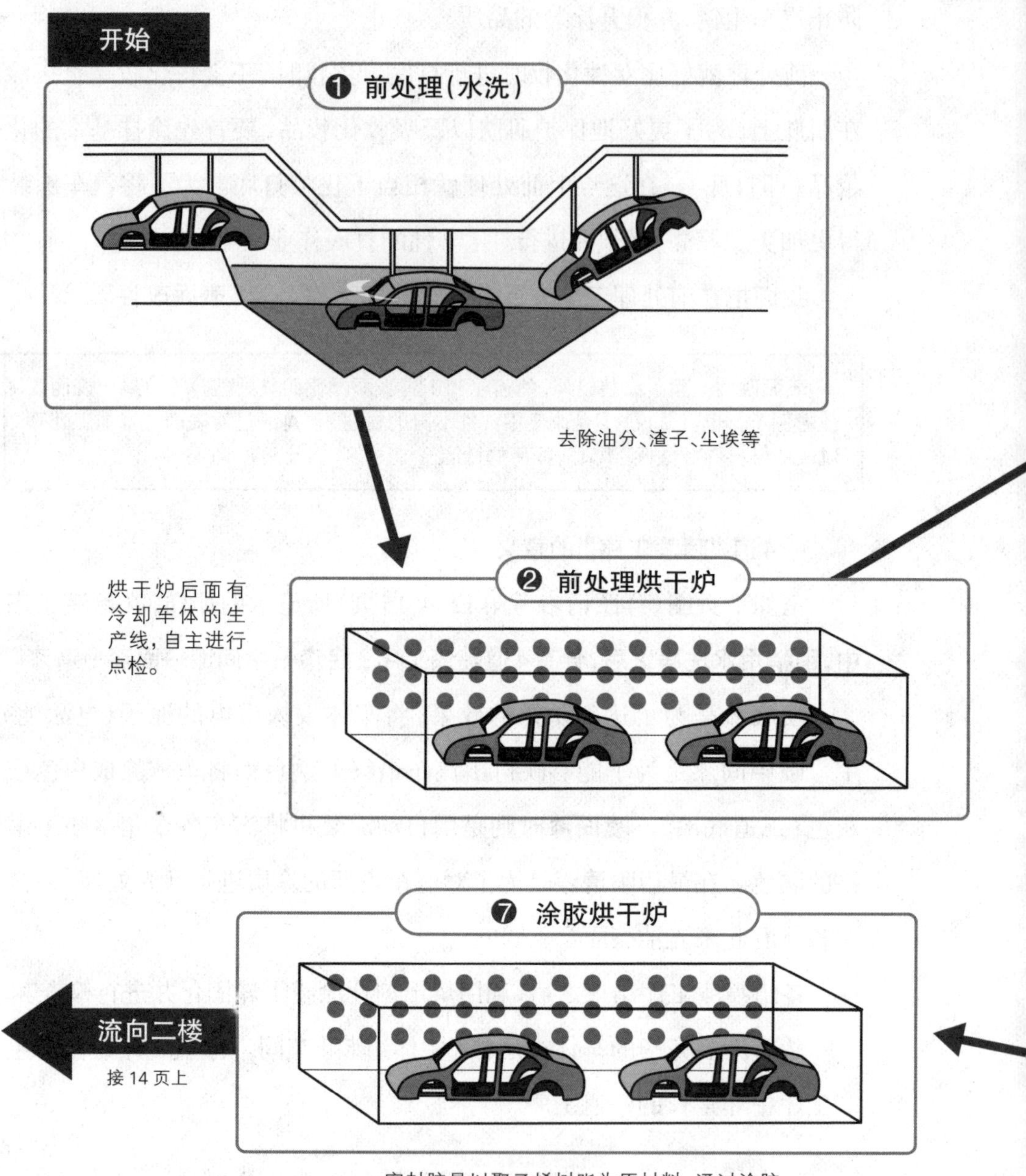

图 1-5-2 涂装工序的详细图(1)

一楼　涂装工序

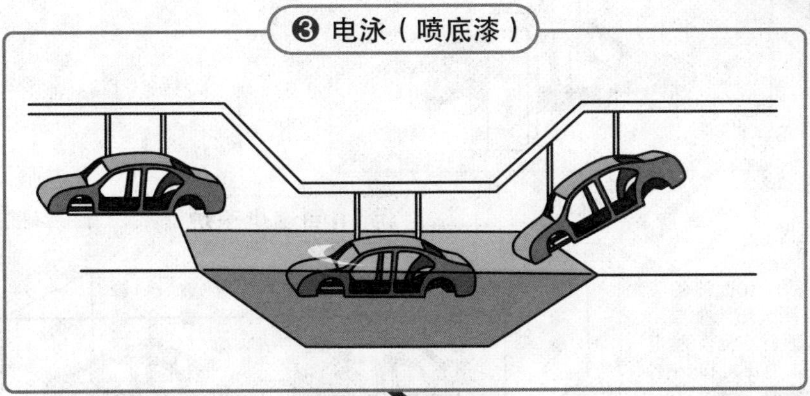

❸ 电泳（喷底漆）

在电泳池中(阳极：+)浸入车体(阴极：–)通电，带正电荷的树脂粒子能进入到车体表面的任何细缝进行涂装。

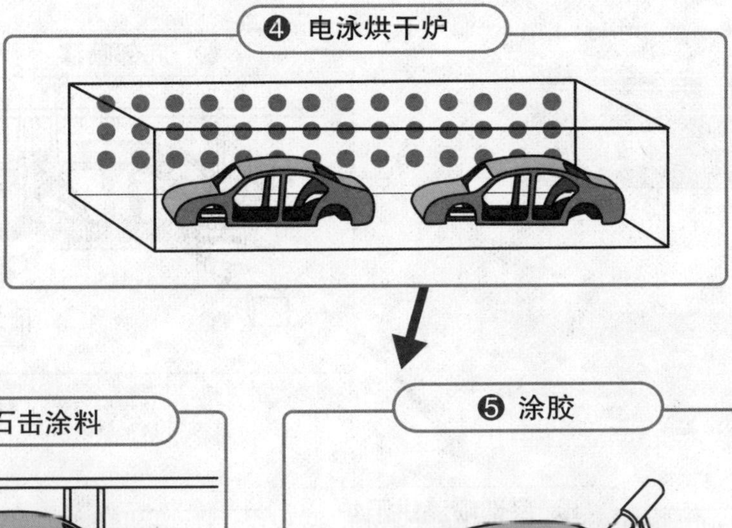

❹ 电泳烘干炉

通过用水清洗，去除多余的涂料，然后进行烤漆。

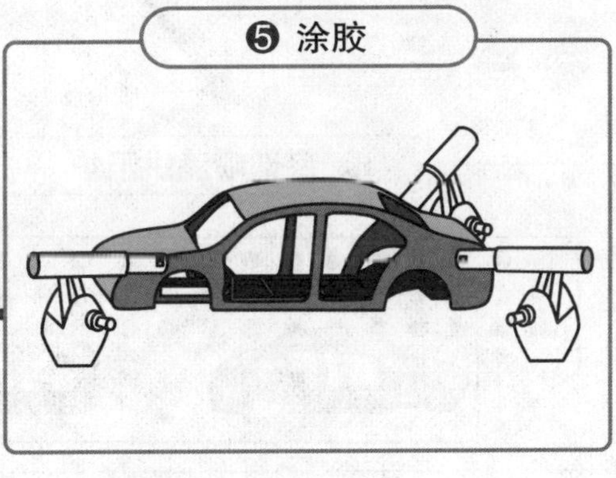

❺ 涂胶

为了防水、防锈，用自动涂胶机对车板接合处进行涂胶

❻ 涂防石击涂料

对容易飞溅碎石的部位进行涂料

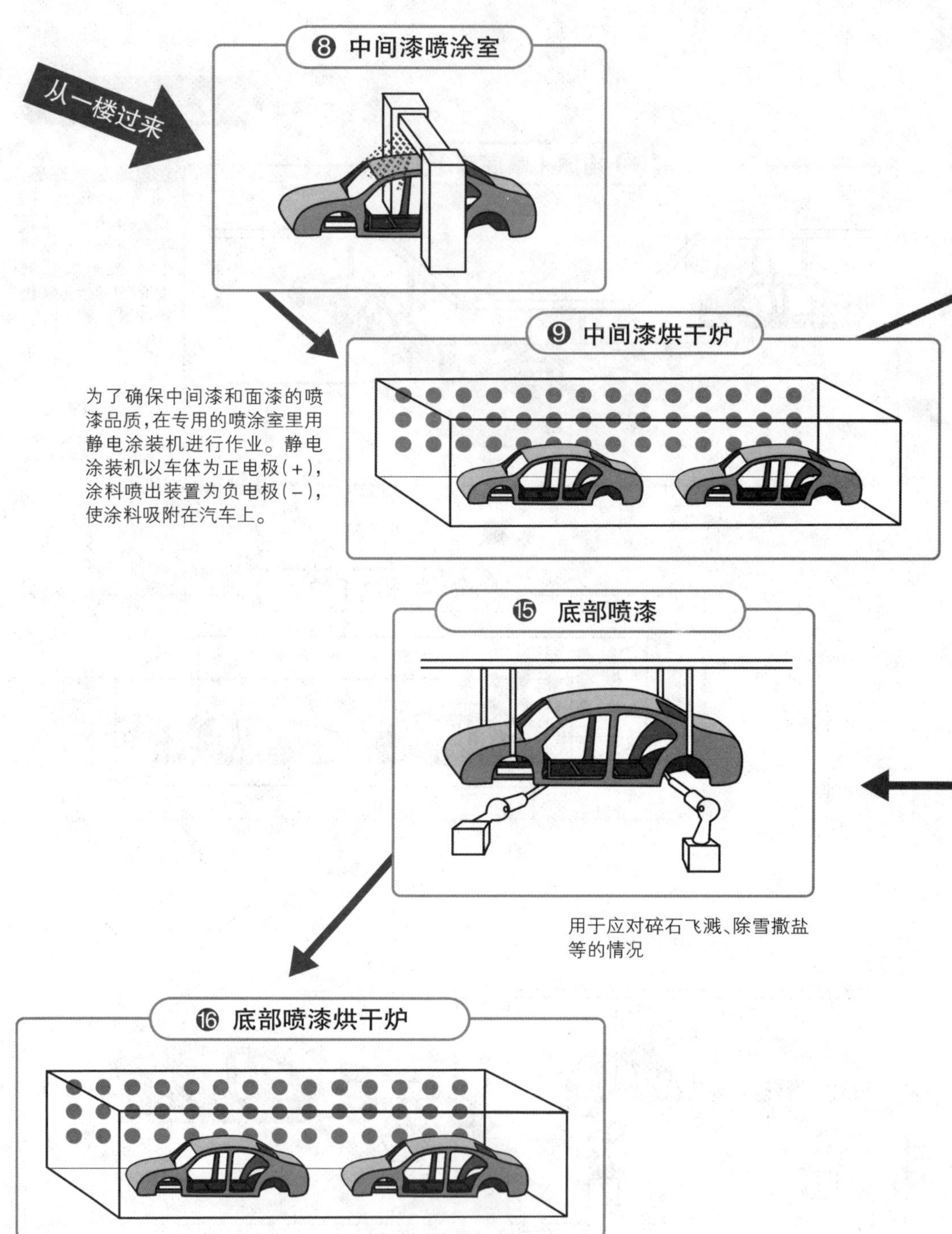

图1-5-3 涂装工序的详细图(2)

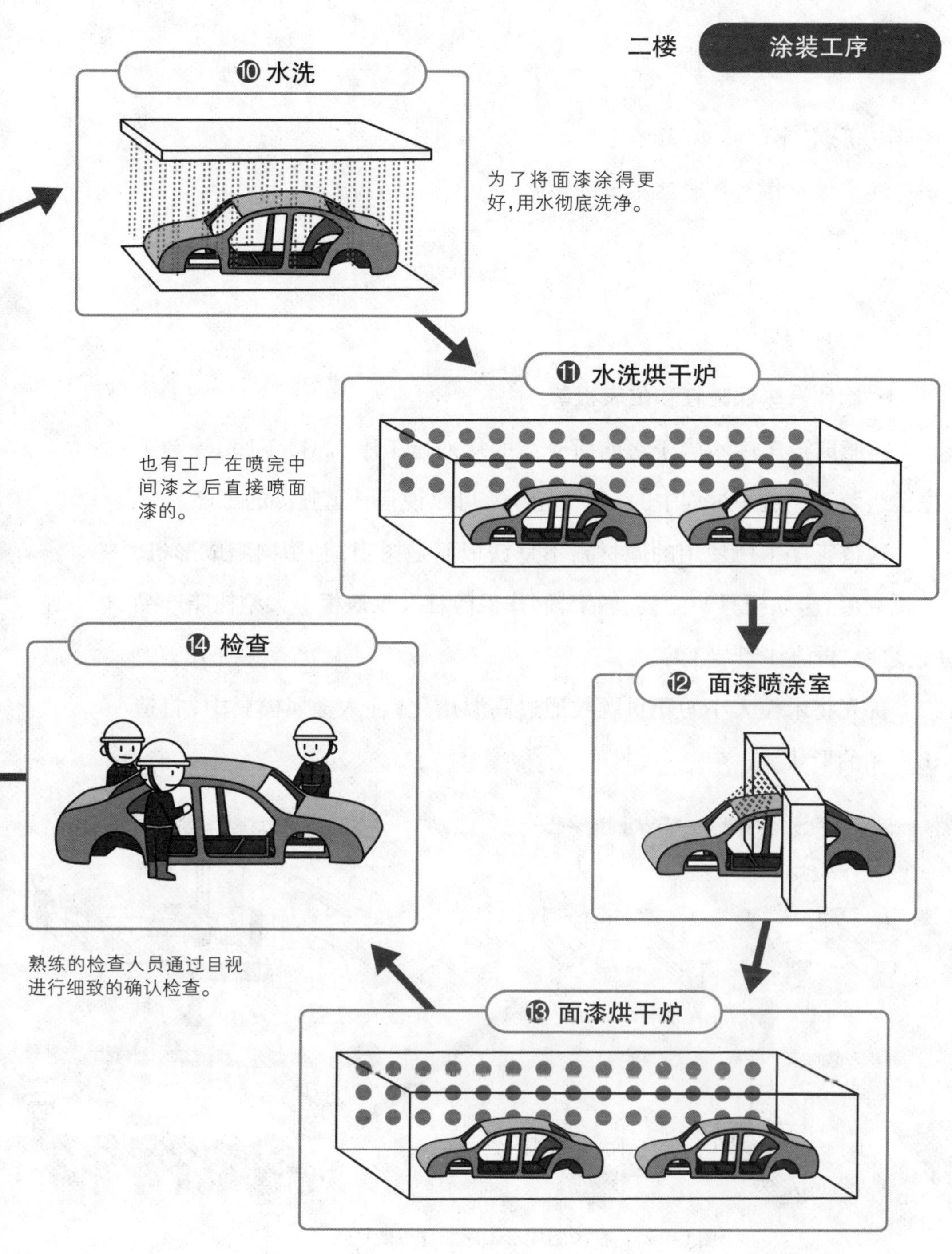
二楼
涂装工序
⑩ 水洗
为了将面漆涂得更好,用水彻底洗净。
⑪ 水洗烘干炉
也有工厂在喷完中间漆之后直接喷面漆的。
⑫ 面漆喷涂室
⑬ 面漆烘干炉
⑭ 检查
熟练的检查人员通过目视进行细致的确认检查。

树脂成形工序

——汽车保险杠等是通过注塑成形的

▶ 制作汽车保险杠和仪表板等

树脂成形工序不同于之前所介绍的从冲压工序、焊接工序、涂装工序至组装工序这一过程中的一系列工序，可以说是一道独立的工序。

这道工序中所使用的原材料不是铁板而是树脂，利用**树脂成形机**，通过成形（金属模具）、涂装、加工，制作**保险杠**及**仪表板**等大型树脂产品（这之后，再流往组装工序）。

首先将米粒大小的塑料颗粒通过高温熔化，注入金属模具中，打造出产品的形状。

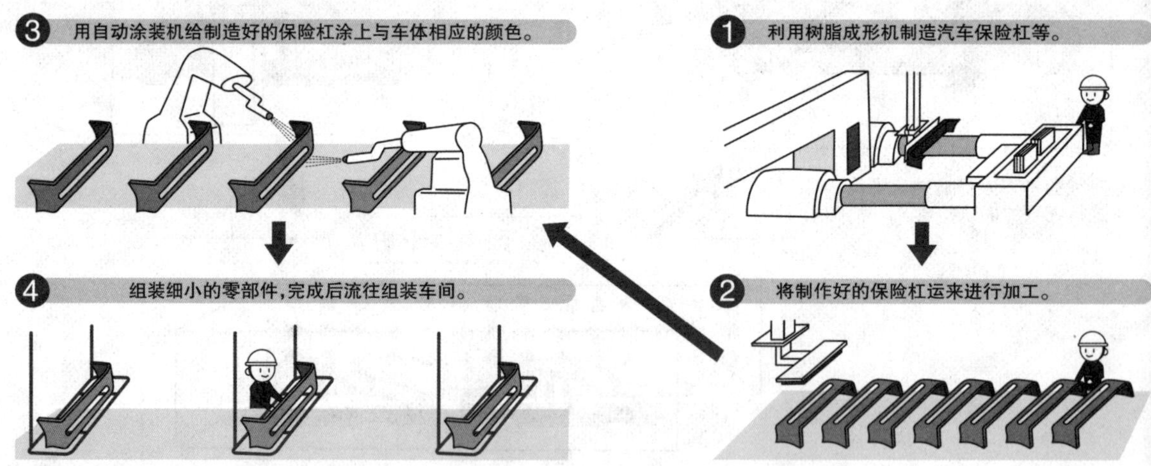

图1-6-1　在树脂成形工序制作保险杠

再对注塑好的树脂产品进行加工处理，预先将表面弄干净后，根据汽车的颜色要求，用自动涂装机喷上指定的颜色。

> ▶ **注塑机**　锁模力有2500T、3000T、3500T等之分。1件产品的成形只需40 ~ 50秒的时间。

▶ 树脂车间在组装车间的附近

保险杠和仪表板等都比较大，为了与汽车的颜色相配，保险杠等的颜色也要进行分别喷涂，因此很难在组装车间内预备大量的库存。所以，最为理想的状态是将树脂成形车间建在组装车间的附近，在组装车间按照产品需要的顺序进行加工制造，装在台车上供应到组装生产线。

作为后工序的组装工序由于作业一直处于这样紧迫的状态之下，树脂成形机也会频繁地进行换模，因此要尽可能地进行小批量生产。

再者，由于将大型的树脂产品搬运至车内（组装工序）非常困难，因此利用有长机械臂的自动设备来搬运、安装保险杠和仪表板等，以此来辅助作业人员的工作。

> ▶ **仪表板**　指的是位于前座正前方的整个大的树脂显示板。

发动机的铸造

——注入铸模进行制造

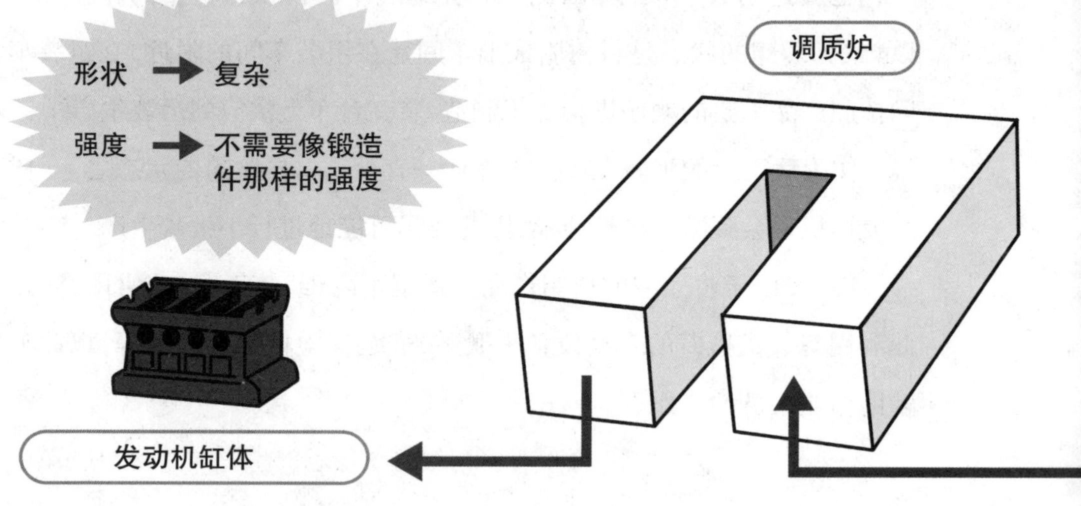

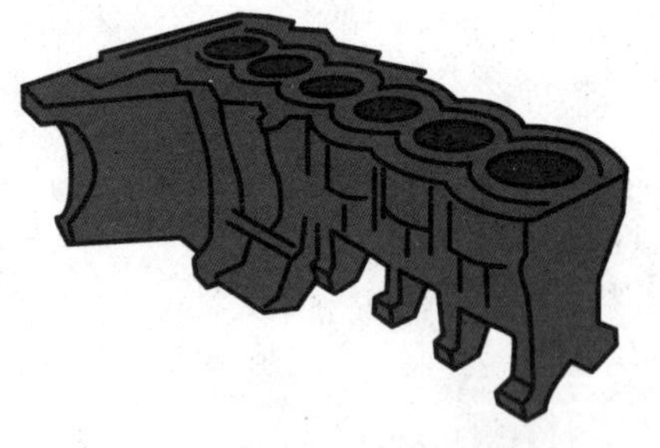

其他的铸造方法

铝压铸

将熔融金属注入金属模具中，施加高压进行铸造的方法。尺寸精度高，能制造薄壁零部件。

图1-7-1 浇入铸模制造发动机零件

▶ 注入铸模的“铸造法”

制造1辆汽车需要3万～5万个零部件，即使是生产汽车的公司，也无法做到在自己公司内部加工所有零部件。但是发动机属于汽车的核心部件，很多时候是在公司内部制造的。

发动机制造是从“**铸造工序**”以及接下来要介绍的“锻造工序”开始的，经过“机械加工工序”，在“组装工序”完成发动机的制造。

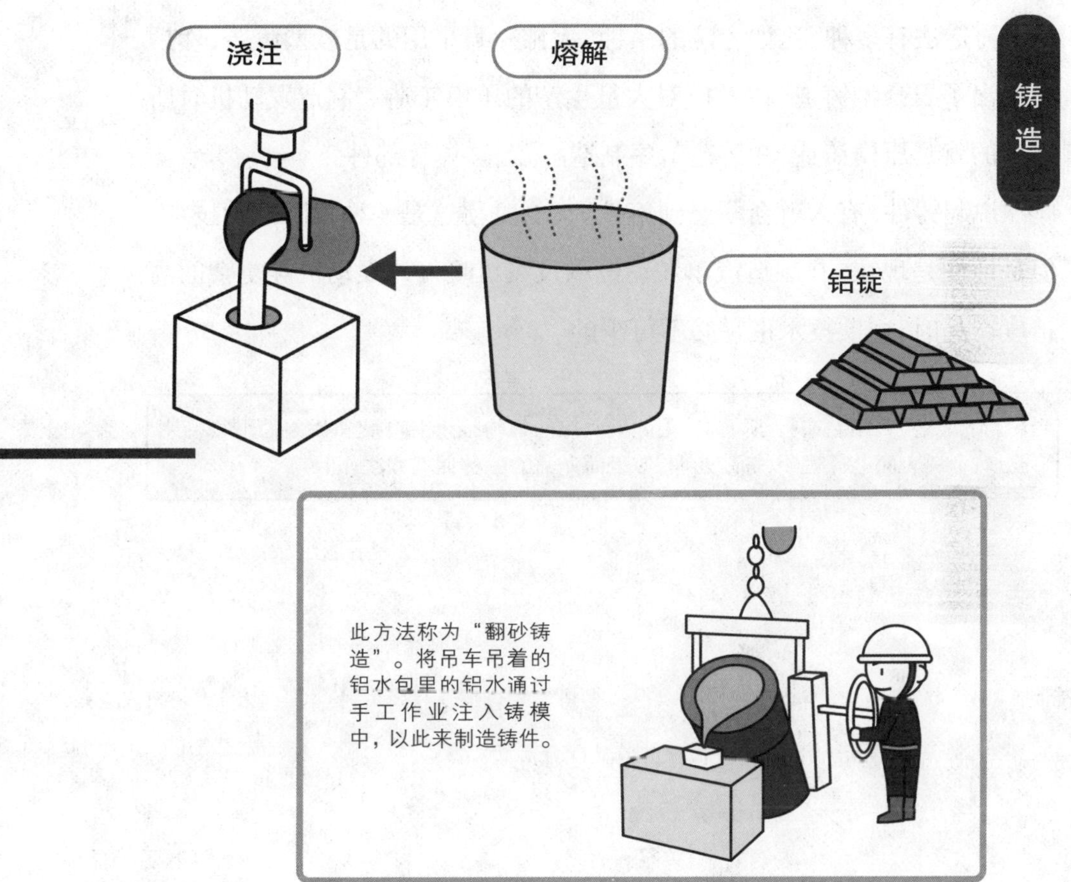

所谓**铸造**(casting)是指通过高温熔化金属材料,浇入铸模后获得具有一定形状零件毛坯的成形方法。这样制作出来的东西叫做“**铸件**”。由于是将金属熔化成液体后浇注到铸模中的,因此即使是形状很复杂的东西,也能轻易地铸造出来。

制造汽车发动机时,将铝锭(块状物)熔化(称之为“**铝水**”)之后,浇入金属模具。然后从模具中取出来加以冷却,做成需要的形状。之后在**喷砂**工序进行表面研磨,去除毛刺等后流往下一道工序(机械加工)。

▶ 制造缸盖、缸体

铸造法有多种,比如寺院的吊钟、大佛一直采用的是砂型铸造,然后发展出了石膏型铸造,以及应对大量生产的压模铸造。制造发动机时所采用的就是压模铸造,在铸造工序制造缸盖、缸体等部件。

说起铸件,有人就会联想到熔铁炉,会觉得这是一种很陈旧的技术。但是即使是现在,在制造汽车发动机以及飞机喷气式发动机等复杂的高精度产品时,这项技术也是必不可少的。

▶ 喷砂　出于消除刻度、预加工、去除毛刺等的目的,利用钢制、铸铁制的小球(砂子)对金属表面进行喷砂、打砂处理,使表面光洁的一种加工方法。

发动机的锻造

——对强韧性有要求的零部件通过"锻造"来实现

▶ 用锤子锻造的原理

发动机的制造不仅是在铸造工序中，在**锻造工序**中也是同时开始的。锻造一词从字面上理解，就是"锻打制造"的意思。通过锻打金属原材料、加压等过程制成具有一定形状和强度的加工件。从"锻炼（锻打锤炼）"一词上也能理解，通过冲压设备对加热过的铁等金属进行加工。与铸造相比，更侧重于追求轻盈强韧性，但是由于做起来比较费工夫，所以要比铸造的成本高。

发动机上的连杆、凸轮轴、曲轴、差动齿轮、齿圈、摇臂等都是通过锻造制作而成的。

发动机内部的曲轴通过连杆使活塞上下运动，工作时承受强力，长时间重复高速旋转运动。在这种情况下，**锻造件**最为合适。

> ▶ **锻造件**　高尔夫球杆的杆头多数是铸造件，但据说专业人员用的杆头大多是锻造件。

▶ 兼具轻盈性和强韧性

对轻盈性和强韧性有要求的零部件，适合用锻造件。锻造件之所以具备这种性能是因为通过压模加压，金属材料的组织结构变得稠密（拉伸强度和硬度增加），在保持同样强度的前提下能做到更薄，这样一来重量就会变轻。对于汽车而言，是必不可少的兼具轻盈性和强韧性要求的制造方法。如下图所示，对材料进行切割，然后压模，最后放入**调质炉**，制造出锻造件。

此外，自古以来的“日本刀”就是锻造件中一个很好的例子。

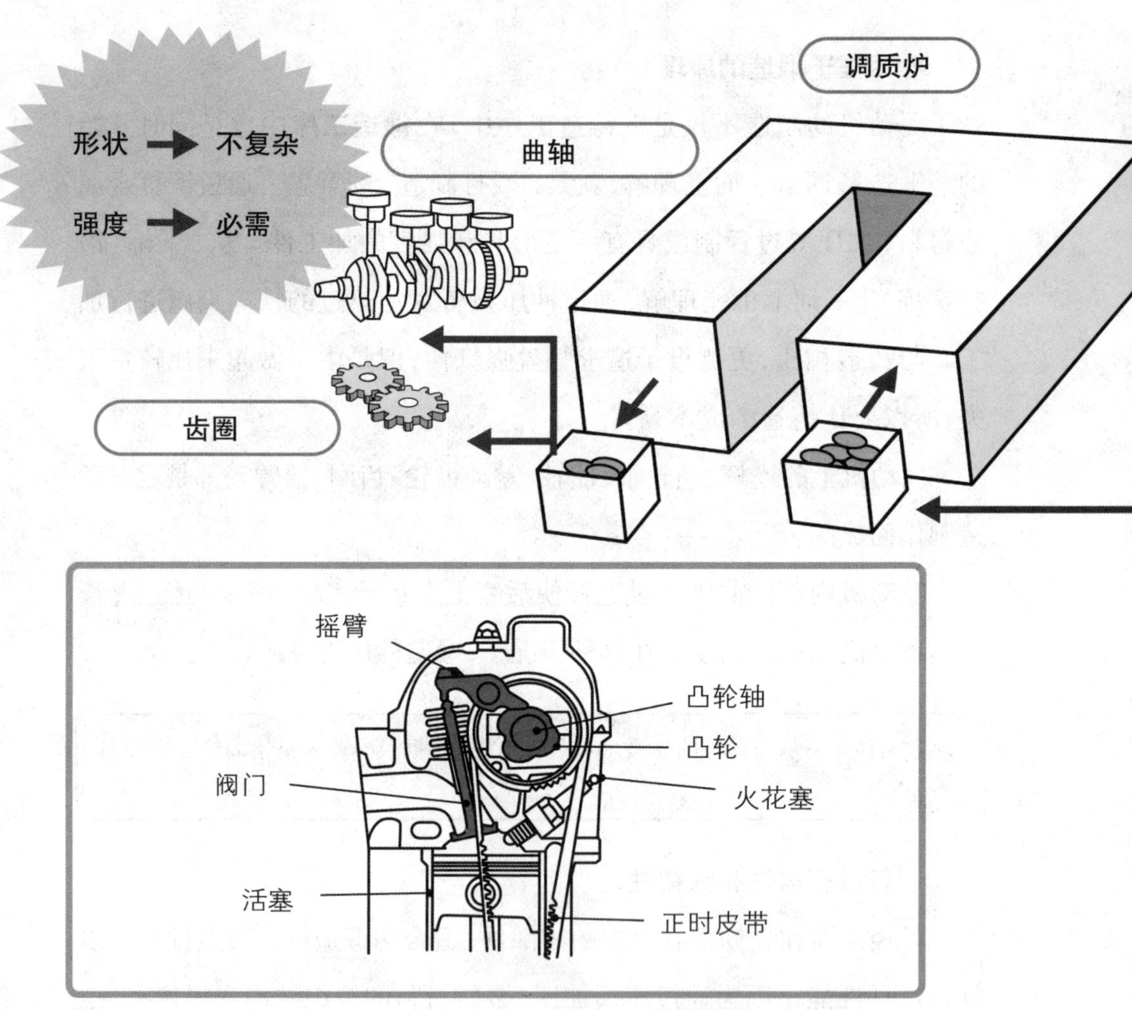

图1-8-1　制造能够承受强力的发动机零部件

▶ **调质炉**　所谓的调质就是指“淬火”和“回火”，在调质炉内进行。在淬火工序中，对金属制品进行热处理后，通过迅速冷却来增加硬度，但金属的组织结构会变脆。然后再一次进行热处理，这次要用适当的温度加以冷却，也就是进行回火处理。

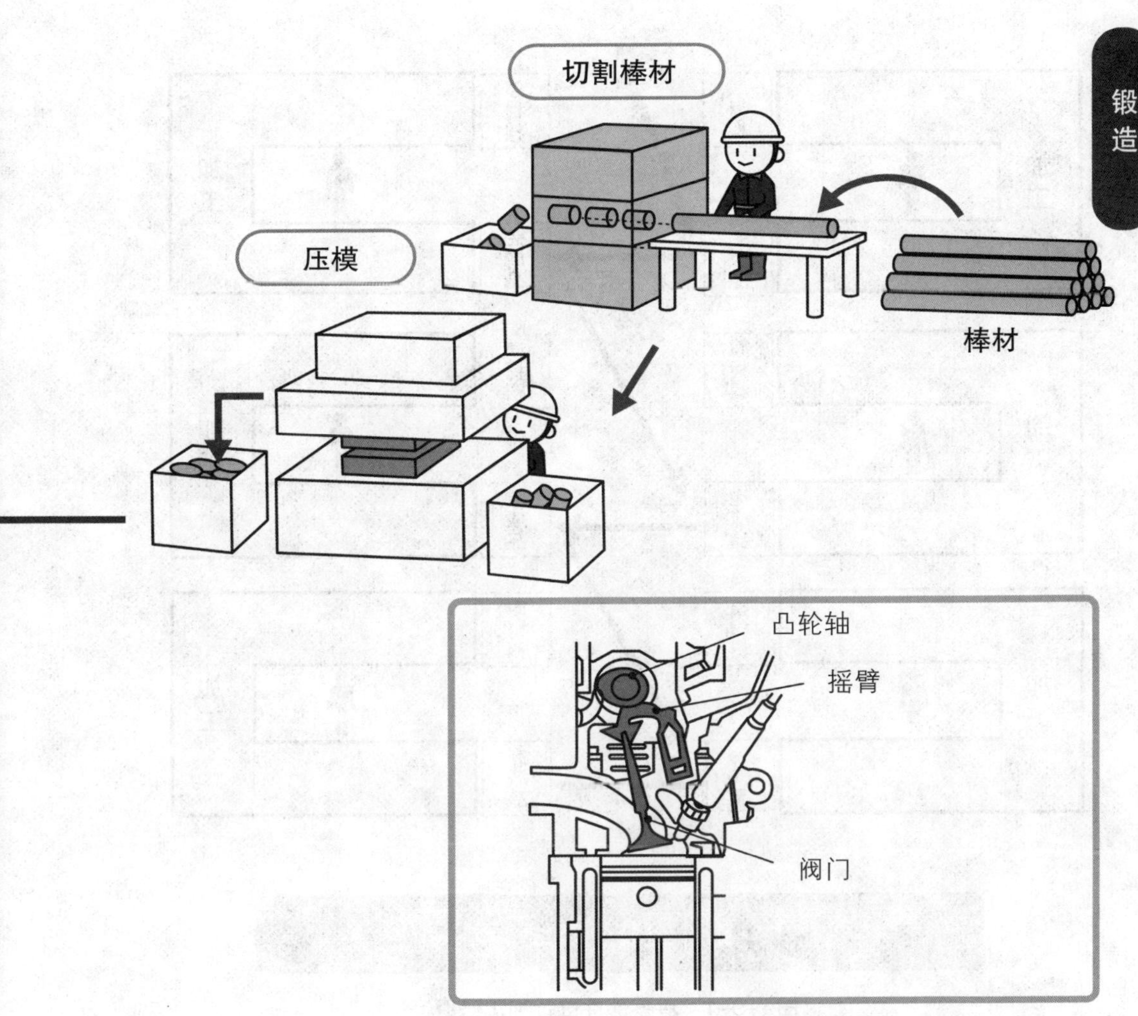

机械加工

——对锻造和铸造过的零部件进行磨削

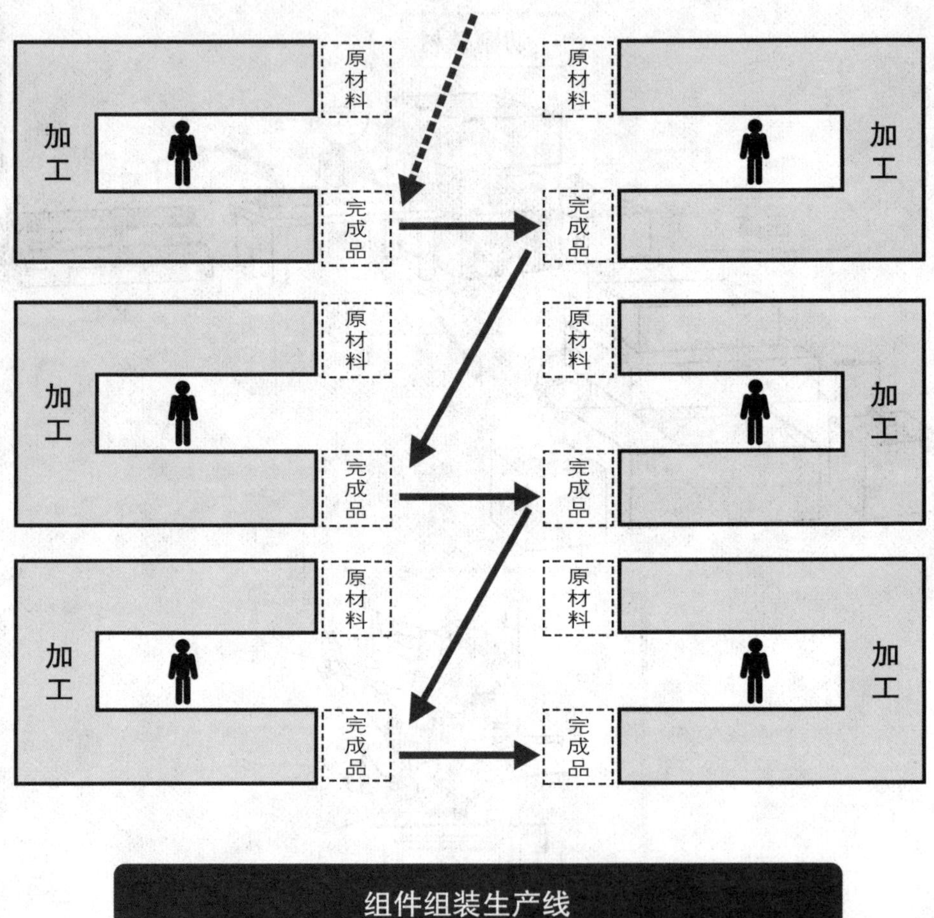

图1-9-1　对零部件进行加工研磨

▶ 用刃具去除毛刺

将在铸造工序、锻造工序加工完成的铸造件和锻造件运至**机械加工工序**，利用刃具进行切削加工、**去除毛刺**。

只完成像发动机缸体这样大的零部件就需要8个小时。因此设置了让机器自动进行加工，进而自动搬运的生产线。

在机械加工工序，人的作业集中在更换刃具、定期检查品质、处理设备异常等方面。一旦发生异常，**信息指示灯**会亮起发出异常信号，通知人员。

像齿圈、连杆等小的零件加工起来不需要花费太长时间，因此打造成**单元式生产线**，人员需要做的是搬运机器间的工件、启动机器的工作。

> ▶ **去除毛刺**（deburring，trimming）　所谓的毛刺（burr）就是指在切削材料的过程中所形成的突起物、刺状物。有毛刺残留的情况下，零部件就无法准确安装到夹具中，也无法正确测定长度等，对精密加工造成影响。

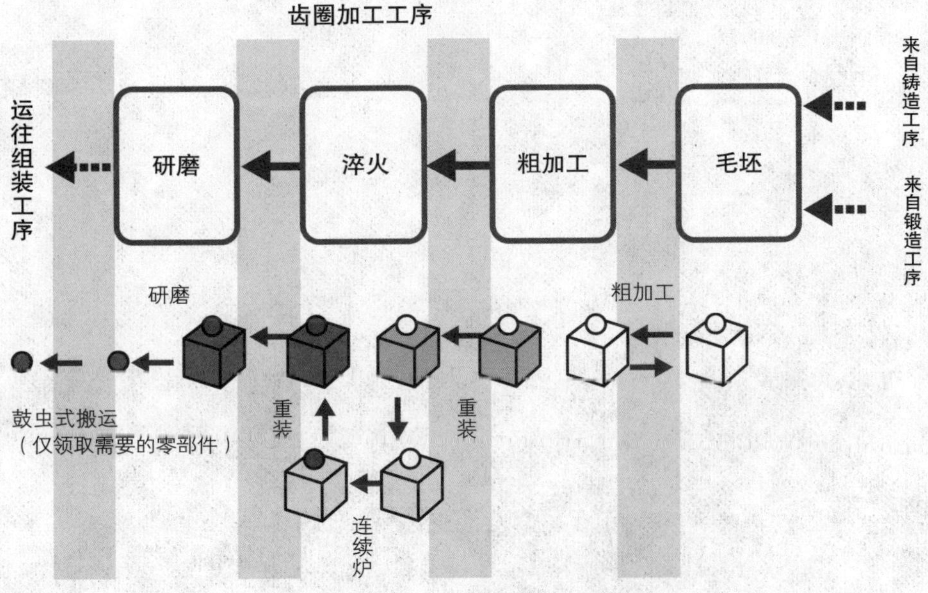

图1-9-2　发动机加工的流程

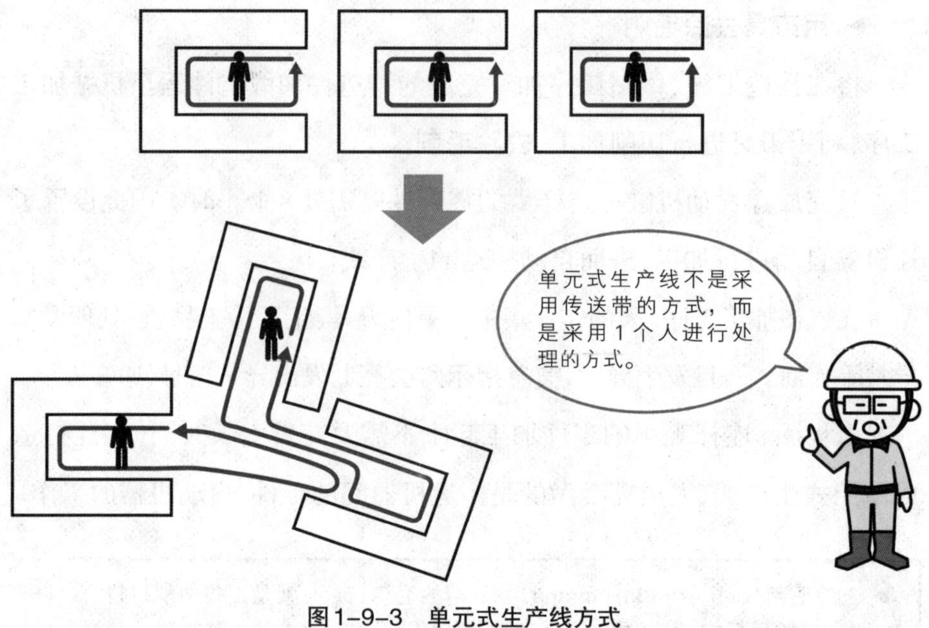

图1–9–3　单元式生产线方式

发动机组装生产线

——安装对汽车而言最为重要的零部件

在**发动机组装生产线**用铸造·锻造生产线、机械加工生产线成形加工而成的多个发动机零部件和从其他公司供应过来的零部件完成发动机的组装。

发动机就好比是汽车的心脏，正因为汽车质量的好坏直接关系到人的生命，所以作为其中枢的发动机绝对不允许发生任何故障。汽车在行驶时，发动机的温度会升得很高，由近1 000个零部件构成的精密部件在制造以及组装过程中都对精度有相当高的要求。

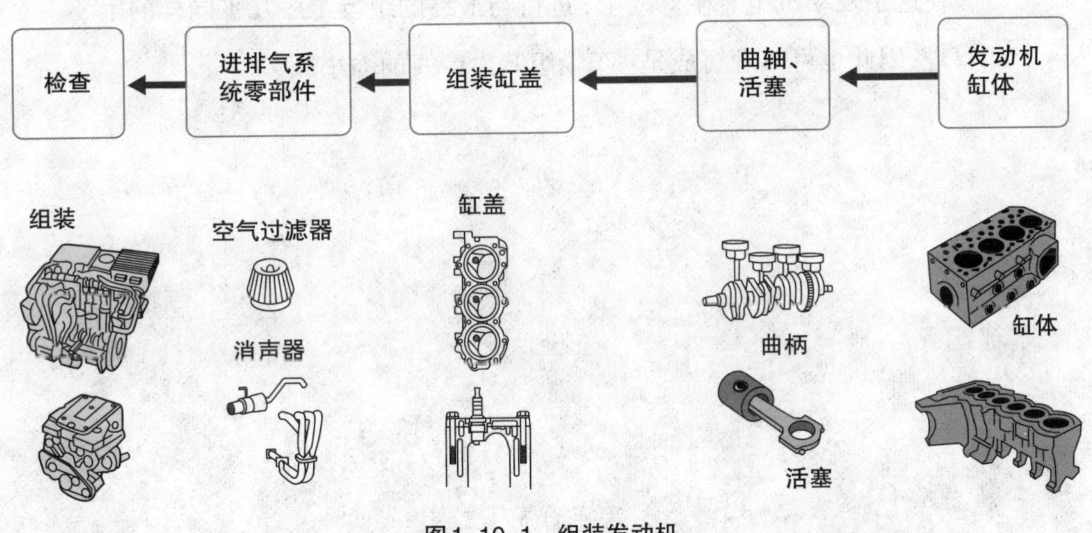

图1-10-1　组装发动机

▶ 缸体部和缸盖部

发动机大致可以分为缸体和缸盖两大部分。

缸体的部件主要是在铸造工序中制造的。在曲轴上依次安装连杆、活塞等大的部件。除此以外，还要安装变速器、空调的压缩机等多个部件。

缸盖安装在缸体的上面，从上部密封气缸并构成燃烧室。缸盖上装有进排气装置、点火装置、燃料喷射装置等相当多的部件。还有凸轮轴、阀门、摇臂等零件。

重的零部件由自动设备搬运至生产线进行处理，细致的作业由工人手工操作。

▶ 车辆组装生产线的缩小版

在这个阶段，对制造好的发动机进行检查。例如，加入汽油，检查是否能够运转，还要调查排气情况以及是否能够按照设计的那样发挥应有的机能和性能等等。

在这条发动机组装生产线上，进行与最终的组装工序几乎同样的生产管理，因此也可以理解成是“车辆组装生产线的缩小版”。

在组装工序完成生产!

——最后的精加工从何开始?

"组装工序"可以说是汽车制造的主要环节。是去汽车工厂参观学习,这个地方也最为有趣。

汇集到组装工序的完成品部件主要来源于四大块:① 刚完成"冲压·涂装"的车体(车架)部分、② 树脂成形后的保险杠等大型树脂产品、③ 来自"铸造·锻造·发动机组装"生产线的发动机主体、④ 来自外部厂家的轮胎等部件。

▶ 混流生产、作业椅……

但若仔细观察一下组装生产线,就会发现一件有趣的事情。那就是生产线上所采取的是一种叫做"混流生产"的生产方式,即生产线上流动着一辆辆车型、颜色以及等级都各不相同的汽车。

以前如果是生产A类型的车,很多公司都会在生产线上持续生产A车。但是现在所有的汽车公司都采用混流生产的方式,按照诸如"A、B、A、A、C……"这样的顺序,使不同车型的汽车在生产线上流动。

另外,为了使作业更加轻松,在有些工厂可以乘专用台车进行作业、还准备了可调节高度的椅子。这样便于将保险杠等安装到汽车下部。

除此以外,还有很多凭借现场人员的智慧开发而成的工具,诸如放置螺丝及工具的台车、无须确认螺栓种类即可安装的装置等等。各家公司都在不断地对工作环境进行改善。

再者，组装有两种方法。一种是在生产线上将每个小的零件组装起来。另一种是事先在别的车间对小的零件进行**模块化**，提前装配起来，然后在生产线上将其组装配套。当然以模块为单位的方法，既节省时间也不需要很长的生产线。

> ▶ **模块化** 所谓的模块就是指具备完整功能的单元。零件制造商事先对一定数量的零件进行模块化，提前装配起来，然后交货到汽车工厂。这样一来，能让最终的组装变得更加轻松容易。

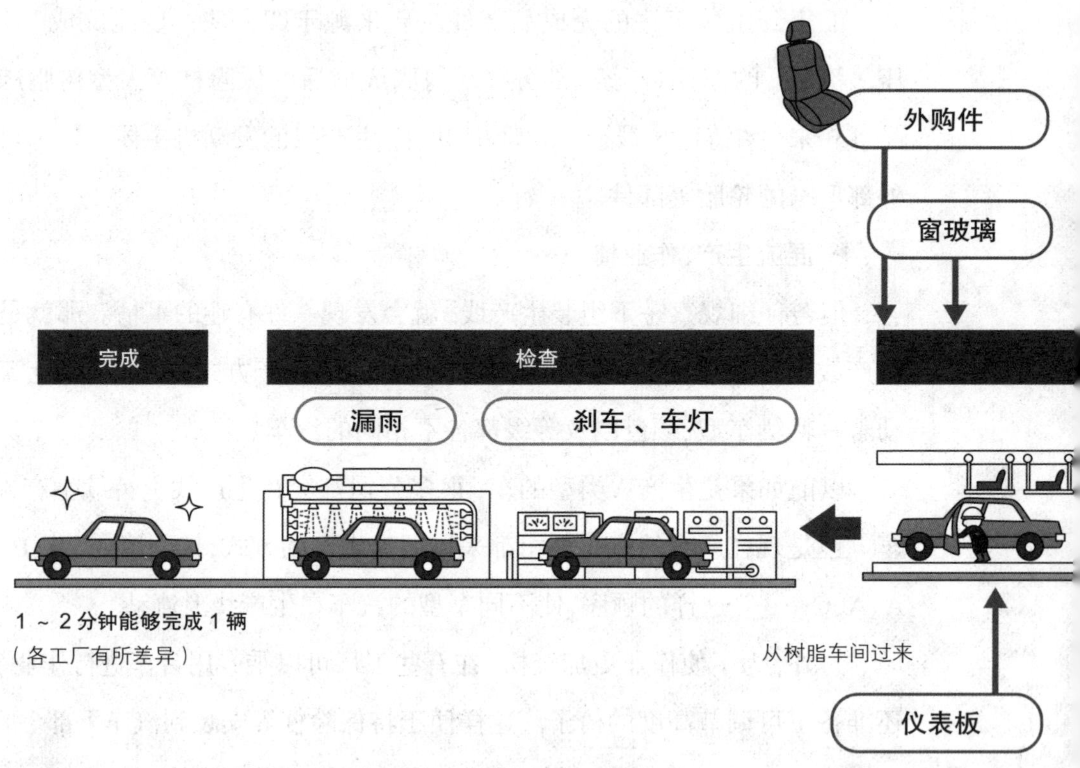

图1-11-1 备齐完成品进行组装

▶ 从仪表板到发动机的安装

那么在组装工序首先进行的是什么作业呢？或许会有些意外，最先要做的竟然是“拆卸车门”。这是因为车门装着的话，不方便进行组装作业。如果车门在包含涂装、焊接等在内的工序进行单独加工处理，然后在最后的组装工序和其他零部件一样进行安装，这样的方法看上去好像不错，其实是行不通的。因为如果不形成一体放入涂装电泳池的话，车体颜色上会出现微妙的差异。所以，即使将车门拆卸下来要花费不少工夫，但在这之前也要形成一体进行处理为好。

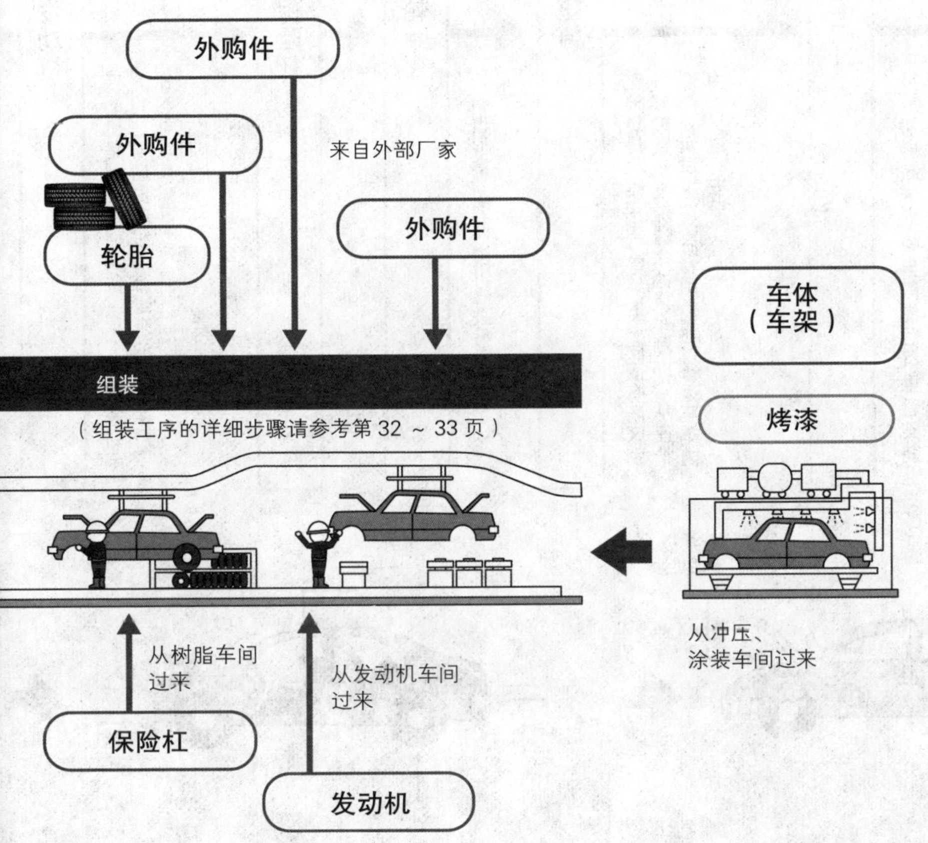

然后就是安装仪表板或者是仪表板上的各类仪表、空调等等。根据车型、等级的不同,仪表也是各不相同的。因此要参照指示书进行作业。

随后再安装汽车顶棚、前照灯、前后的窗玻璃、轮胎、座椅等等。这些都是委托外部的制造商制造、运来的大件。由于窗玻璃比较大而且重,所以用吸盘吸附的同时,2个人进行安装,自动设备会协助安装到位。

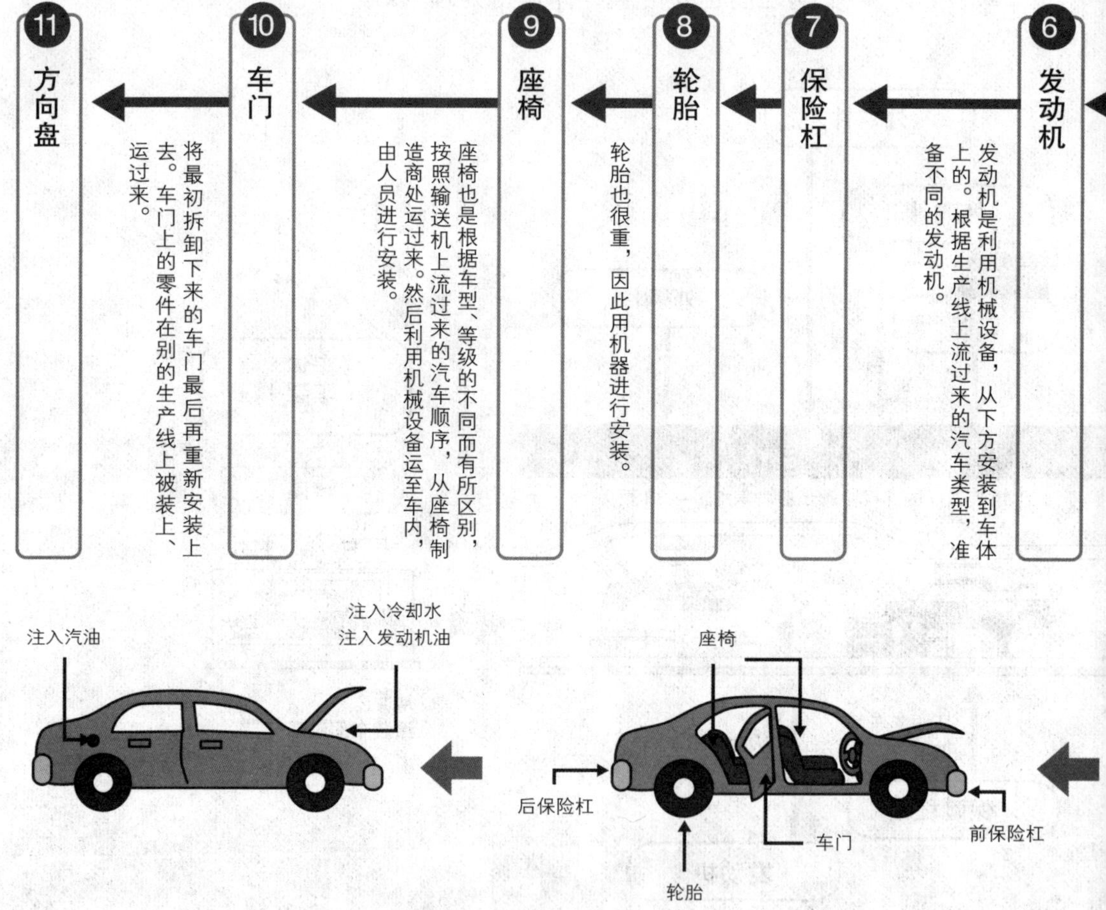

图1-11-2 组装工序的步骤

▶ 流往检查工序

完成组装后，对汽车的行驶状态、刹车的制动情况、车灯照明、排气以及是否漏雨等等进行检查。关于基本性能的不良，通过工序内的依次检查和设置防错装置，已经全部指出来了，因而不在此进行检查。

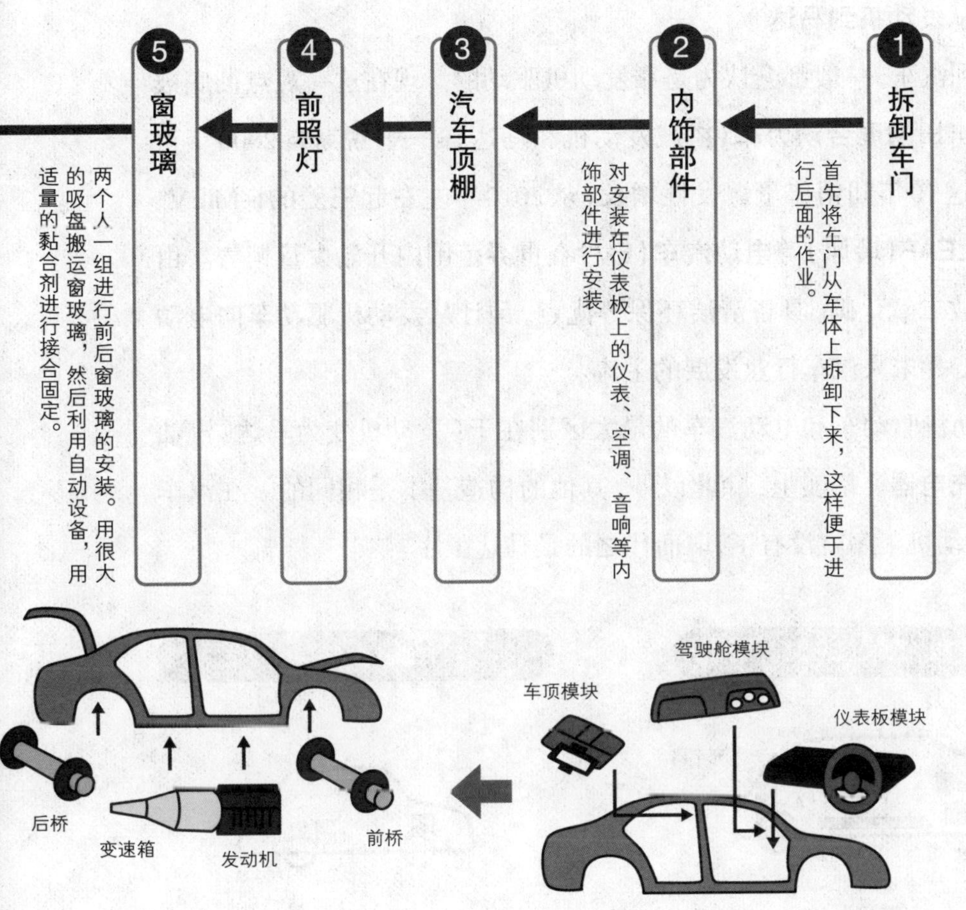

生产电动汽车的工序

——新搭载马达、电池

▶ 从发动机到马达

说到汽车，一般都会认为是靠发动机驱动的。现在这一观点彻底被颠覆。丰田的**混合动力车**(搭载发动机和马达)——**普锐斯**自2000年至2009年这10年间销售量爆发性增长，从2010年左右起三菱的**i-MiEV**、日产的**LEAF(聆风)**等**电动汽车(EV)**在世界范围内开始大量销售。由于不排放二氧化碳，具备清洁环保等优点，预计从发动机驱动车向电动汽车转变是未来汽车行业发展的主流。

发动机驱动车和电动汽车的最大区别在于：发动机变为**马达**、汽油箱变为**充电器**。事实上，除此以外，其他的构造基本是相同的。在汽车公司，发动机工序就没有了，取而代之的是马达工序。

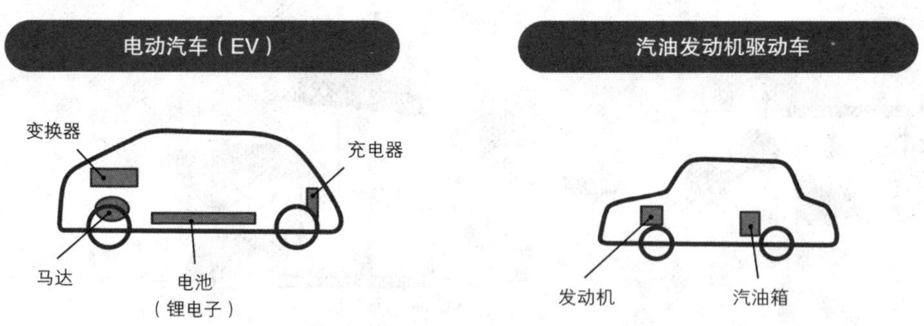

图1-12-1 电动汽车和发动机驱动车构造方面的区别

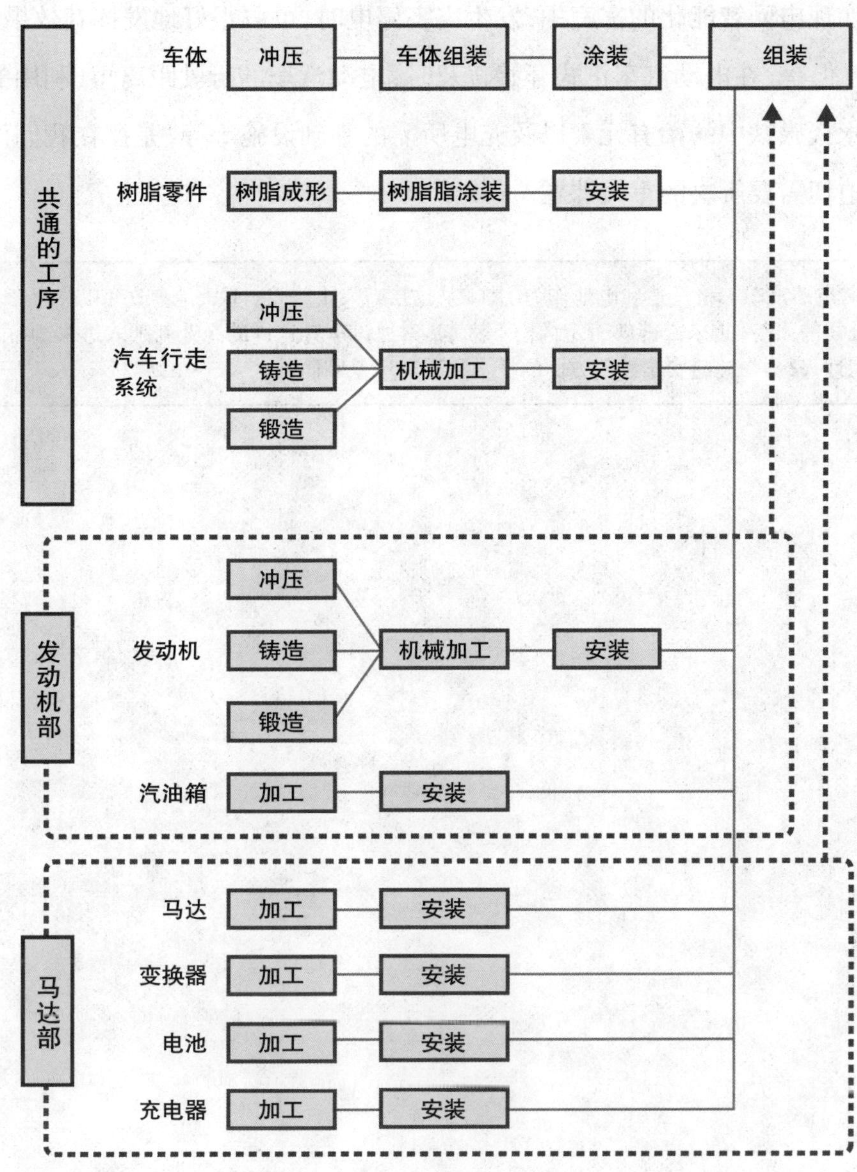

图 1-12-2　更换发动机部和马达部

电动汽车的优点在于不用加汽油，因此在发生事故时，爆炸起火的可能性较小，而且电动汽车储存的电量相当于普通家庭两天的用电量，在实现**电网智能化**的家庭中，发生灾害停电时，可以很好地发挥其效果。

但是，在电动汽车正式开始普及时，电动汽车的行驶距离短、利用的是永久磁铁中的稀有元素以及充电所需的基础设施等等，是摆在我们面前迫切需要解决的重大课题。

▶ **电动汽车**　将马达和电池作为主体，从这层意义上来讲，不只是会改变以往汽车公司的面貌，也未必能够否定像松下汽车、索尼汽车等这样的企业新加入进来的可能性，只是在冲撞安全性等方面的技术积累有所差别而已。

专 栏

应对东日本大地震的整个日本汽车行业

2011年3月11日发生了前所未有的东日本大地震，丰田所有的生产线整整停产1周。此外，由于搬运震灾后的食品和救援物资，需要大量的卡车，丰田收到了搬运汽车零部件用的卡车也要供出的请求。

由于卡车的载货台面装载着零部件，如果不妥善处理的话，将导致这些零部件无法使用。虽然没有放置零部件的空地，但是为了受灾地区，无论如何也得采取措施，在工厂内确保放置场地，清空并供出卡车。不只是丰田，所有的汽车制造商都采取了同样的行动。

于是，日本所有的汽车制造商只生产海外工厂用的零部件和补充用的零部件，其他的生产全部停止。当然，如果汽车制造商只为自己考虑，让工厂运作的话，一定能够生产更多。但是没有一家企业选择这么做。

此外，福岛的一家生产电子零部件的企业由于生产被迫完全停止，导致所有的企业都陷入了无法生产的境地。为了让该企业尽快恢复生产，丰田、日产、本田等所有的汽车制造商都派遣大量的技术人员赶赴福岛进行支援。可谓是倾尽日本的全力，恢复重建。后来在电子零部件的分配方面，各家公司也没有起争执，进行了绅士般友好的协商。最后，地震1个月后的4月份的时候丰田也开始了一班制的生产。

6月份的时候，两班制的生产也开始了。但是为了回避7月和8月夏季供电不足的问题，采取了周四和周五休息的调休制度，混乱随处可见。

就这样，完全恢复正常可以说是从9月份开始的。可是有一部分车型的生产恢复工作一直延迟到了11月，于是那些无法开工的工厂里有很多人都带着叉车等工具，被派往受灾地区，加入恢复重建工作。

这次的东日本大地震，之所以能将混乱控制在最小限度，并早日恢复重建，与日本汽车工业协会全体出来应对，各家企业配合重建工作，有条不紊地在整个日本开展行动有着密不可分的关系。

第 2 章

汽车制造的工序和看板

——生产管理

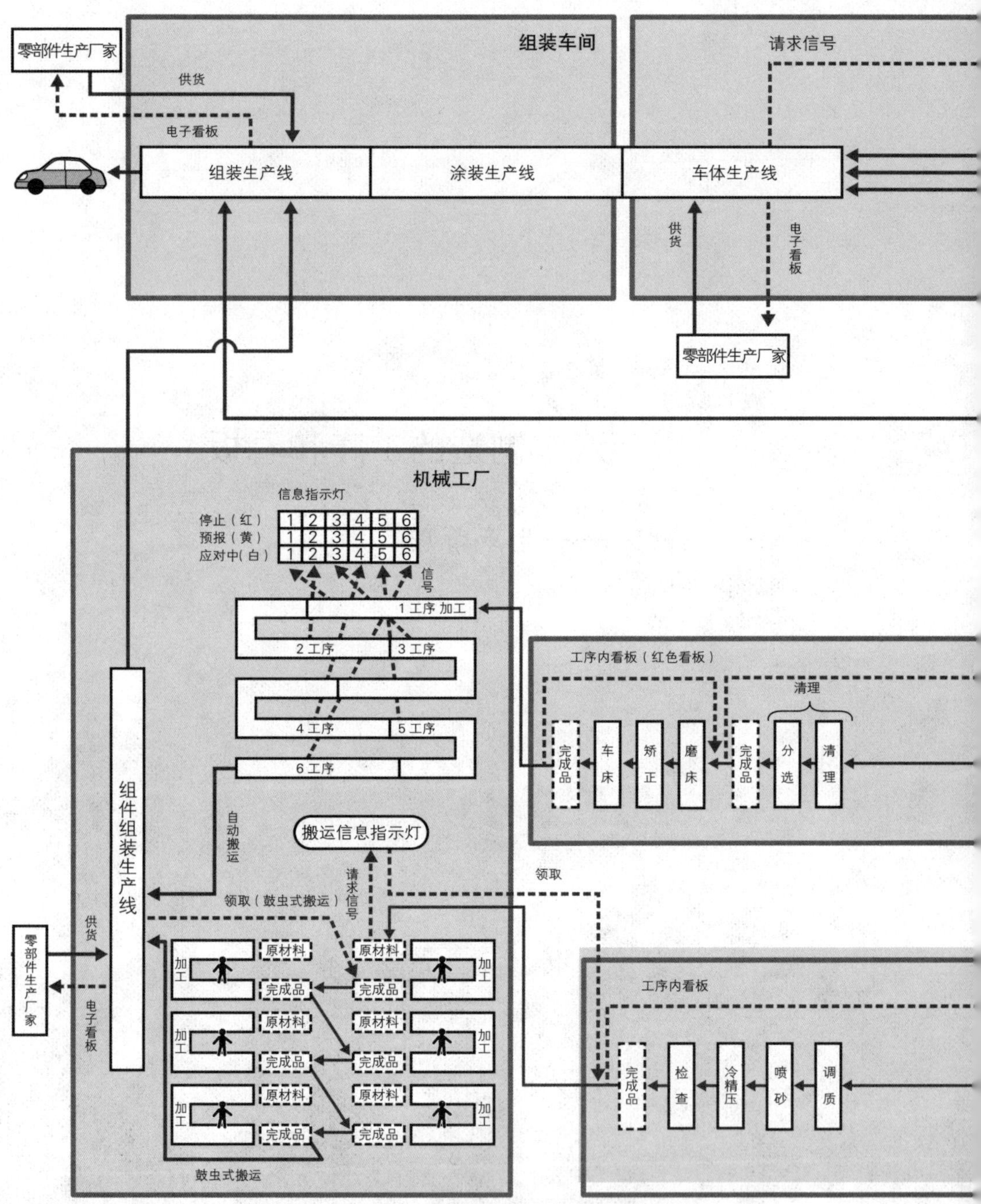

图2-1-1 汽车所有工序中“物品”与“看板”的流程(概略图)

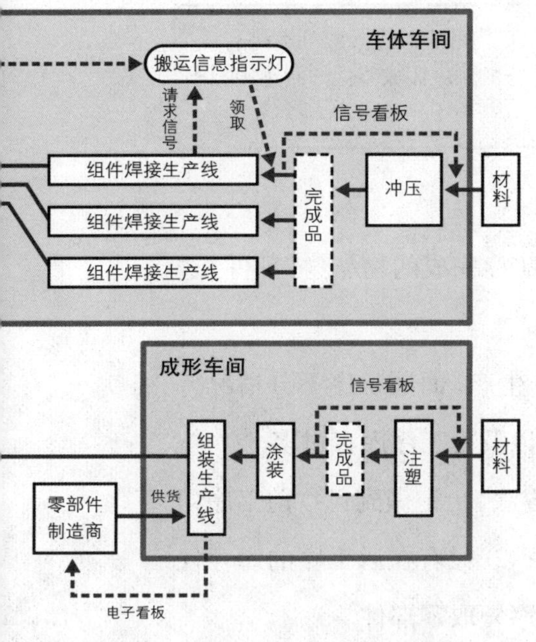

使得工厂整体顺利运转的秘诀

——信息指示灯、看板的含义

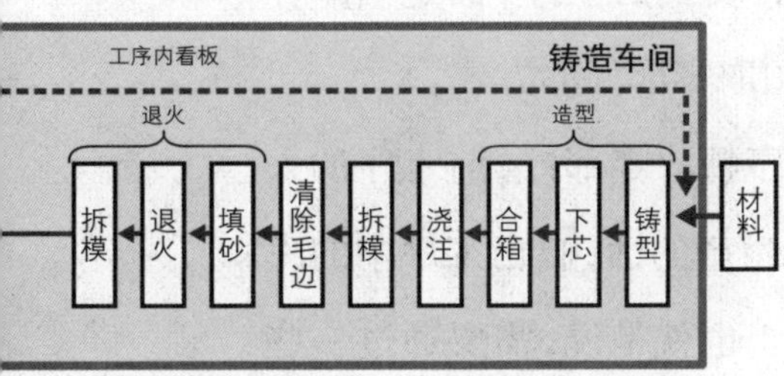

关于汽车工厂的流程在第1章进行了说明，想必有了大致的了解。即使去汽车工厂参观学习，也很难在工厂里看到这么详细的内容。

要进一步深入了解汽车工厂，就要知道在物品的流程之外，还有一个使得工厂整体顺利运转的秘诀。普遍认为此秘诀就是"**生产管理**"。而**丰田生产方式（TPS）**就是一种有效的生产管理手法。

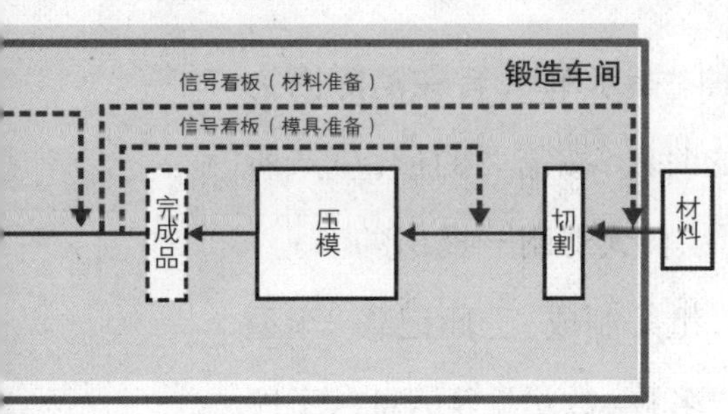

在第1章中提到的生产工序中都离不开"**看板**"，因此在第2章中，结合生产工序对看板的运用原理进行介绍。

首先要了解看板的含义，即什么是看板？此外关于**信息指示灯**的含义在此也会稍作说明。

▶ **生产管理** 可以用一句话来概括，就是为了使工厂内的生产进展顺利而进行准备。例如，安排入货和发货的卡车班次、关于按照怎样的顺序完成零件的制造，时刻作出指示等等。

▶ "从后工序到前工序"的逆向思维

说起工厂内的生产，普遍认为就是将**前工序**完成的物品（零部件）送往**后工序**。不可否认这样的工厂确实有很多。

但是，倘若后工序因为某种原因停止了生产，而前工序不分情况持续进行生产的话，就会导致前工序生产过多以及后工序库存过多。

因此，丰田转变观念，采用逆向思维的方法，决定做到：① 前工序即使加工完零部件，也不让其自动送往后工序 ② 只有在后工序的库存仅存一点儿的情况下，后工序的人员才去前工序领取零部件。

也就是说，不是将前工序加工完的零部件交到后工序，而是当库存仅存一点儿的时候，采取后工序前往前工序领取零部件的方式。

这样一来，只要后工序的人员不去前工序领取零部件，前工序的人员就不能一个劲地持续进行生产。如果继续生产的话，自己工序中的库存会不断增加，最后连个落脚的地方都没有。也就是说，需要通过一些办法能够确认到后工序是否领取了零部件。

▶ 看板的含义

此处就涉及**"看板"**。所谓的看板是一种"**指示单**"，旨在消除因为制造过多而引起的浪费（**准时化**＝只在需要的时候，按需要的量，生产所需的产品），这一理念是由丰田公司以前的副社长**大野耐一**提出的。

通常看板（指示单）由很薄的铁板、树脂、纸等制成，上面记载"车型名称、零件名称、产品编号、制造商名称、客户名称、数量"等信息。工序之间以及与供货方进行货物交接时，会用到这些看板。某种程度上，它是用于控制工厂生产的一个工具。

也就是说，看板既是“着手生产的指示单”（具备向前工序传达可以开工的功能），又是“搬运的指示单”（传达可以搬运的功能），即具有两面性。

▶ 生产指示看板、领取看板

结合之前提到的两面性，将看板大致分成以下两种。

看　板	看板名称	换模	债权债务
生产指示看板（功能：着手生产）	① 工序内看板	不需要	——
	② 信号看板	需要	—— ← 冲压、锻造、铸造、树脂成形
领取看板（功能：领取）	③ 工序间领取看板	——	不发生
	④ 外购件供货看板	——	发生

图2-1-2　看板的分类

> ▶ **看板**　就像本文中叙述的那样，具有“指示单”的含义。在日文中有“かんばん”、“カンバン”、“KANBAN”等诸多混乱的写法，但正确的应该写成“かんばん”。此外，就看板方式本身，丰田公司已经获得了专利权。

1　生产指示看板

这种具备“指示着手生产”功能的看板，我们称之为“**生产指示看板**”。这种生产指示看板有以下两种：

① 工序内看板

在1道工序内与零件形成一体，一起流转的是工序内看板。（目视化管理的功能）

后工序的人员去领取零部件时，将附在零部件上的工序内看板从零

部件上取下。这么做就等于向前工序作出可以着手生产该零部件的指示。（生产指示的功能）

② 信号看板

批量生产时，作出着手生产指示的同时，明确生产顺序。（生产指示的功能）

2　领取看板

另外一种就是领取看板，起到指示搬运的作用。有以下两种：

① 工序间领取看板

去别的工序领取零部件时，将附在该零部件上的“工序内看板”取下，然后将后工序的人员拿着的“工序间领取看板”附在上面后去领取。

② 外购件供货看板

通过将“外购件供货看板”发给供应商来领取所需的外购件。但是在这种情况下，由于丰田与供应商之间产生了债权债务的关系，所以不是单纯地发出外购件供货看板即可，而是要在电脑系统上进行处理、结算。

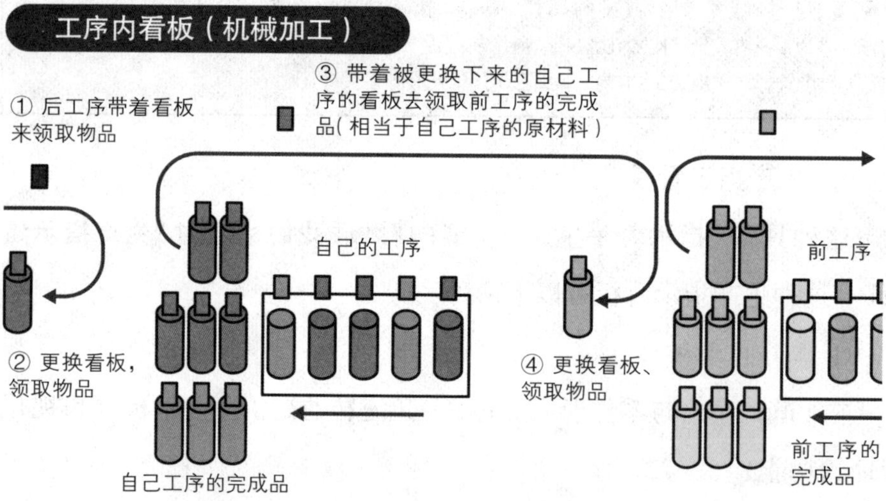

图2-1-3　“工序内看板”的运用原理——① 机械加工

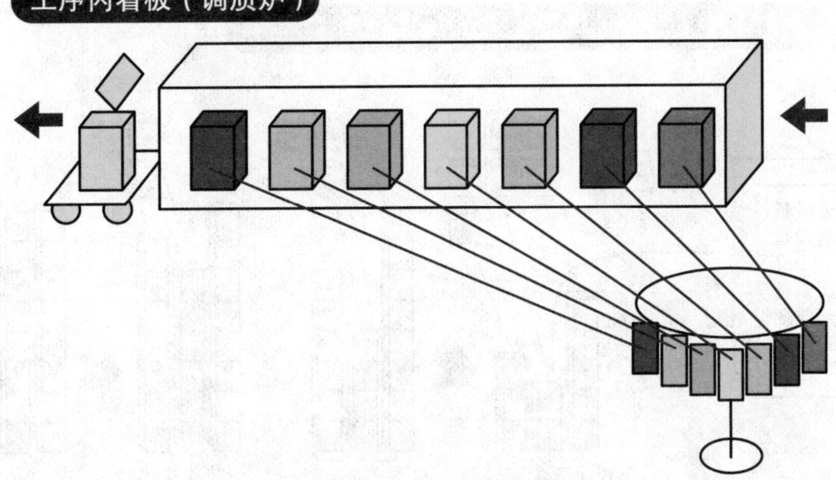

图2-1-4　“工序内看板”的运用原理——② 调质炉

▶ 看板等同于金钱

在工厂里，把看板等同于金钱来对待。由于看板具有供货单的功能，像外购件供货看板等等，可以说起到了存单的作用。

更为重要的是看板上含有生产管理的关键信息。正因为如此，为了避免损坏和遗失看板，要谨慎使用看板。

为了自动发行订货单和供货发票，有些厂家的看板上直接印有条形码。

▶ 电子看板的含义

虽然在目视化管理中，利用实际的纸质看板进行确认已经足够了，但是也存在利用电脑进行管理的**电子看板**。

这种看板和以往的看板一样，作业人员在进行作业时将取下的看板放到**看板读取机**上进行读取，外购件的话可以将数据发送给制造商，然后让他们打印成纸质版的看板。内容和以往的看板没有不同。

此外，如果是要求“今后按照 A→B→C→D……的顺序进行供货”这种信息量很少的时候，可以利用“红色、黄色、白色、粉色”等颜色各异

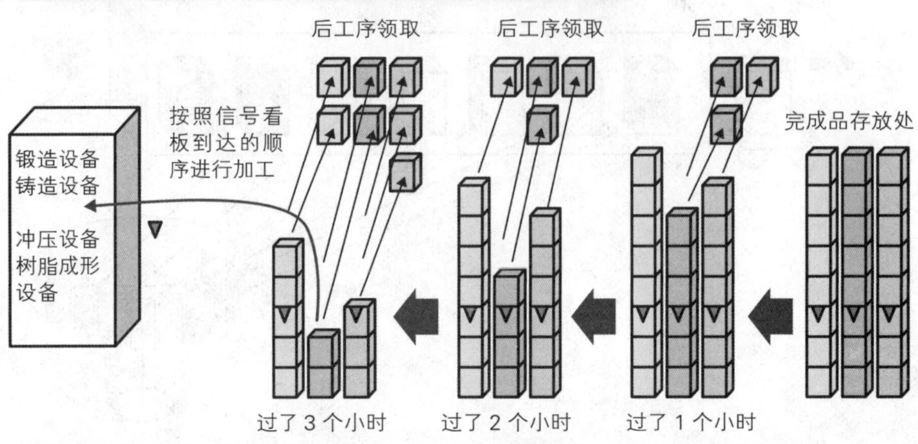

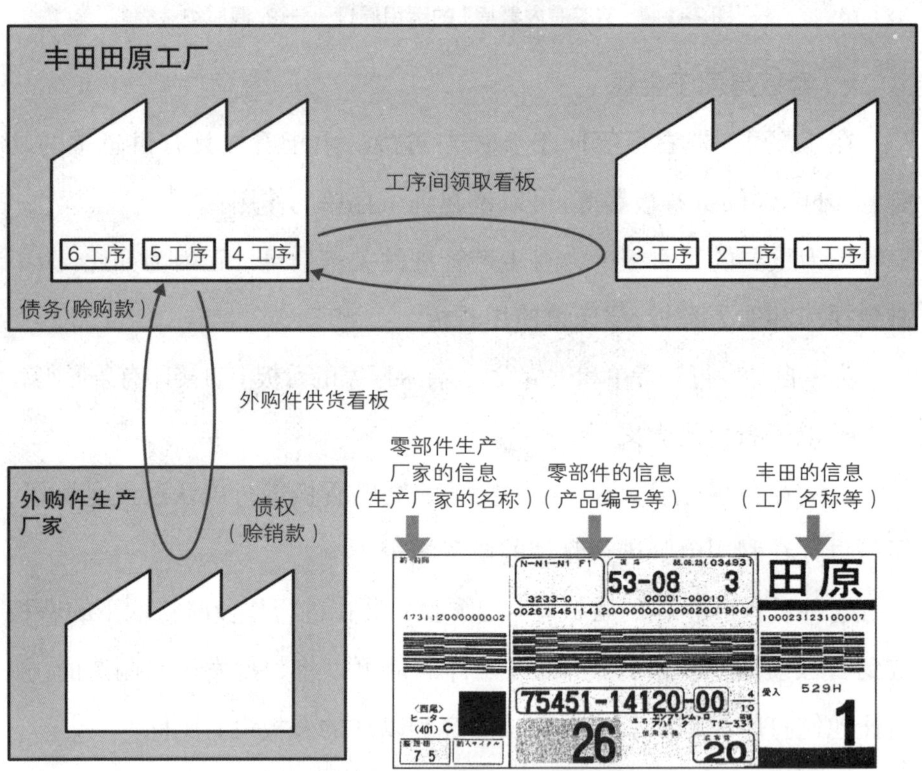

图2-1-5 “信号看板”的运用原理

的乒乓球，使之分别对应“A→B→C→D……”等，然后只需通过空气滑槽将乒乓球送出即可。这就是所谓的**乒乓球看板**。

▶ 信息指示灯的含义

在丰田工厂，另一大特色就是“信息指示灯”。这里说明一下。所谓的信息指示灯，用日文汉字写成“行灯”，罗马音读作“ANDON”。在江户时代，用作放置在房间内的灯，也是外出时手持照明工具的一种。

众所周知，丰田的创始人**丰田佐吉**是从织布机开始创业起家的。以前使用的织布机是靠人力来织布。但是，随着产业革命的兴起，动力取代了人力，大大推动了自动化的发展。

用织布机织布时，即使线断了，也会照样继续织下去，这样就会产生不良品。手动织布机的话，归根到底是由人来纺织，所以即使线断了，也能立刻觉察到，将线打结然后继续作业。

但如果是自动织布机的话，线断了，织布机还是会照样持续工作，这样就会生产大量的不良品。倘若做出来的都是不良品，那还倒不如不做（既费时又费线）。

于是在机器工作的过程中，派人员在旁边一直监视，如果线断了立刻让机器停止工作。

但是好不容易想要通过机械化来缩减人员，结果是人员根本没有减下来。人员手工进行的那部分作业是变轻松了，但却留下了需要监视线断与否的工作。

▶ 丰田佐吉　佐吉发明的自动织布机获得了国际专利权，其儿子丰田喜一郎将其财产用于制造汽车并大获成功。当初的那家公司就是现在的丰田汽车公司。在日语中，“豊田”一词作为公司名时、一般用日文片假名写成“トヨタ”、罗马音读作“TOYOTA”，但是作为丰田家的姓氏时，读成“TOYODA”而不是“TOYOTA”。

于是考虑将剩下来的监视作业也交给机器来进行。也就是说，由机器感知线断，然后自动停止工作。这样一来，人员就不用一天到晚在织布机旁边监视了。

但是线断之后的处理只能人工进行。所以，必须将机器停止一事尽快通知到相应人员。于是决定在高处设置信息指示灯，通过亮灯来通知人员。

之所以将信息指示灯设置在高处，是为了让在远处进行其他作业的人员也能知道线断一事。这就是现在作为信息指示灯而为人所熟知的异常发生系统的起源。不仅是丰田，现在很多汽车公司也都在变一种形式进行效仿。

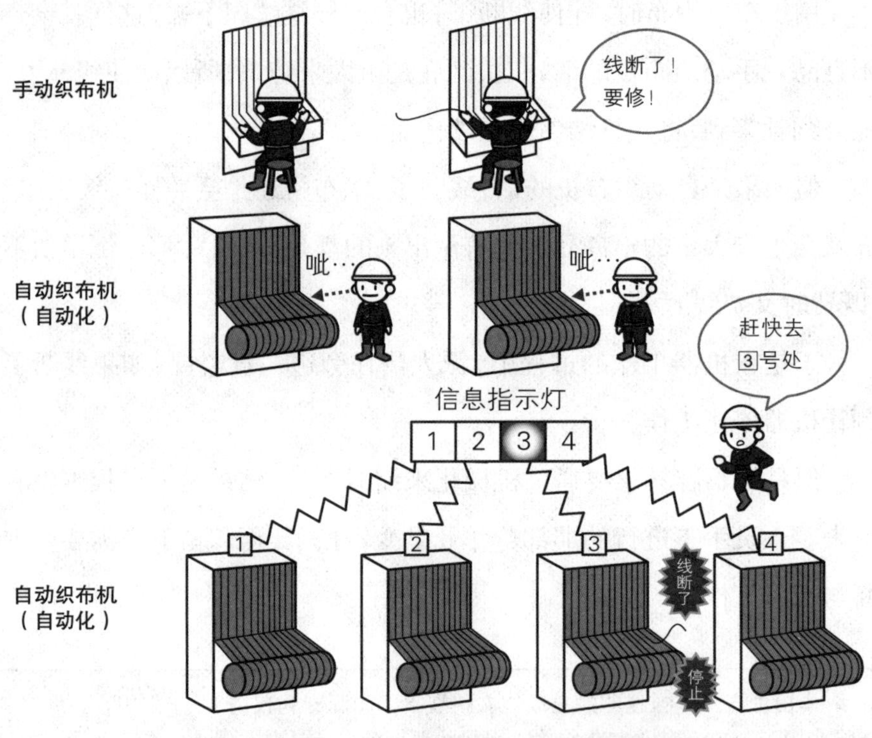

图2-1-6 “信息指示灯”是一种告知机器不良的信号灯

车体车间 · 组装车间的看板

——看板使得工厂能够顺利运转

▶ 信号看板和工序

只要仔细观察车体车间（冲压工序+焊接工序）或者组装车间（涂装工序+组装工序）的流程图，就不难发现这些地方都使用了信号看板和电子看板。

在**组件**焊接生产线和车体（焊接）生产线上，各名作业人员的旁边都放置着装有冲压件的托盘。

> ▶ **组件**　不是单一的零件，而是由几种零部件汇集起来形成的组合零部件（以单元为单位的零部件）。“组件”一词，英语里叫做“Assembly”，可以简写成“ASSY”。

当冲压件变少时，作业人员按下身旁的按钮，在搬运用的信息指示灯（信息指示灯的一种）上会显示相应零部件的编号（例如，⑬号零部件）。

叉车驾驶员看到后，去冲压件的存放处领取所需的⑬号零部件。此时，如果领取到的托盘上附有信号看板的话，要将信号看板挂到看板架上。

在冲压工序，可以理解成⑬号零部件被领取到了下一道工序。

叉车驾驶员挂好的信号看板马上被排在了冲压加工顺序中的最后，等待重新着手生产的顺序出来。顺序一旦出来，就在冲压机上着手生产⑬号零部件。当那批零件完成加工后，将其放到完成品存放处的

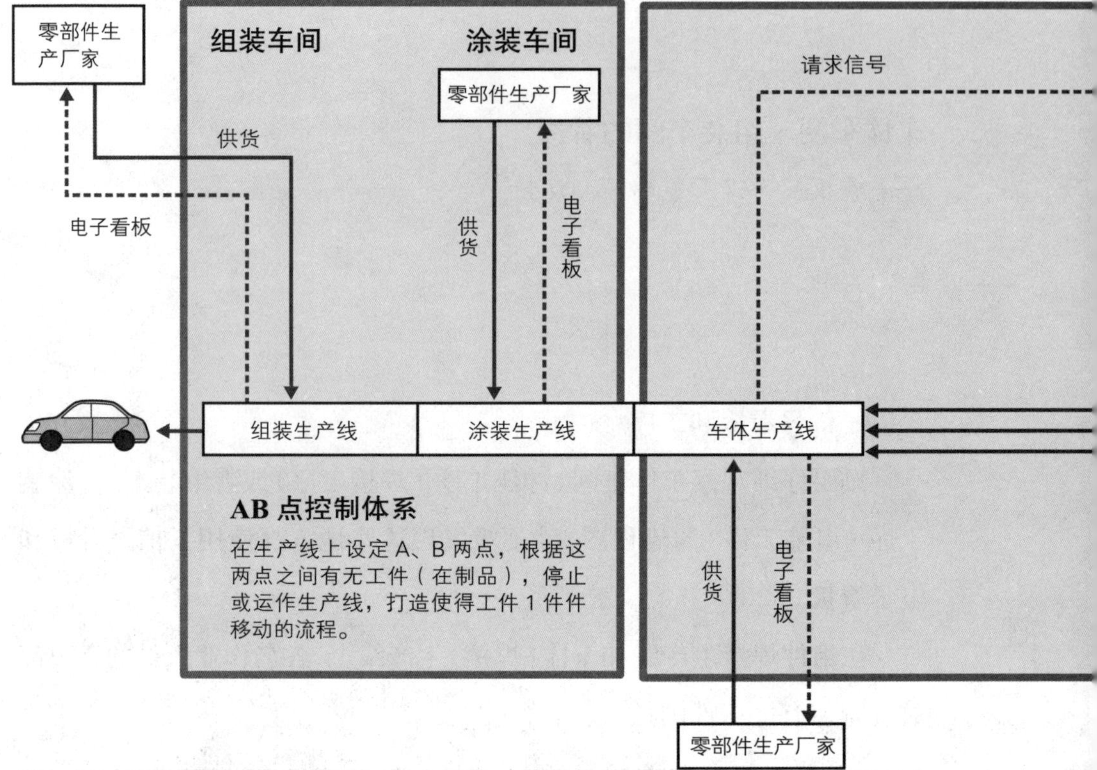

指定位置。当然，这个时候库存基本已经没有，通过补充这批零部件，可以防止缺货。

▶ 电子看板和工序

车体、涂装、组装这3条生产线是通过1条线连接起来的。随着车辆在这些生产线上流动经过，完成汽车的制造。当然，只在需要的时候，按需要的量，送达所需的产品，做到这点非常必要。

因此，从生产顺序（加工顺序）的数据中，可以算出所有零部件的需求量以及所需时间，然后将这些信息发送给零部件制造商，让他们将电子看板上的信息打印出来。

零部件制造商只需按照电子看板上记载的时间、零部件、数量供货即可。

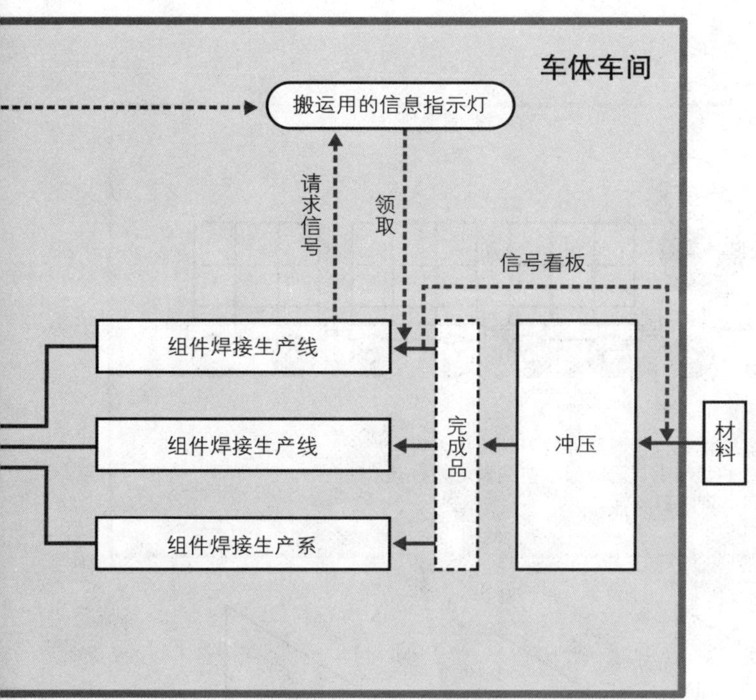

图2-2-1　“车体车间·组装车间”的流程和看板

▶ 对供货的顺序作出指示

像发动机、保险杠、仪表板、轮胎、座椅、汽车顶棚等大件，从组装生产线的作业空间考虑，没有富余的空间可以预备很多库存在生产线的旁边。因此，需要按照车辆流动的顺序，一个个地供货。

将车辆的生产顺序（加工顺序）信息发送给这些大件的制造方（包括外部供应商、公司内部的相关制造部门），让他们供货。为此，大件的制造方有必要将制造工厂建在丰田工厂的附近，或者拥有独立的仓库，从那里供货。

> ▶ **三轮车**　不是什么特别的款式，就是街上老年人购物时骑的那种通常大人用的三轮车（前面1个轮子、后面2个轮子）。骑着三轮车回收看板箱内的看板。

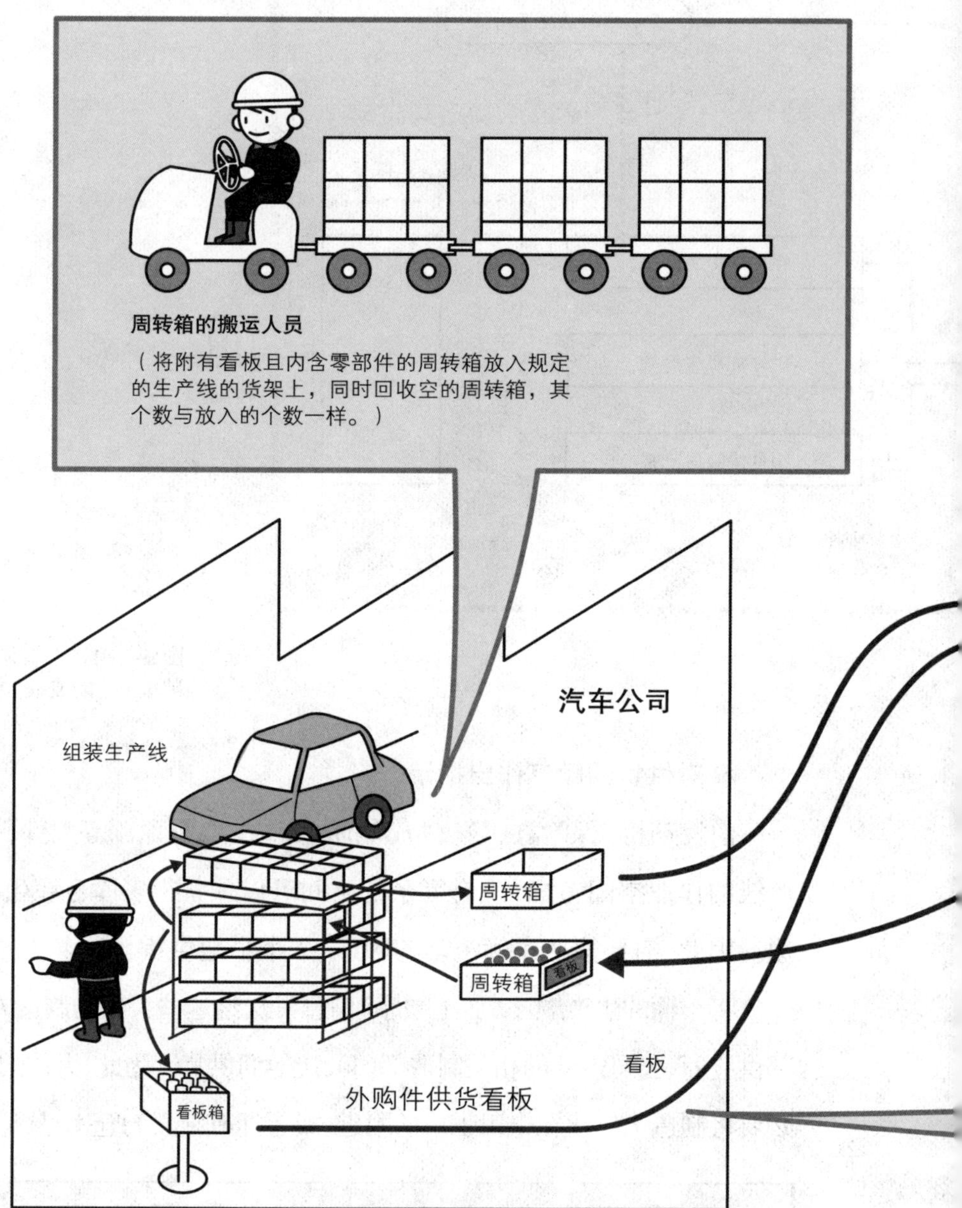

图2-2-2 周转箱和看板的回收

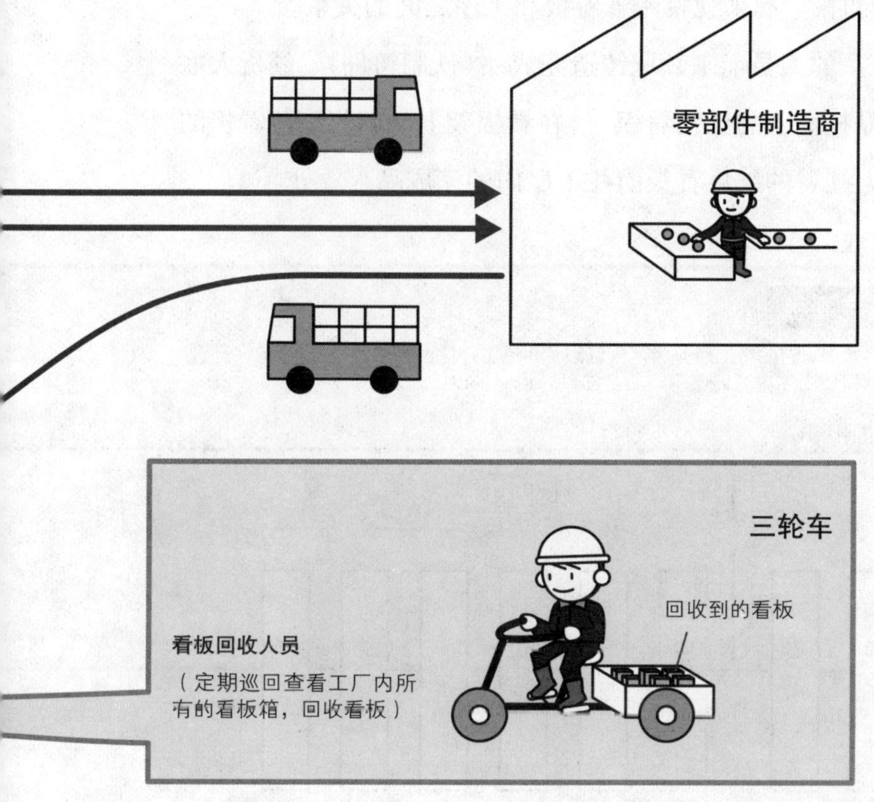
零部件制造商
三轮车
回收到的看板
看板回收人员
（定期巡回查看工厂内所
有的看板箱，回收看板）

铸造车间和看板

——红色看板、蓝色看板和铸件的工序

▶ 工序内看板(红色看板)

看流程图的同时,一起来观察一下看板和工序之间的关系。

首先,机械工厂的人员前来领取铸造完成品(铁制铸件)。领货人取下附在铸造完成品托盘上的**红色看板**,挂在**看板架**上。回收红色看板的人员带着看板架上挂着的红色看板前往工序内的完成品存放处。

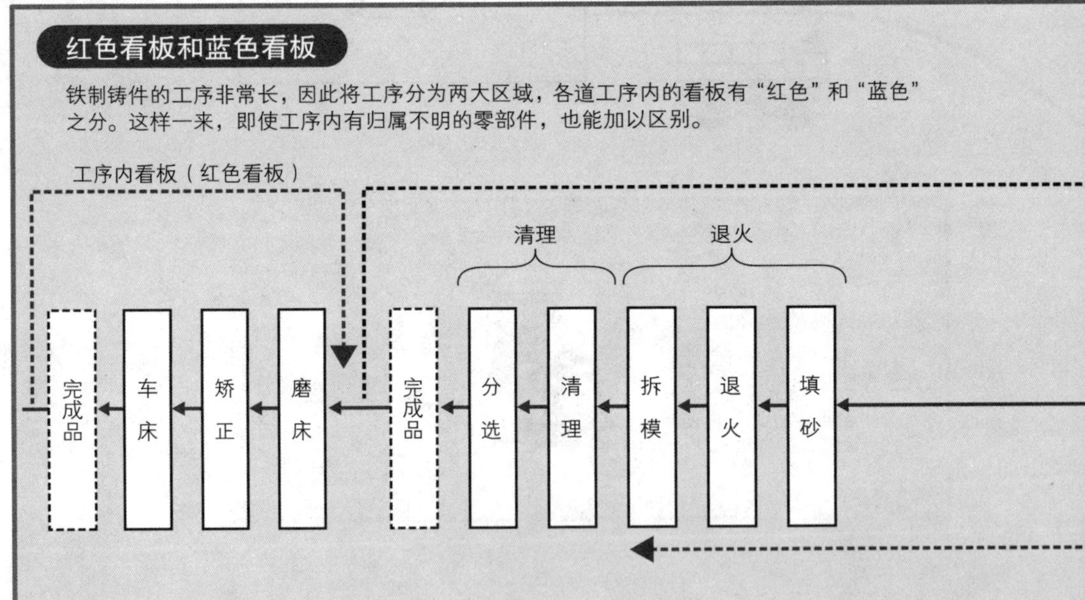

红色看板对应的产品托盘上附有**蓝色看板**，回收红色看板的人员取下蓝色看板，挂在看板架上，然后再将带来的红色看板挂到托盘上。

挂着红色看板的托盘经过“**磨床→矫正→车床**”这些工序后，被放置在完成品存放处的指定位置。在这种情况下，红色看板和产品一直形成一体，一起流转。

> ▶ **清除毛边**　所谓的毛边就是指经过压铸机铸造后，铝铸件不需要的那部分，要将其从产品上清除掉。

▶ **工序内看板（蓝色看板）**

这回是回收蓝色看板的人员带着看板架上挂着的蓝色看板去最前面的**铸型工序**，将看板挂到看板架上。按照挂在看板架上的蓝色看板的顺序，铸型工序的作业人员进行铸型作业。

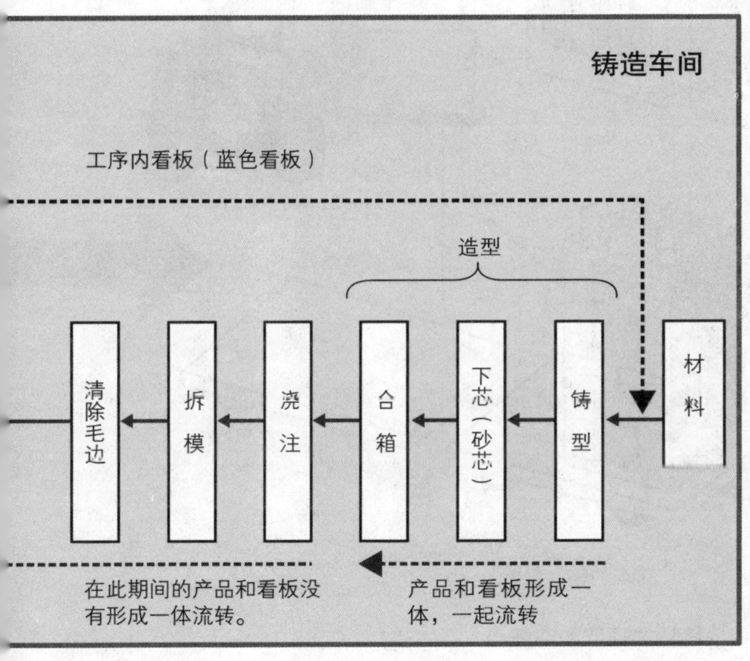

图2-3-1　铸造车间的工序和看板

图2-3-2　铸件的领取和空托盘

“铸型→下芯→合箱”这些工序统称为**造型工序**，在此期间蓝色看板和产品形成一体进行流转。

然后是**“浇注→拆模→清除毛边”**的工序，在这段时间内，从物理性质来讲，蓝色看板和产品不能形成一体进行流转。

在这种情况下，按照作业的顺序，移动式的看板架上挂着数十张的

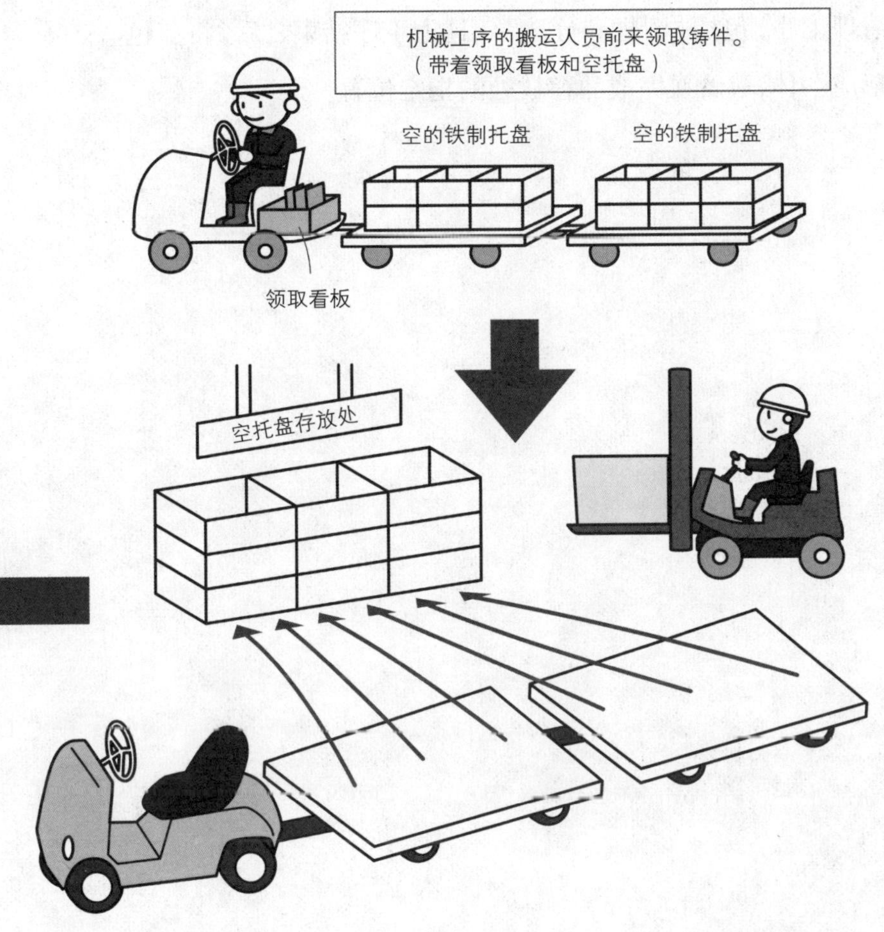

蓝色看板。

随着蓝色看板对应的产品在各道工序中流转，移动式的看板架也通过人工进行移动。这样一来，即使是那些人员无法进入，眼睛又看不到内部情况的工序，也能让所有人都知道现在生产的产品编号。

在这之后是**退火工序**，包含"**填砂→退火→拆模**"这些工序，从物理性质来讲，蓝色看板和产品也不能形成一体进行流转，因此要灵活使用移动式看板架。

最后是清理工序，包括"清理和分选"。这道工序结束之后，将蓝色看板和产品形成一体，放置在完成品存放处的指定位置。

锻造车间和看板

——前去领取锻造件的方法

▶ 调质炉和看板

让我们来看一下在锻造车间，看板是怎样在各工序间流转的？

首先，后工序的机械车间的领货人前来领取调质完成品（第60页左侧）。领货人将调质完成品托盘上的调质看板取下，挂到看板架上。

回收调质看板的人员带着看板架上挂着的调质看板，前往压模完成品的存放处（第61页的图），取出相应物品的托盘，附上调质看板。

然后将其投入**调质炉**中进行调质处理。此时，调质看板不能随着产品一起投入到调质炉内，因此要将调质看板从产品上摘下，按照投入的顺序挂到看板架上。这样一来，只需看一下看板架上挂着的看板，就能知道产品的编号以及从调质炉出来的时间。

接下来是**喷砂工序**，这是一道将大量的细铁砂喷射到产品表面，使产品表面清洁干净的工序。这时也要取下调质看板，只有产品进入喷砂机器内。

之后的**冷精压**是指对锻造原材料的形状进行矫正，通过提升大小端的厚度精度以及平面的平行度等尺寸，旨在降低之后机械加工的切削费用，削减机械加工的工时。

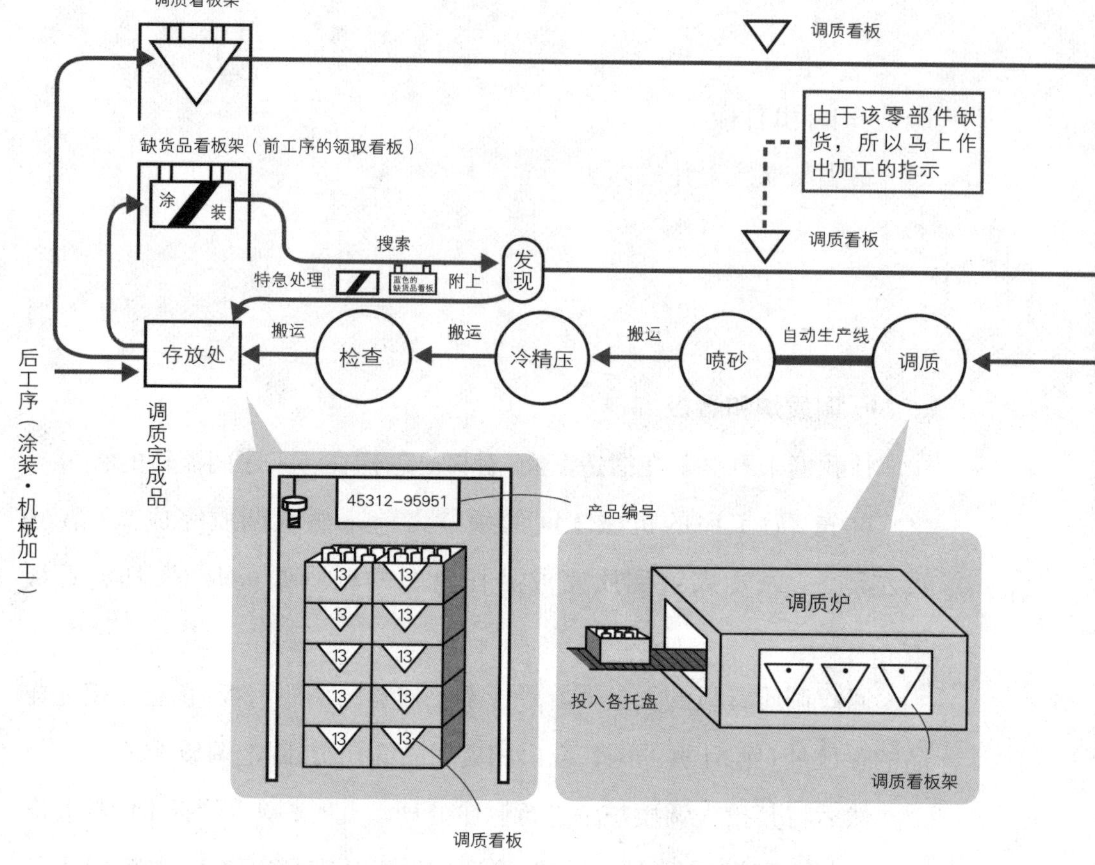

图2-4-1 锻造工序和看板的流转

▶ 磁力探伤检查法

最后通过磁力探伤检查法来对所有的产品进行检查。这是一种利用磁力的特性进行检查的方法。

利用电磁铁，人工使物质表面磁化，如果表面没有划伤等缺陷，就会形成均匀连续分布的放射状磁感线。反之，如果表面有划伤、小的凹点等缺陷，磁感线流经时会绕开这些地方，同时缺陷处的表面上空会有磁感线泄露。

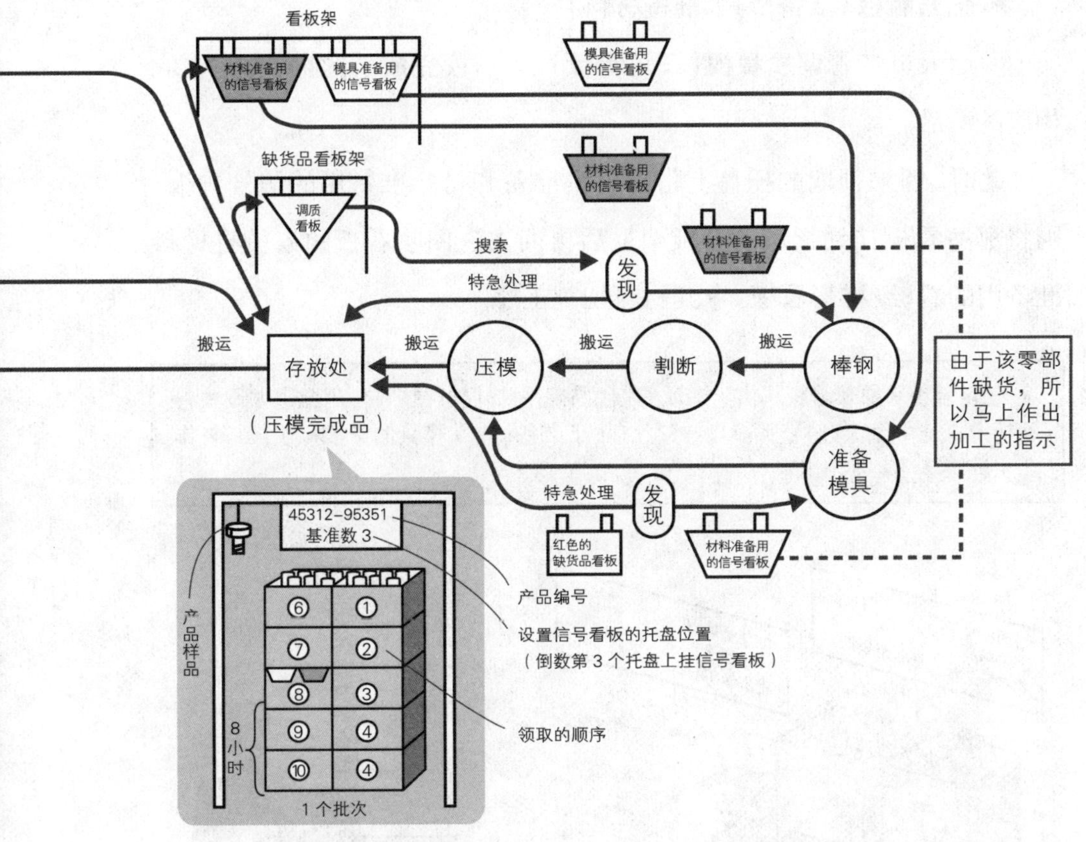

泄露出来的磁感线再度进入物质，这时形成N极和S极，也就是说具备了和磁铁一样的磁性。在划伤、凹点的开口处两端产生了磁性，然后在那里撒上一种叫做“磁粉”的强磁性颗粒粉末，有划伤等的缺陷处自然会吸附磁粉。据此可以检查表面是否存在划伤。

此外，表面深度达2至3毫米的话，能有磁感线流经，这称为“表皮效应”，因为具备了这样的特性，所以可以检查到表面以下的划伤。

在完成这项检查的产品托盘上挂上调质看板，然后放置在调质完成品存放处的指定位置。

▶ 信号看板（准备模具、准备材料）

搬运人员带着**调质看板（三角看板）**，来压模完成品的存放处，领取相应的产品。

此时，如果领取的托盘上附有模具准备和材料准备用的信号看板，则将那些看板挂到指定的看板架上后再回去。回收看板的人员将材料准备用的看板（**梯形看板**）拿到材料切割工序。

> **▶ 三角看板 · 梯形看板** 由于调质看板在工厂内都混杂在一起，因此想方设法将看板做成三角形状（信号看板），梯形状（用于准备材料 · 模具的看板），这样一来作业人员能够马上辨别出来。

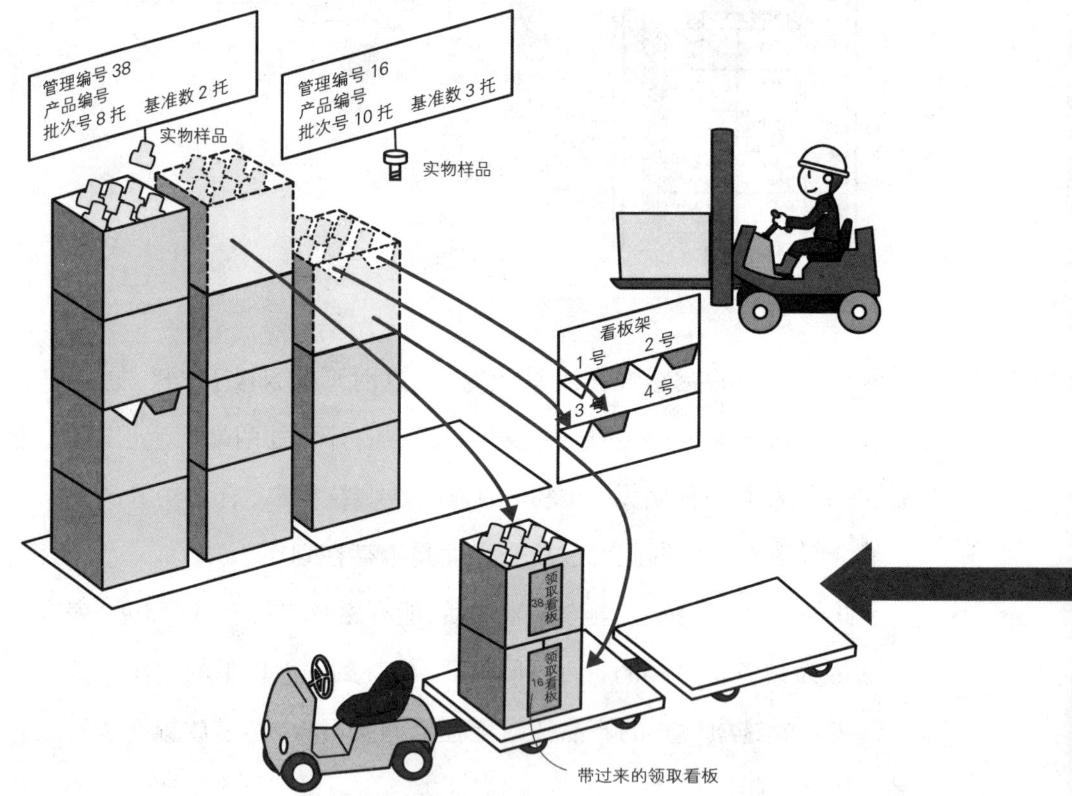

图2-4-2 锻造件和看板架

材料切割工序的作业人员将棒状的钢材放到切割机上，按照产品形状进行切割。以前是根据生产计划来进行切割的，但是由于生产不能照计划那样推进，于是库存大量堆积。

然后，回收看板的人员将模具准备用的信号看板带去压模工序，挂到指定的看板架上。

压模工序的作业人员按照看板架上挂着的顺序，向模具准备班（小组）作出指示。

在模具准备班，由于所有的模具都在事前进行了换模的准备工作（**线外换模**），因此10分钟之内就能够换成指定的模具。

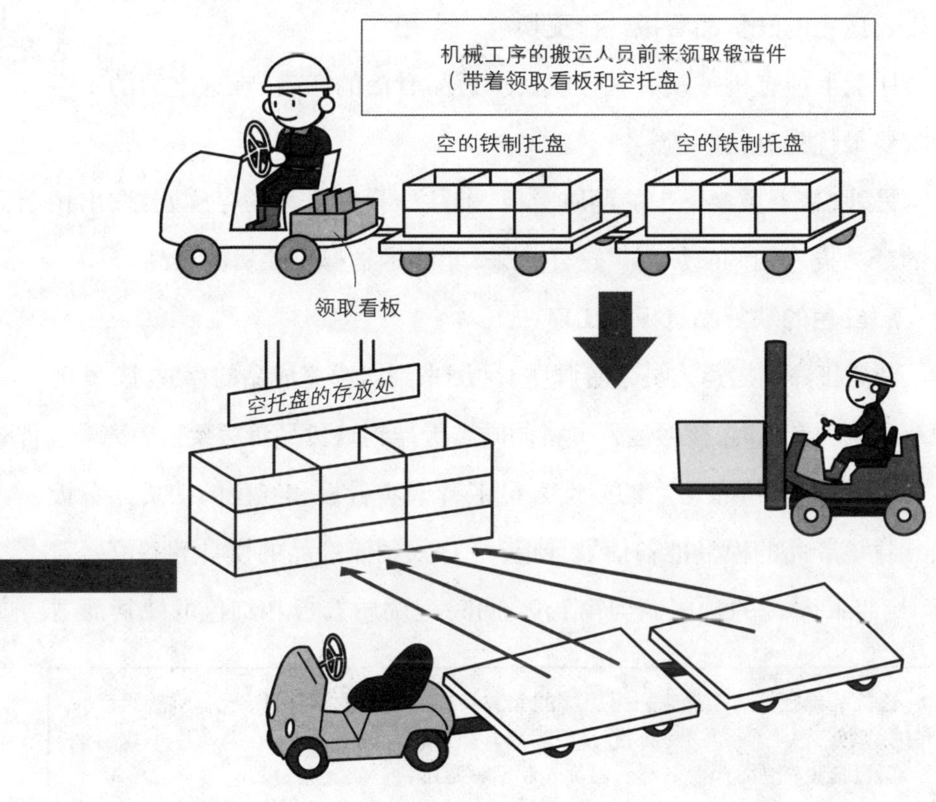

在压模工序，根据模具准备用的看板上的指示，将压模好的产品放到压模完成品存放处的指定位置（由于是批量生产，会有几托的物品）。并且在指定的托盘上挂上模具准备用的信号看板和材料准备用的看板。

▶ 蓝色的缺货品看板和工序

机械车间的搬运人员带着领取看板，来到调质完成品的存放处，发现没有所要领取的产品时，就将领取看板挂到缺货品看板架上后离开。

调质工序的看板回收人员带着机械搬运车上放置的领取看板和蓝色的缺货品看板，从"**检查→冷精压→喷砂→调质炉**"这些工序倒着往前追溯，调查各个工序的看板架和实物，以查出相应的产品。

当在某处工序发现该产品的调质看板时，将调质看板与机械领取看板以及**蓝色的缺货品看板**进行更换。

托盘上挂有机械领取看板以及缺货品看板的产品，在这之后的工序中都要最优先进行制造。

另外，带着更换下来的调质看板，前往压模完成品的存放处，取出相应的产品投入到调质炉内。这样一来，能够尽早补充缺货的产品。

▶ 红色的缺货品看板和工序

调质工序的搬运人员带着调质看板，来到压模完成品的存放处，发现没有相应的产品时，该搬运人员将调质看板挂到**缺货品看板架**上后离开。

然后，模具准备工序的搬运人员带着调质看板和红色的缺货品看板去寻找该产品的模具准备信号看板，一旦找到该产品的模具准备信号看板，则将此看板的顺序变为第1位，同时把调质看板和红色的缺货品看

▶ 缺货品看板 后工序来自己工序的完成品存放处领取零部件，没有所需的零部件时，后工序的作业人员会放置看板后离开。在自己的工序中，会从工序中找出该零部件，挂上"缺货看板"，然后最优先制造该零部件。

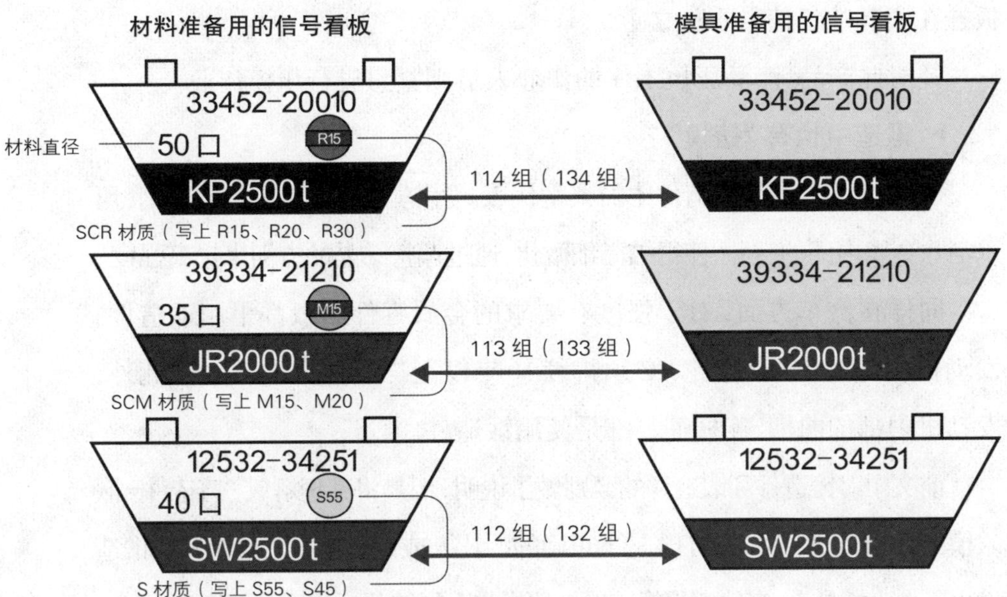

图2-4-3　准备用的看板（梯形看板）

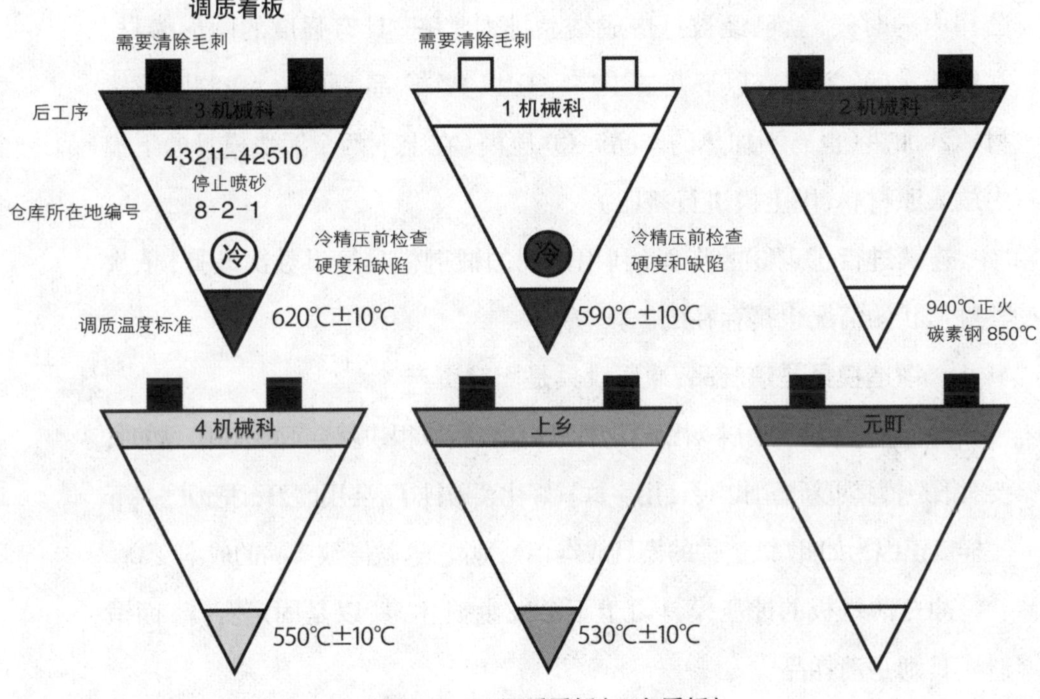

图2-4-4　调质看板（三角看板）

板挂在模具准备信号看板之上。

针对此产品，产品压模工序的作业人员则紧急进行压模作业。

▶ 锻造中也有"铸模"？

"日本刀"可谓是锻造件中的典型代表。用锤子敲打加热过的原钢，可以消除金属内部的空隙，使得结晶细微化，通过调整结晶的方向来提高强度。

同样在汽车方面，对于强度有要求的金属零件一般都采用锻造件。发动机内部的**齿圈**（齿轮）必须持续10年以上与其他金属接触。此外，发动机内部的曲柄、连杆等等都是使用锻造件。

前文中对铸造件和锻造件的区别做了说明，但是将其理解成"铸造件=嵌入模具""锻造件=用力锻打"是不正确的。让人或许感到意外的是其实锻造件也要放入模具中，当然不用像铸造件那样将金属熔化后浇注到铸模里。

锻造件的原材料不是成液体状的金属，而是钢材本身。钢材在制钢公司内的时候，就已经被打造成结晶排列整齐、具有强度的圆形棒材。在锻造车间，主要有以下几道工序：① 以1个产品为单位，切割圆形棒材；② 加热（也有不加热的产品）；③ 压模（在上下两个锻造模具的下模中放入原材料，用上模进行挤压）。

连续进行①～③的步骤，利用不同的锻造模具经过数次锻打，依次整好形状的情况也是存在的。

▶ 锻造模具是消耗品，冲压模具是固定资产

由于锻造模具是用来对钢材进行锻打的，所以很快就会不能使用。届时，要对锻造模具重新磨削以便使用。这就好比菜刀钝了，要用磨刀石把刀磨一下一样。正因为如此，锻造件的模具成本相当地高，这就导致产品的成本变高。

冲打薄铁板的冲压模具由于不会发生损坏，所以是固定资产，而锻造模具则是消耗品。

模型锻造工序

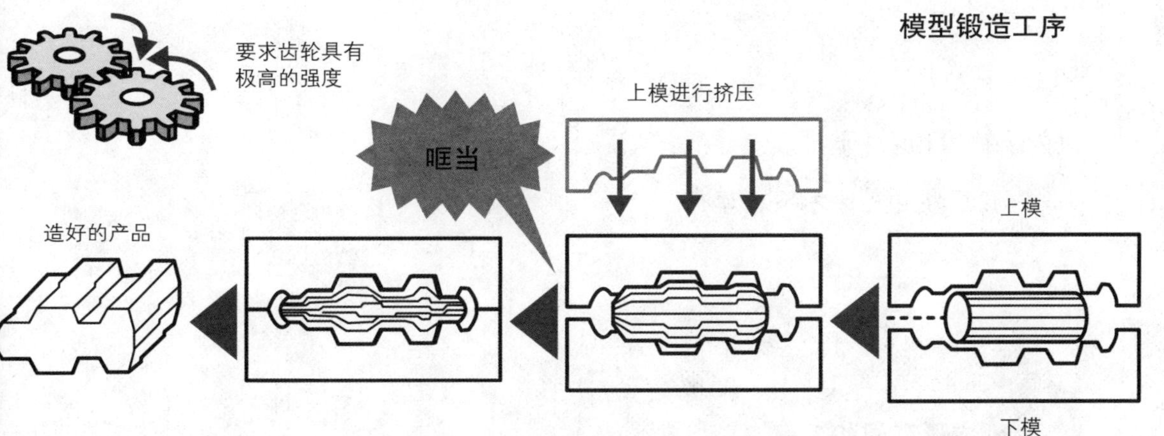

图2-4-5　模型锻造工序的工作流程

▶ **锻造的种类**　锻造可以分为模型锻造和自由锻造两种，模型锻造是采用锻造用的模具进行锻造，适合大量生产。与此相对，自由锻造是利用锤子等进行锻造的一种制造方法。

成形车间和看板

——正因为是大件才不备库存

▶ 成形车间和工序

在树脂工序(**成形车间**)由于有很多比如保险杠、仪表板之类的塑料大件,必须根据车辆的颜色进行涂装。所以采取只制造所需的产品,然后将其直接供应到组装生产线的体制。

如果不这么做的话,就必须准备庞大的库存。

在成形车间,收到车辆组装生产线的车辆顺序信息后,按此顺序进行涂装,然后在装配生产线进行零件的安装,再供应到组装生产线。

涂装工序的搬运人员去领取注塑完成品,在领取附有信号看板的产品时,将信号看板挂在看板架上后离开。

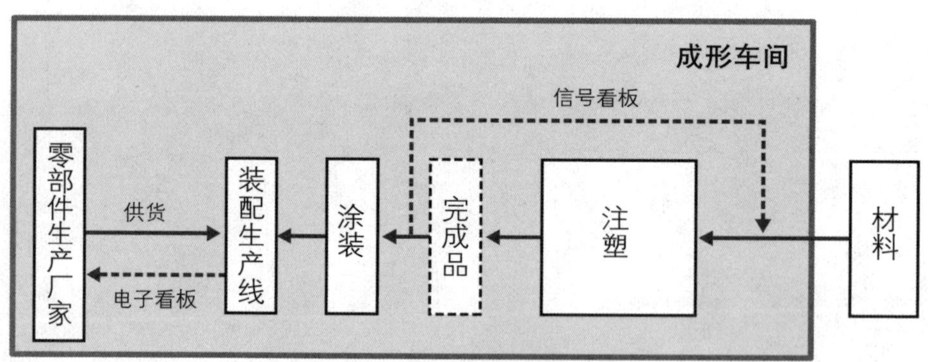

图2-5-1　成形工厂和看板的流转

▶ 将换模时间缩短为最短

注塑工序的搬运人员将信号看板带到注塑工序，挂在看板架上。该工序的作业人员按照看板架上信号看板的顺序，制造产品。

由于大件很多，占据很大的空间，所以不储备库存。因此要将换模时间缩短为最短，实现小批量生产。

再者，订购外购件时，利用和组装生产线一样的电子看板。

机械车间和看板

——根据工件的进度来移动看板架

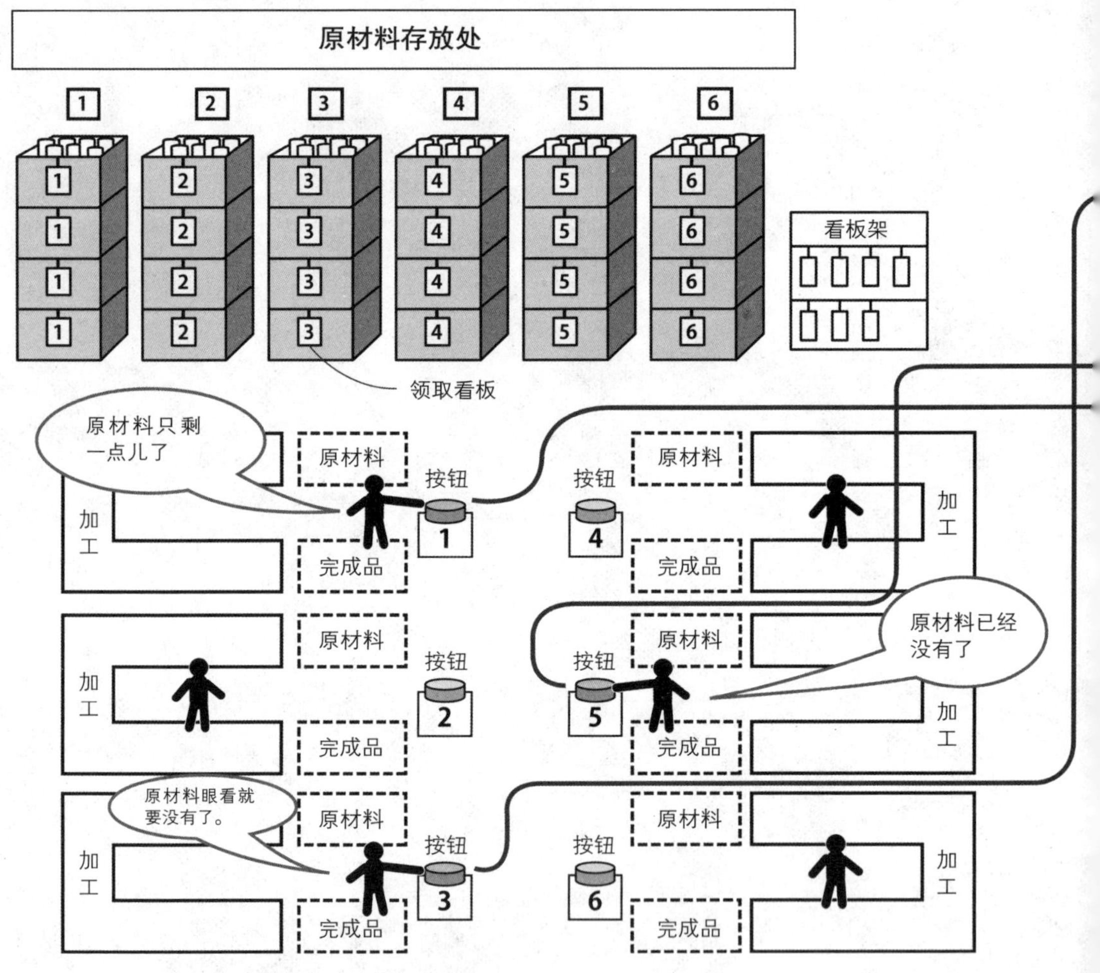

图2-6-1　机械车间和看板的流转

▶ **机械车间和工序**

在机械车间以铸造件和锻造件为原料，利用刃具进行切削、研磨，以此达到精度，然后加工成零部件。

像缸体等大的部件也是在1个流的生产线上进行加工的，其生产周期长达8个小时之久。无论是产品的加工、还是机器间的搬运，都采用自动化的生产线。人员的作业集中在定期进行品质检查、更换刃具、向

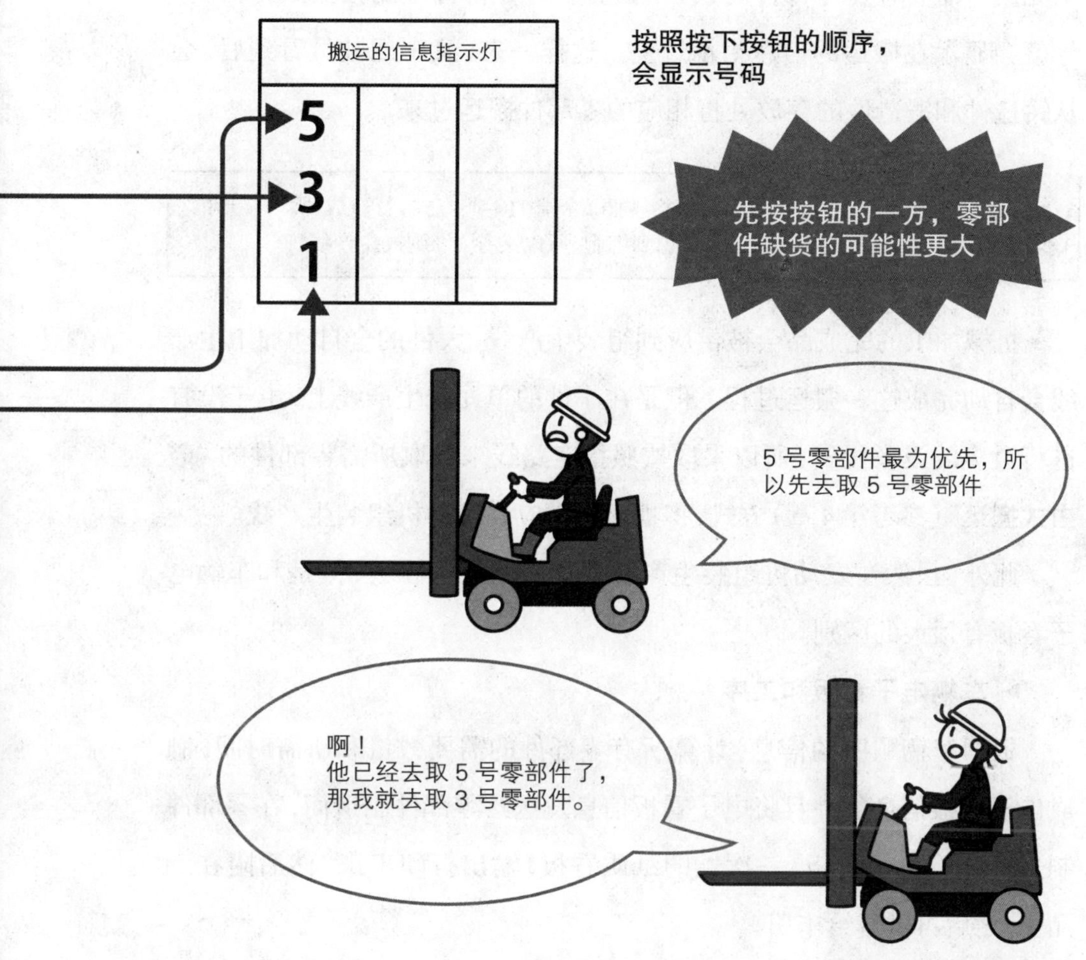

零部件供给装置补充零部件、设备故障处理、润滑油供油等方面。

当需要人员来进行作业时，设备停止的同时，信息指示灯会亮起。人员看到信息指示灯后会急忙赶赴相应的工序。

在加工小的零部件时，一般不需要很长的生产周期，因此为了控制设备投资，采用**单元式生产线**。与生产大件的全自动生产线相比，转移工序间的工件、将其安装到机器上、然后启动机器等作业必须要由人员来完成。需要补充零部件时，按下设置在各零部件处的按钮后，零部件号就会显示在搬运的信息指示灯上。这样一来，叉车驾驶员看到后，会从铸造件和锻造件的存放处将相应的零部件搬运过来。

> ▶**单元式生产线**　在进行小件装配时，按照1个流的生产方式，打造成“コ”字形的生产线。由于“コ”字形容易让人联想到细胞，所以又称“细胞式生产线”。

机械加工的完成品会被供应到组装生产线，大件的全自动加工生产线会自动完成这一搬运过程。但是在小件的单元式生产线上，由于没有进行过多的设备投资，所以采取按照指定路线来领取所需零部件的“**鼓虫式搬运**”（参考第4章）方式，将零部件供应到发动机组装生产线。

此外，虽然在发动机组装生产线上也使用电子看板，但是和车辆电子看板有很大的区别。

▶ 车辆电子看板和工序

根据车辆顺序的信息，计算所有零部件的需要数量和所需时间，制成**电子看板**信息。并且将电子看板信息发送给零部件制造商，在零部件制造商处将电子看板（一次性的纸质看板）输出打印出来，然后附在产品上，之后再供货给丰田。

在丰田直接供应至生产线侧的零部件货架上，作业人员在使用零部

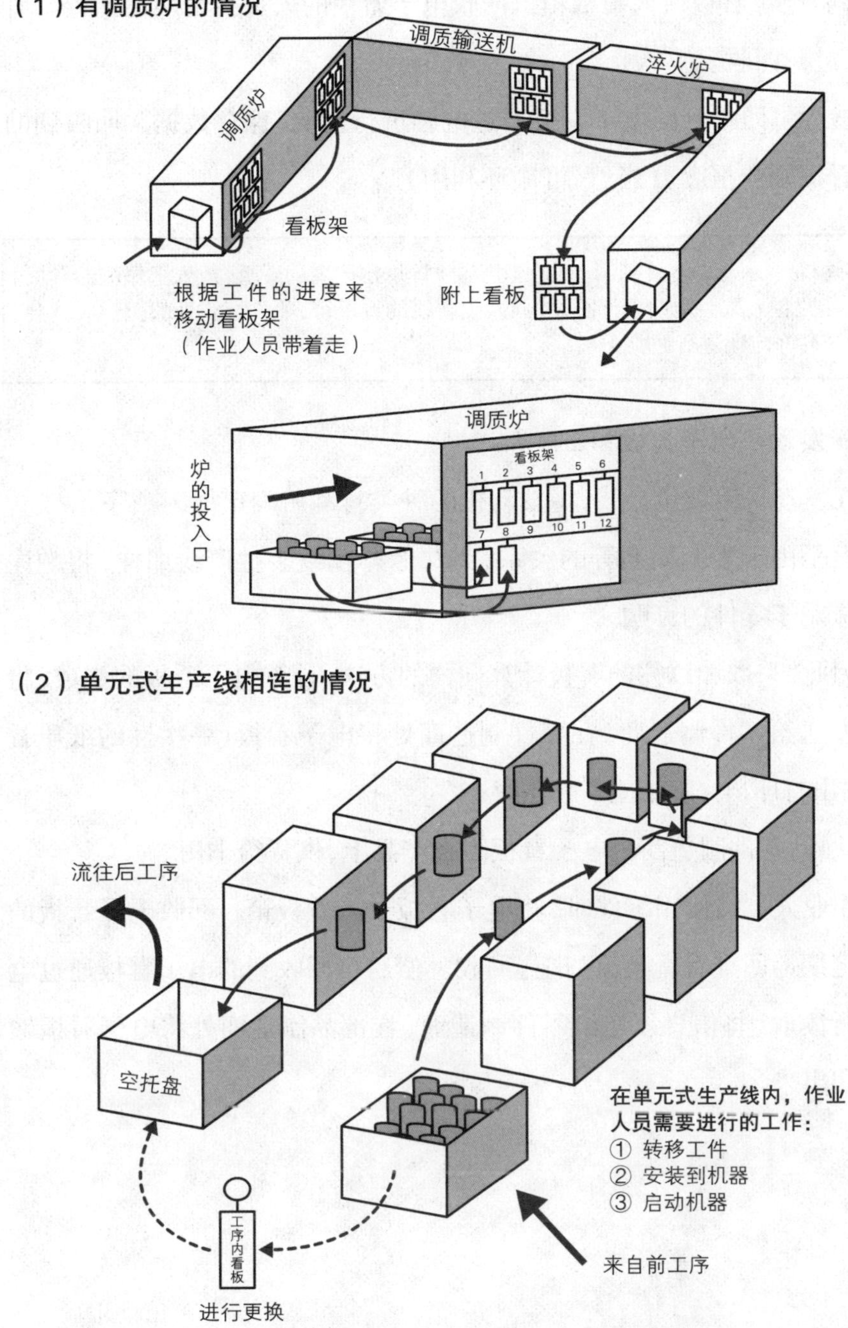

图2-6-2　机械车间内工序内看板运用的特殊事例

件时，将电子看板放入**看板箱**。回收电子看板的人员会定期巡回查看看板箱，进行回收。

然后将回收到的电子看板通过电脑进行读取，保存数据。回收到的电子看板则会报废。(当然，可循环利用)

▶ **看板箱**　从新的零件箱第一次使用零件时，取出附着的看板，放入工序侧的看板箱内。监督人员会定期进行回收，放入生产线的看板箱，零件接收处的担当人员会骑着三轮车定期进行回收。

▶ 发动机电子看板和工序

在发动机组装生产线，将发动机的种类打乱后确定加工顺序。

但是由于生产周期等的关系，无法像车辆组装生产线那样，将顺序信息应用于零件的订购。

因此，采取和以往的看板计算同样的方法，计算电子看板的张数，将信息发送给零件制造商，在零件制造商处将电子看板(一次性的纸质看板)输出打印出来。

此外，零件制造商将电子看板附在产品上，供货给丰田。

作业人员在使用零件时，将电子看板放入看板箱。回收电子看板的人员定期巡回查看看板箱，进行回收。然后将回收到的电子看板通过电脑进行读取，将信息发送给零件制造商，在部品制造商处将电子看板输出打印出来。

做好会产生失误的准备
——粗心大意造成的失误杜绝不了！

▶ 在混流生产线的零部件选取方面下工夫

丰田的车辆组装生产线是一条流动着各种各样车型的混流生产线。在这种情况下，即使在同样的部位，由于车型的不同，作业人员也要选取不同的零部件来进行安装。

如果是熟练的作业人员，在零部件的选取方面还不成问题，但在车辆组装生产线上，有时短期工以及来自丰田其他部门的支援人员高达50%。对于这样的新人，即使叮嘱他们要正确地选取零部件，也很难杜绝失误的发生。

因此在丰田，各道工序中一旦有车辆流过，条形码系统会自动识别车型，如有零部件必须在该工序中安装，相应的零部件货架上会有灯亮起。这样一来，只需去取那些亮灯的零部件即可，不会发生取错零部件的情况。

但是，一不留神作业人员粗心大意，或许会连取出零部件这件事都忘了。

这种情况下，在所有的零部件取出口，设有光电管的光线穿过，当零部件处的灯亮起时，光电管同时会发出光线。作业人员必须遮挡光线来取出零部件。如果零部件没有被取出，光线则不会被遮挡。

然后，比如时间过了20秒，光线一直都没有被遮挡时，说明作业人员忘记了安装零部件，届时会发出警报声，将此失误通知给作业人员。

倘若即便如此，作业人员还是没有注意到此情况，那么当1辆车的作业完成后，所有的组装生产线都会停止。就像这样，在丰田会构建2重、3重的检查体制。

虽然会尽最大的努力让作业人员工作时不发生失误，但既然是人，就难免会犯错。在丰田正因为有了这些人性化的体制，才能做到即使万一不小心犯错，也能通过机械装置感知察觉并通知人员；就算出现了失误，也不会产生不合格品。

第3章

“智慧+钻研”助推汽车工厂效率化的实现!

机械装置优于电气装置

——为什么车架涂装炉是U字形的?

在工厂里有很多好的点子想法。正因为有了这些点子想法才能形成大的改善。首先以车架涂装生产线为例进行说明。

在**车架涂装生产线**上,将车架堆积到铁制托盘上后,投入涂装炉。在工厂里,将隧道式的涂装炉打造成U字形。这样一来,投入口和出口(完成品)就在同一地方。

▶ U字形的优势所在

如果入口和出口不在同一个地方,就必须各安排1名作业人员。那么出口处的作业人员取出完成品后,需要通知入口处的人员,入口处的作业人员只有在接到联络后才能将车架投入炉中。这样就产生了浪费。

相反如果打造成U字形,使得出口和入口在同一地方,那么1名作业人员在取出1批完成品后,可以将新的1批车架投入到炉中。

在汽车工厂,各道工序一般花1 ~ 2分钟完成1辆汽车的作业,但是涂装炉内的**生产周期**长达2小时之久。在这么长的时间里,如果不知道涂装炉内到底有何种产品的话,是不行的。

比如,涂装工序(自己的工序)的前一道工序是车架焊接、后一道工序是组装。在前工序的车架焊接生产线上,某种车架发生故障时,需要马上确认该种车架现在有几个被投入涂装炉内。并且必须调查后工序的组装生产线能够工作到什么时候。

▶ **机械结构的生产管理板**

在此可以利用车架涂装生产线专用的**生产管理板**。在内圆处依次写上“安装工件”“洗净”“电泳”“干燥”等涂装炉各道工序的名称。各个车架上都配有一个组装生产线上的顺序号，在内圆外侧贴上标有此顺序号的磁性标签。

和涂装生产线的生产周期一样，外圆绕一圈需要花费2个小时。

这样一来，只要知道顺序号，就可以知道该顺序号对应的车架位于涂装炉的哪道工序。

此外，在车架的**实物**上，也挂有铁牌，铁牌上有镂空的顺序号。当车架从涂装炉出来的时候，就能锁定实物。

看了这样的装置，或许会有很多人感到疑惑，觉得为什么不用电脑来处理呢？事实上，比起电气装置，丰田更倾向于使用**机械装置**。

这是因为做成机械装置，即使发生故障，眼睛也能看到故障情况。而**电气装置**只能在特定的电脑画面上进行处理。

因此，在现场进行恢复处理时，机械装置要优于电气装置。

▶ **实地实物、目视化管理**

在丰田生产方式中，存在“实地实物（实地调查、实物确认）”“目视化管理”的理念，此类装置中也很好地融入了这些理念。

此外，通常对这个圆盘装置（车架涂装生产线的生产管理板）进行录像拍摄，使得在**控制室**的监视器屏幕上也能看到。

在控制室，组装生产线的生产计划执行情况、停线次数、停线时间等情况都在监视器屏幕上有所体现，通过监视器屏幕还能够了解到前工序的车架涂装生产线的运作情况。

诸如此类的装置大多都是在公司自制的。自制的优点有很多。不仅制作费用便宜，而且发生故障时公司内部也能够迅速修理。那些幻想工厂运作时，不发生任何不良的想法有点异想天开。而我们需要考虑的是在发生失误、不良时怎样处理。

这些技术方面的积累其实也是企业不断提升竞争力的力量之源。

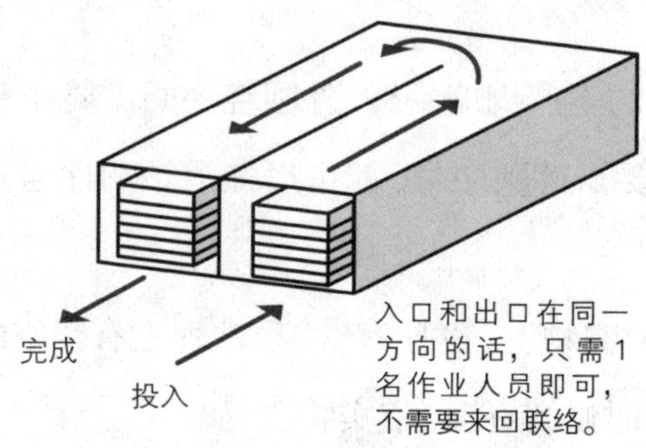

图3-1-1　便利的U字形涂装炉

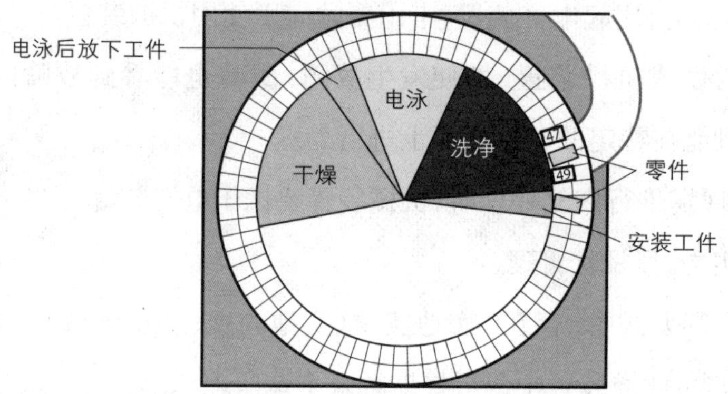

图3-1-2　生产管理板2个小时转1圈

> ▶**生产管理板**　一种像图3-1-2那样圆盘形的，可以转动并且能够看到涂装炉内部工序情况的装置。将看板挂到这里，各零件所在的工序就一目了然。通常对生产管理板进行录像拍摄，显示到控制室的监视器屏幕上，但是现在已经没有这种东西了。

新建工厂是种浪费

——乒乓球看板、圆盘看板

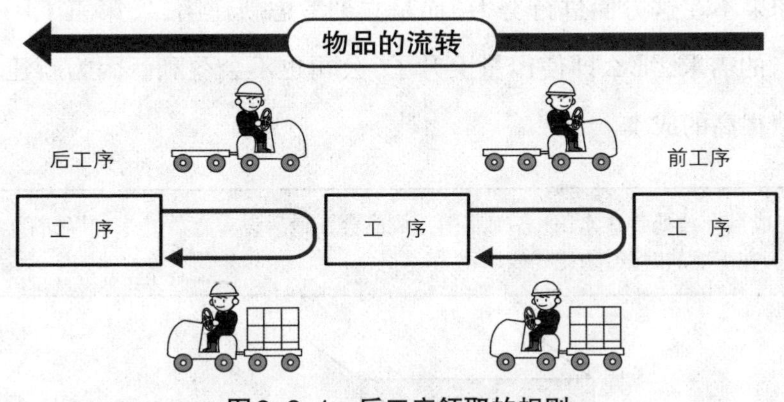

图3-2-1 后工序领取的规则

▶ 在完成品存放处设置关卡

丰田生产方式的部品领取原则是“**后工序领取**”，即后工序前往前工序领取所需的物品。在第2章中已经对此做过说明。

即使规定只能生产被领走的物品，但是人员一不注意不知不觉就会制造过多。这是人类的天性，在所难免。

为了避免这种情况发生，各道工序的生产线最后会设置**完成品存放处**这一空间，后工序前来领取物品，只要此空间没有空出来，就不能制造接下来的物品。

这样一来，必须将后工序领取走的零件种类和数量，通知给该工序生产线最前面的作业人员，让他们加工被领走的零件。

为此，就像之前说明的那样，要将涂装炉打造成U字形，使得加工零件的入口和出口在同一地方。

▶ **新建工厂是种浪费**

随着经济的高度成长，汽车的产量持续呈上升趋势。公司内部要求增加产量的同时，丰田又在竭尽所能地削减库存、在工序的布局方面想方设法，以此来应对这一要求。

如果不在这方面进行努力，而是立刻考虑新建第二、第三工厂来应对增产的需求，那么即使产量上升了，公司也不会盈利。因为新建工厂将花费很高的成本。

> ▶ **完成品存放处** 在丰田，各工序的完成品会在最后设置存放处来加以储存。后工序会在需要的时候，来此处领取物品。

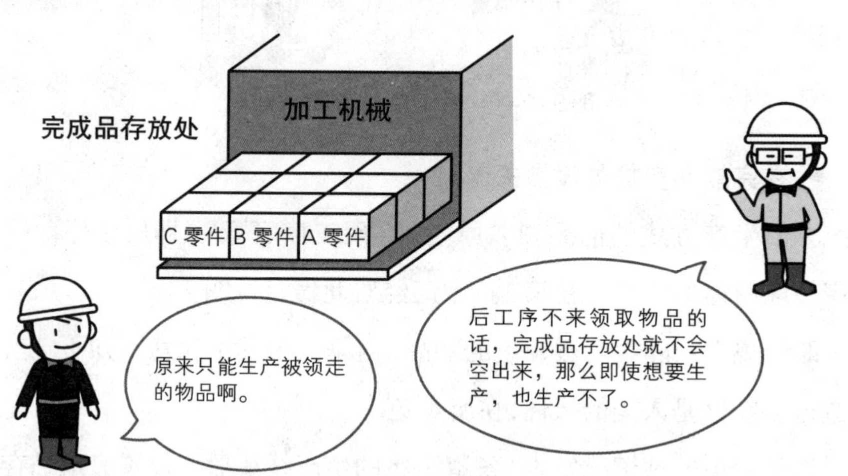

图3-2-2 完成品存放处没有空出来的话，就不能进行生产的机制

事实上，在机械车间等车间，为了最大限度地活用有限的工厂空间，会设置各种车型的生产线，因而给人感觉非常拥挤。当然这种情况不只发生在汽车工厂，无论哪里的工厂都是如此。

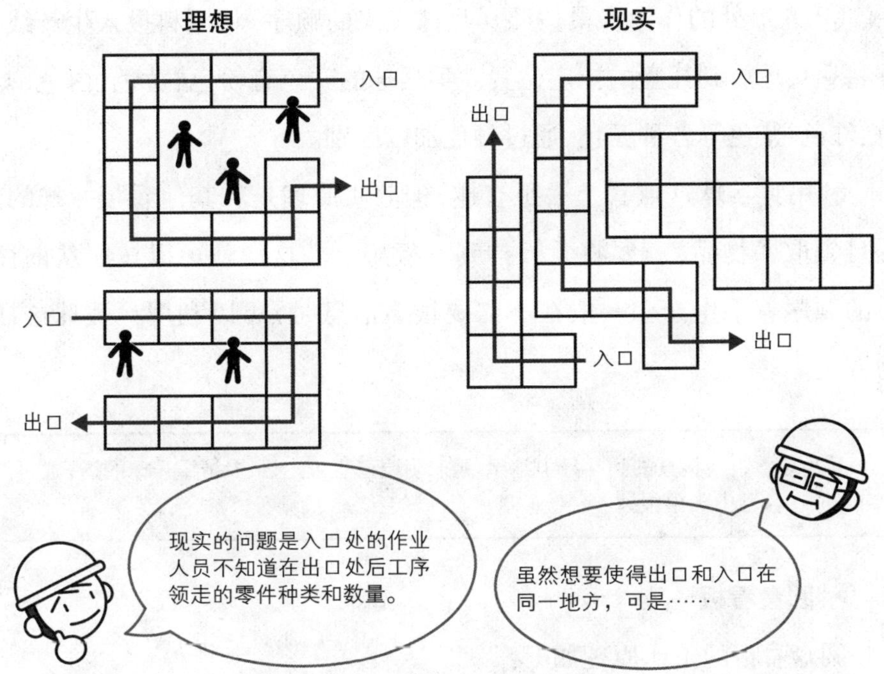

图3-2-3 烦恼的是无法做到“使得出口和入口在同一地方”

所以像前面所提到的那样，虽让想要使得涂装炉的入口和出口在同一地方，可是很多情况下都行不通。

因此想出了“**乒乓球看板**”和“**圆盘看板**”。通过此类看板，入口处的作业人员能够知道在完成品存放处什么零件被取走了。

► 乒乓球看板

所谓的乒乓球看板，顾名思义，就是用乒乓球当作看板。乒乓球看板的工作原理如下：

① 领走的零件托盘上都各自装有一个乒乓球，后工序的领货人员拿起乒乓球、放进投入口后，按下气动按钮。

② 这样一来，乒乓球高速通过软管飞到生产线的入口，按照飞到乒乓球滑槽的顺序排列摆放。

③ 入口处的作业人员按照乒乓球飞来的顺序，将原料投入生产线。并将乒乓球放到托盘的指定位置。乒乓球的颜色有粉色、黄色、白色、蓝色、红色、紫色等各种颜色，通过颜色加以区别。

利用乒乓球这点看上去很有趣，但其实原理是和其他看板一样的。一旦领取了物品，就要将看板挂到看板架上。这样就可以按照从前往后的顺序着手生产。一般在不需要很多信息时，可以利用乒乓球这样的方法。

> ▶ **乒乓球看板** 将真的乒乓球上涂上颜色，用于工厂内。如果是乒乓球的话，通过空气能在软管中飞得很远。

▶ **圆盘看板**

圆盘看板的工作原理如下：

① 领走的零件托盘上都各自装有一个圆盘，后工序的领货人员取出圆盘，安装到升降机上后，按下按钮。

② 圆盘被自动提升到一定高处，一旦被放开，因为自重的缘故会滚下坡面，到达入口处作业人员旁边的圆盘滑槽，按照滚下来的顺序排列摆放。

③ 入口处的作业人员按照圆盘滚下来的顺序，将原料投入生产线。并将圆盘放到托盘的指定位置。

从这些例子上，想必也可以看出现场此类的改善基本上都是利用**机械装置**。采用机械装置的话，即使发生故障，现场的作业人员也能看到，并能独立解决问题。

如果是电气装置的话，现场的作业人员很难注意到故障。要想解决故障只能依靠电气方面的专家。

> ▶ **圆形看板** 比CD（光盘）稍大一点儿的圆盘，厚度大约为1 cm左右。

乒乓球看板

领走的零件托盘上都各自装有一个乒乓球，后工序的领货人员拿起乒乓球、放进投入口、按下气动按钮后，乒乓球飞至生产线的入口处，入口处的作业人员将乒乓球对应的原料投入到生产线。

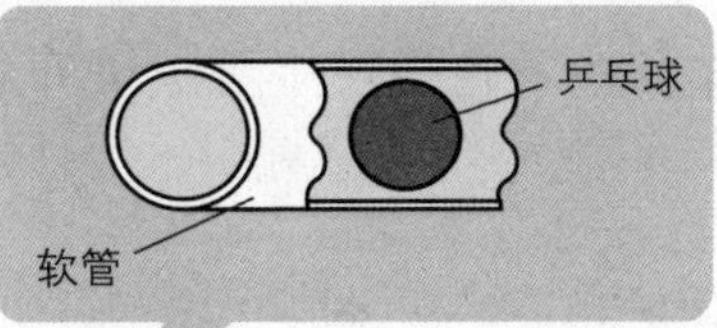

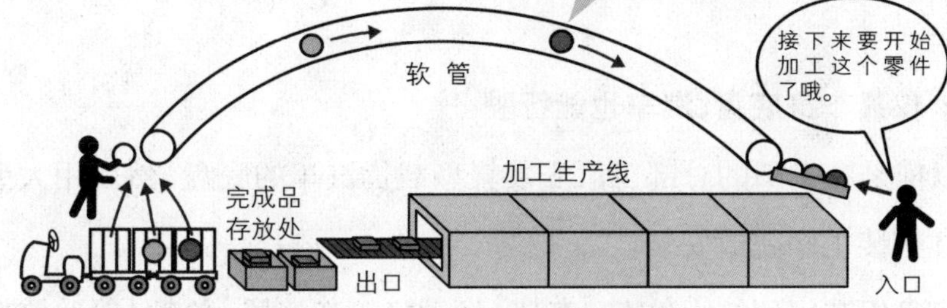

图3-2-4 乒乓球看板的机制

圆盘看板

后工序的领货人员将各零件托盘上装着的圆盘装到升降机上，上升到一定高处后，利用重力的作用，使得圆盘从坡面上滚下来。

圆盘
滑槽
接下来要开始加工这个零件了哦。
滑槽
加工生产线
完成品
存放处
出口
入口

图3-2-5 圆盘看板的机制

通过硬币看板实现“可视化”

——叉车驾驶员通过硬币看板来开展工作

▶ 仅靠车身底盘，汽车也能行驶

以前是在丰田的总部工厂安装轻型载货汽车的底盘，然后用大型卡车送往架装工序完成安装。

底盘组装用到的大件有：车架、发动机・变速器、轮轴（轮胎前后轮的轴）、轮胎。其中**车架**起到支撑汽车结构的作用（但是，采用单壳式车身结构的乘用车没有车架）。

在冲压车间，构成车架的大件和中件直接被带到车架焊接生产线甚至涂装生产线。除此以外的小件（数量非常多）以托盘为单位被供应至生产线。

▶ 从信息指示灯到集中管理板

我以前在丰田的总部工厂也工作过，虽说是总部工厂，但因为建造年代久远，并不是很大。因此生产线侧能放置托盘（上面装有零件）的场所只有一处。

这样一来，零件马上就会用光，所以有必要想办法让人员在缺货之

> ▶ **单壳式车身结构**　像鸡蛋壳那样，靠整个车身来提升强度。日本生产的乘用车100%都是这种构造。

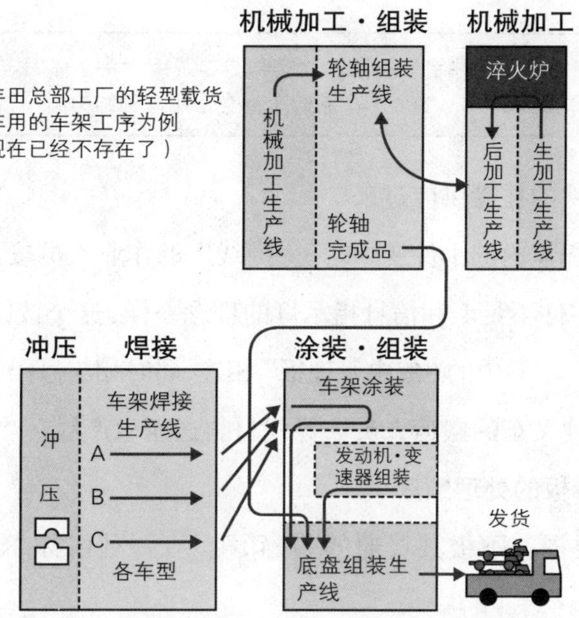

图 3-3-1　车架工序中工件的流转

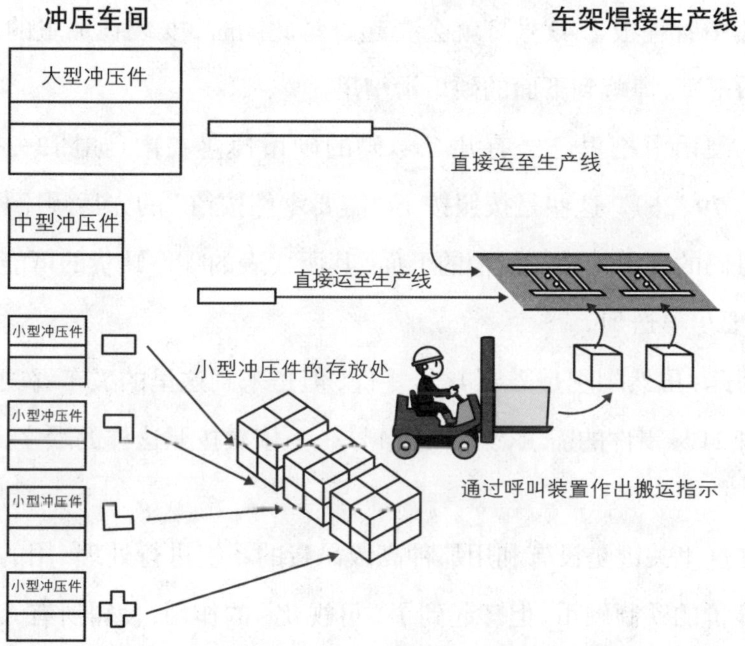

图 3-3-2　运至车架焊接上产线

> ▶ **车架式车身结构** 使井字形的骨架(车架)具有强度。将车体固定在车架上，起到覆盖及装饰外观的作用。一般卡车系的车都会采用这种结构。

前，将装有零件的托盘供应过来。

首先，当托盘内的小件变少时，生产线上的作业人员按下“需要零件按钮”，告知零件不足。和信息指示灯的理念一样，这个按钮有一个单独的号码，并且与车间内的“**集中管理板**”相连，届时相应号码的灯会亮起。

然后，驾驶叉车的搬运人员去寻找材料送至生产线。

▶ 硬币看板的处理顺序

在这儿要提一下极其普通的“硬币”。有一种俗称“**硬币看板**”的东西。

比如，生产线上的43号零件处，作业人员按下了“需要零件按钮”，这时集中管理板上43号灯就会亮起。与此同时，安装在那里的写着43的硬币落下，掉落到下面的硬币滑槽里。

在硬币滑槽里已经有几个号码的硬币掉落在内(如图3-3-3里的21、14、79、26)。这些是按照按下“需要零件按钮”的先后顺序排列的，写有号码的硬币越是在滑槽的下面，其所代表的零件缺货的可能性就越大，需要尽早送到。

因此，虽然刚刚是需要43号零件，但是来到这里的叉车驾驶员会优先处理21号零件的需求，然后是14号……依次按照这样的顺序，才轮到43号。

在这里关键是没有利用那种高级昂贵的系统进行处理，用的是那种非常廉价的铁制硬币，但却起到了“可视化”的作用，使得所有人都一目了然。

▶ 叉车驾驶员的处理步骤

那么，叉车驾驶员应该按照怎样的步骤供应零件呢？

首先，拿起滑槽最下面的21号硬币，将其重新装到21号灯的位置。然后将叉车一直开到插有原料卡片的板子处。由于21号灯亮着，所以将插着21号的卡片抽出。

卡片上写有以下内容：

- 零件编号、零件名称、管理编号
- 原料（零件）存放处编号。
- 所要供应到的生产线编号。

只要有这些信息，即使是新的叉车驾驶员，只要稍稍进行培训，就能准确无误地开展工作。

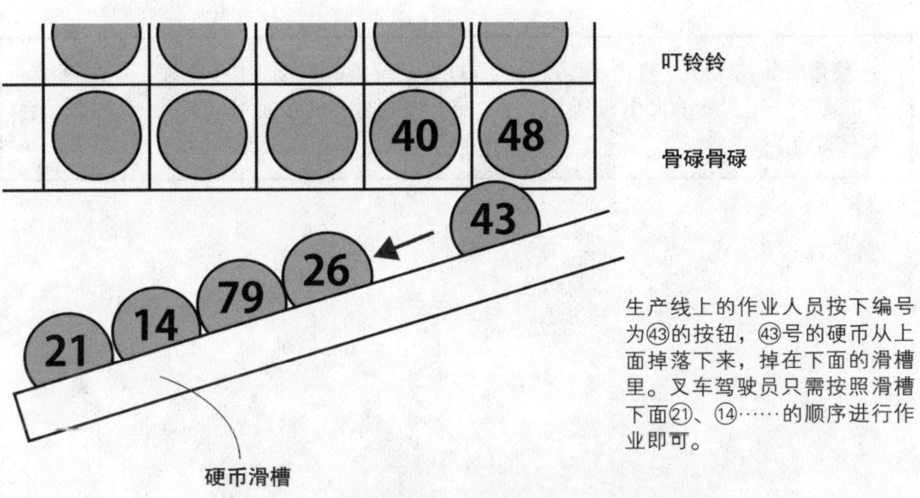

图 3–3–3 硬币看板的处理顺序是“自下而上”

> ▶ **轮轴** 即轮胎前后轮的轴。所谓的轮轴就是车轴，即贯穿车轮与车轮正中心的轴。轮胎以这根轴为中心而转动。打个比方，这就好比风车等的轴一样。

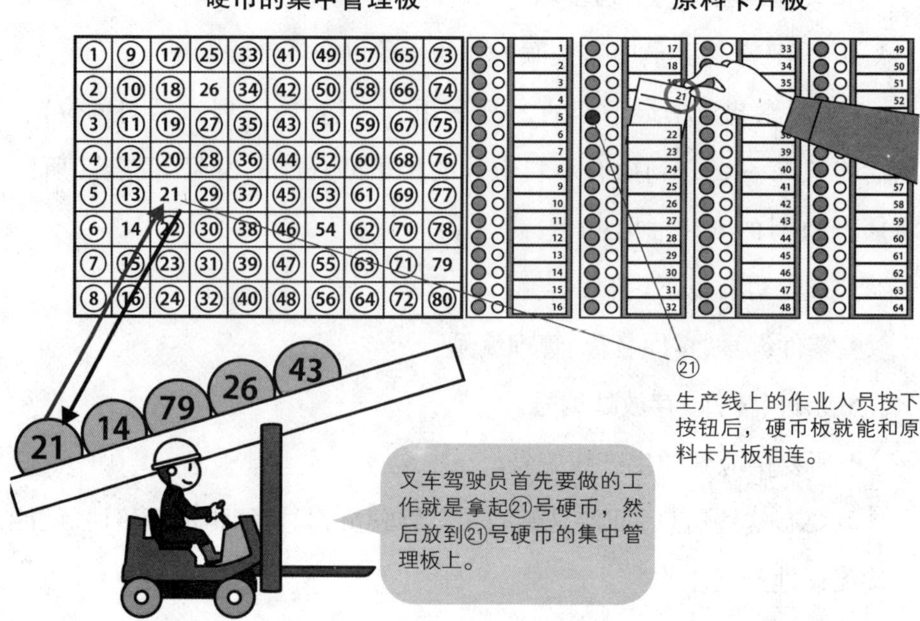

图3-3-4　硬币看板的机制

▶ **硬币看板的大小**　直径和厚度均为500日元硬币的2倍。由于是在工厂内使用，所以需要一定程度的大小和厚度。我以前工作的时候仍在使用，但是可惜现在已经没有实物了。

为什么要在发动机装配时确认实物？

——不能按照生产计划加以推进的理由

▶ 装配发动机好比制造一辆小汽车？

汽车上最大的部件就是发动机。其生产的过程就好比制造一辆小汽车。

这是因为和汽车在组装生产线上进行组装一样，发动机在装配生产线上也要进行组装，且两生产线都采用平准化生产。发动机装配生产线可以理解成是汽车组装生产线变短、规模变小之后的生产线。

那么接下来详细介绍一下发动机装配生产线。

发动机装配生产线大致可以分成前装配生产线和后装配生产线两大类。**前装配生产线**主要安装缸体、曲柄、活塞、连杆等构成发动机框架的大部件。**后装配生产线**则安装其他许多的外购件等。

▶ 实物确认的必要性

首先，按照生产计划的顺序，在前装配生产线的前头安装缸体。

但是，根据流过来的发动机缸体的种类，之后要安装的曲柄、活塞、连杆等大的部件也有所不同。利用机械装置对实物进行确认，通过信号机械选择相应种类的部件。

之所以必须进行**实物确认**，是因为当现场的作业人员进行作业时，有时候会发现生产线上的产品出现材料不良和加工不良。这种情况下，需要将不良品搬到生产线外进行手工返修。

因此出现此类情况的话，生产计划的顺序就会和实际产品的顺序存在偏差，所以在流经各道工序时，无论如何都要对实物进行确认。

如果按照生产计划的顺序，对所有零件的出库作出机械指示时，必须将各工序上发生不良后运到生产线外的不良品等相关数据全部告知给控制室。然后控制室以此为根据对生产计划的顺序做出变更。但即便如此，由于是人工作业，多多少少会发生疏漏等失误。因此在这种情况下，必须要对实物进行确认。

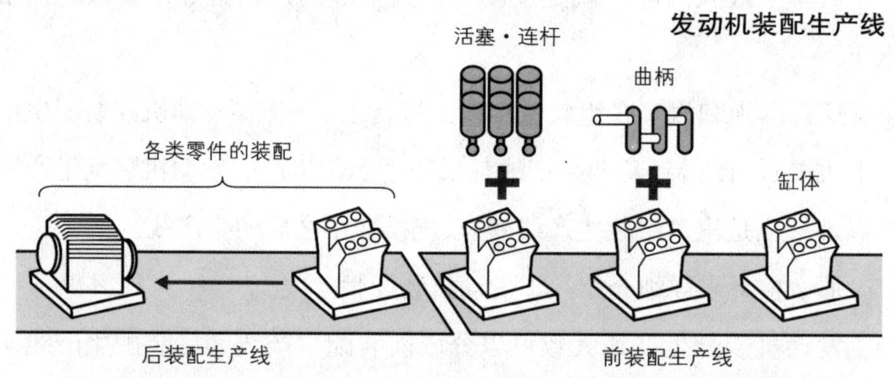

① 首先，按照生产计划的顺序，在前装配生产线的前头安装缸体
② 但是之后各类零件的选择全部取决于缸体的种类，所以要对缸体进行确认。
③ 其理由是……（答案见下图 3-4-2）

图3-4-1 发动机装配时的疑惑——为什么不按计划进行？

▶ 在前装配生产线上进行实物确认

那么，让我们来看一下具体是怎样一种方法，能使作业人员注意到操作失误呢？

● 曲柄

① 利用条形码读取机自动读取贴在缸体上的条形码，识别缸体的种类。

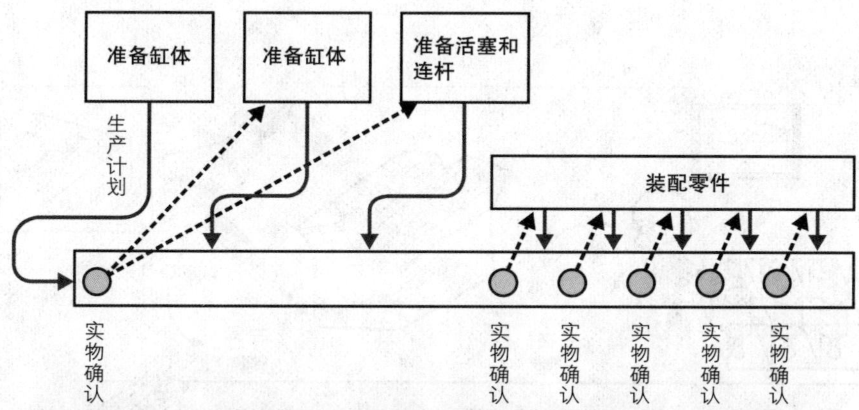

① 工厂的生产线非常长，会发生各种各样的故障，很多时候工件（在制品）会被从生产线上抽出来。
② 如果此时全部是按生产计划进行生产的话，那么对于所有作业都要作出计划变更的指示。
③ 因此，进行作业的同时，需要确认实物。

图3-4-2 实物确认的理由

▶**组装** 对零件进行组合装配。亦指该工序。

② 从加工生产线最末端的完成品存放处，自动选出适合该缸体的曲柄。

• 活塞

① 将活塞装到缸体时的孔径等级（1 ~ 3）刻在缸体的角落处，用监视摄像机进行拍摄。

② 在活塞准备工序，会显示监视画面，所以作业人员只需选出符合孔径大小的活塞，放入自动搬运托盘送出去即可。

▶ 在后装配生产线上进行实物确认

• 后装配生产线前头的作业人员

① 利用条形码读取机自动读取贴在发动机上的条形码，后装配生

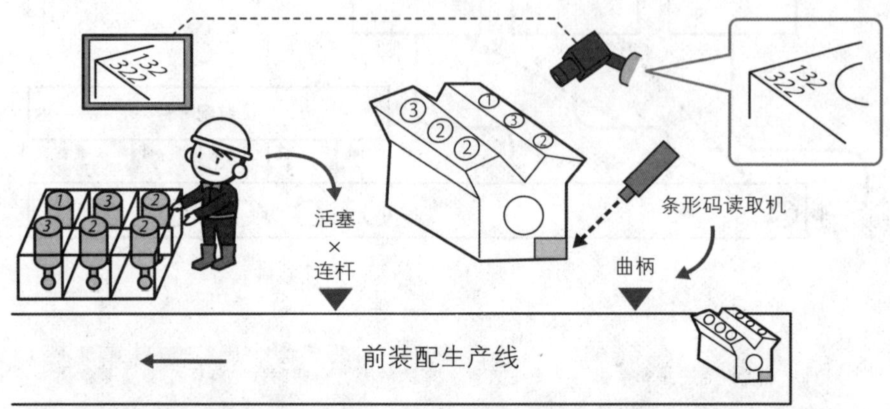

具体来说，就是用监视摄像机拍摄刻在缸体上的孔径尺寸，看监视器的同时，选出同样尺寸的活塞（和连杆），用条形码读取机读取缸体上的条形码，自动选出曲柄。

图3-4-3　通过监视摄像机来确认“接下来过来的零件是什么”

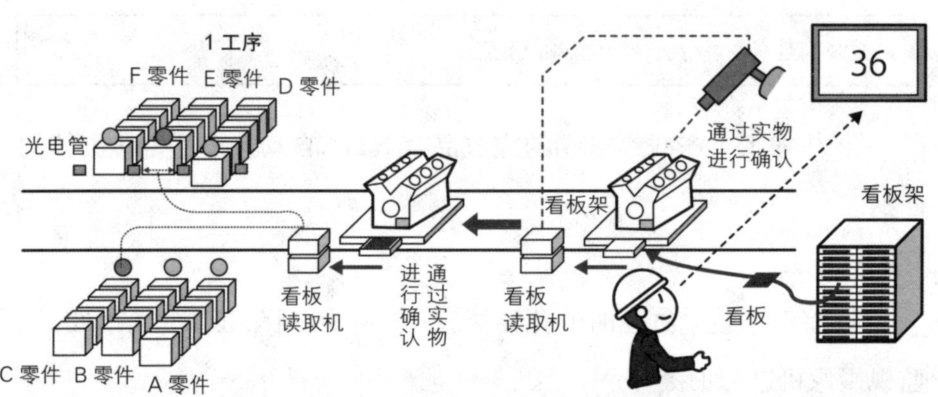

在后装配生产线，利用条形码读取机读取贴在发动机上的条形码，生产线前头的作业人员看到监视画面上表示发动机种类的数字后（此例中是 36 号），从看板架上取出 36 号看板，放到发动机台指定的位置。

图3-4-4　通过贴在发动机上的条形码进行确认

产线前头的作业人员看到监视画面上表示发动机种类的编号后（比如36号），从看板架上取出36号看板，放到发动机台侧面的看板槽里。

② 随后，看板槽里的看板通过看板读取机。

③ 如果作业人员准确无误地放了36号看板的话，则作业照常继续进行。如果看板的编号搞错的话，生产线会马上停止，信息指示灯亮起，作业人员能立刻注意到操作失误。

- 后装配生产线上各道工序的装配人员

① 装在发动机台侧面看板槽内的看板在通过设置在各工序入口处的看板读取机时，如果有必须在该工序装配的零件，则放置此零件的架子上的灯会亮起。

② 作业人员从亮灯的零件货架上取出零件，进行安装。

③ 亮灯的零件货架上光电管也会发光，作业人员取出零件时，会遮住光电管的光线。如果作业人员在规定时间内，没有将这次发光的所有光电管都遮住的话，则说明有忘记安装的零件。那么生产线就会自动停止，与此同时信息指示等亮起，并将此事通知给作业人员。

就像这样，在发动机装配生产线上，即使作业人员操作失误，也会想尽一切办法，使得生产线自动停止的同时，将此错误通知到本人。

由于能够告知错误，所以作业人员也能立即改正，不会产生不良品。

▶**装置** 这里指的是利用发条、齿轮等使器物自动（机械）活动的装置。

专栏

丰田生产方式不适用于机床的制造

我曾经参观过一家制造机床的大型企业。在这家企业的工厂里，制造完成1台机床需要耗时8个小时。在丰田为了1分钟制造完成1辆汽车，在机械车间，需要1分钟完成1次加工，然后运至下一台机器。由于机器只是重复进行简单的加工，所以没有使用数控机床等等，利用低价的机器就能及时地制造很多辆车，而且便于打造无须换模的专用生产线。

而这家机床制造商，8个小时却只能生产1台机床。由于零件数量繁多，还不能设置机械加工生产线。结果，只能全部由数控机床完成，但加工1次需要花很长的时间。并且数控机床的话，换模时间也相当长。不能像丰田那样，3分钟就完成换模。一打听，我了解到这家工厂利用的都是数控机床。

我也去参观了该公司的组装车间。在高大的建筑物内，整齐地摆放着大的在制品。配有作业人员在旁边严密监控。作业都是由熟练工手工进行。由于都是熟练工，所要使用的零件全部都记在脑海里。或许是因为这个原因，零件被堆放得杂乱无章。

像这种生产台数少的工厂，丰田生产方式是完全不适用的。这里所谓的机械加工纯粹是依次用数控机床进行加工而已。

此外，作业人员的标准作业也很难确定。即使想要实现“自働化”

(而非我们常说的“自动化”),效果也未必明显。

而且在这家工厂也没有任何的信息指示灯。由于都是熟练工在旁边监控机器,也没有必要再用信息指示灯呼叫人员。

再者,在组装车间,完全没有对零件进行管理。不像丰田那样有很多的零件被不断运送过来。因此,即使管理,或许也只是增加了管理工时而已。

结果在这家工厂的所有地方,都完全没法导入丰田生产方式,也没有必要导入。

这让我明白:丰田生产方式只适合于那些进行大量生产的工厂。即

丰田生产方式=量产工厂的生产方法

第4章

平准化生产支持看板方式！

通过"1个流的生产"进行品质管理

——当场发现产生次品的原因!

▶ 批量生产的弊端

所谓的**批量生产**是指连续生产几个同类的产品(实际上,连续生产的单位数量将有更多)。无论是生产冰淇淋的工厂,还是生产巧克力的工厂,这种生产都方式较为常见。

但是,在丰田等汽车工厂,尽可能避免这种批量生产。那么,批量生产到底有什么问题呢?

如下图所示,在1工序(第101页)和2工序(第100页)分别配置了两台机器。

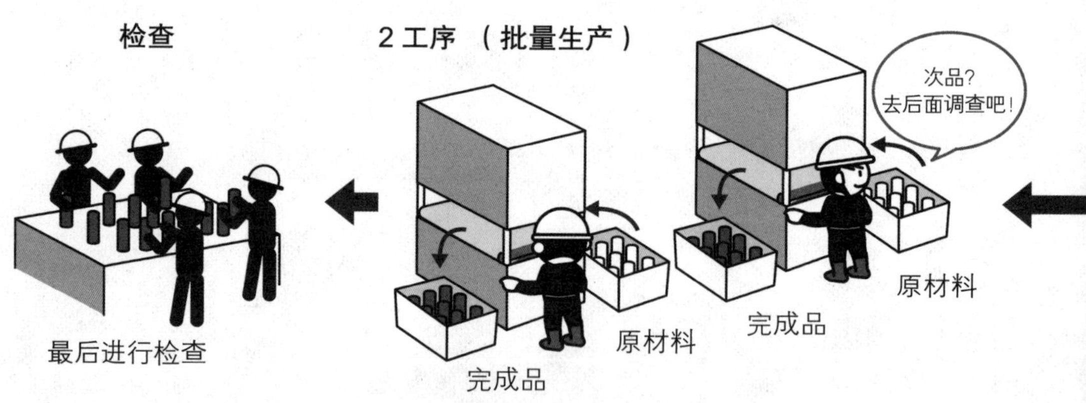

图4-1-1 批量生产中工件的流转

1工序的机器将托盘内的所有零件加工完成之后，将该托盘搬运至2工序中托盘少的机器旁。

在这种情况下，如果在某台机器处发现**次品**，为了探究原因必须到后面的工序追溯到每一个零件，这一工作相当困难。正如图片上所显示的那样，归根到底就是因为没有确定的流程和顺序，以托盘为单位的话，甚至连托盘去哪儿了都不知道。

▶ 产生次品的原因就这样不明不白

结果就是放弃在工序内找出次品，而是考虑在最终工序后通过严格的检查来防止次品流到公司外面。

确实这种方法也能防止次品流出。但是，产生次品的根本原因是什么？在哪道工序产生的？就不得而知了，而且今后也有可能会发生同样的问题。

万一次品是在最前面的工序中产生的，那么在之后很长的工序中，对于已经明显没法使用的**次品**，还要再进行涂装、切削加工、喷涂价格昂贵的材料、耗费人力拧螺丝等等的作业。

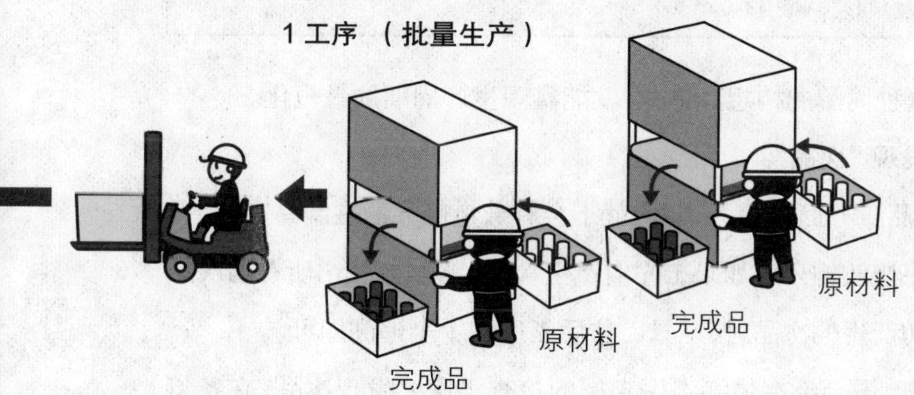

由于所有的次品都会报废，所以在这些次品上所耗费的人力、物力以及时间全都白费。而且从一开始就是徒劳。

在进行批量生产的时候，无论企业的经营者再怎么强调品质的提升，现场的作业人员再怎么努力改善，也是很难有所成效的。

▶ 打破批量生产的想法

总而言之，如果工序的生产体制本身得不到改善，那么品质的提升也就无从谈起。

那么，工序的生产体制怎样进行改革呢？

进行批量生产的作业人员有时也会考虑以下事情吧。

【划时代的构想1】如果加工零件后，放入托盘，要让零件积压的话，不如将零件拿到下一道工序，让人员马上进行加工。

【划时代的构想2】但是，一个一个地拿过去又比较麻烦费事。倒不如索性将下一道工序的机器安置到这儿来。

【划时代的构想3】将加工一个零件所需的机器全部排列在1条生产线上，然后在生产线上让零件一个一个地流转。

▶ **次品**　这里指的是不能用来使用的产品。

只要将这种简单的构想具体化，就能实现生产周期的最短化。

▶ 当场发现“次品”

此外，从品质方面来看，工序内就不会有数量庞大的**在制品**，零件按照加工的顺序摆放排列。如果工序内产生次品，必须要找出所有的次品直至发现最初产生的次品时，也只需往后工序一个个追溯即可。

这样一来，不至于在最终工序末尾的检查工序才发现次品，在各道工序内尽可能接近于次品发生的源头处的地方就能找出次品。这就是所谓的“**工序内检查**”。

只有当场找出次品，才便于查明次品发生的原因。也才能防止在次品上再进行无效加工。

▶ 由下一道工序的作业人员来进行检查

于是首先要做的就是由人员进行**自主检查**，但是这方面做起来很难。所谓的自主检查就是对自己制造的零件，或者加工过的作业亲自进行确认检查。由于是人员自己完成的作业，本人都会觉得没有问题，所以难免疏于检查，最终只是走个形式。这根本不能算是检查。

但是在这里注意到一点。那就是如果变成**1个流生产**，那么对于前工序的作业人员制造的零件，可以让下一道工序的作业人员来进行确认。下一道工序的作业人员在检查前工序送过来的加工零件时，由于是别人制造的零件，所以检查就会变得比较客观，而且检查的准确度也会提升。我们将这种检查称之为“**依次检查**”。

这么做还有一个优点。那就是一旦发现次品，能够马上联络前工序的作业人员，让其停止作业，这样可以阻止次品进一步的产生。至少比起在完成最终工序后进行最终检查时发现次品，要来得更加迅速。

此外，由于能够当场发现次品，查明次品发生的原因就变得容易。再者，只要了解次品发生的原因，就能顺利探讨防止再次发生的对策。

话虽如此，失误不会完全没有。所以要考虑使得作业本身不会出现失误的方法。这就涉及“防错装置”。关于防错装置，将在别的章节做归纳说明。

> **▶ 在制品**　将半成品中正在工序间流转的产品称之为在制品。“半制品”一词与之相近，但是不同之处在于半制品是经过一定的工序加工完成，直接可以拿到外面进行销售，或者至少可以储存在工序外的产品。

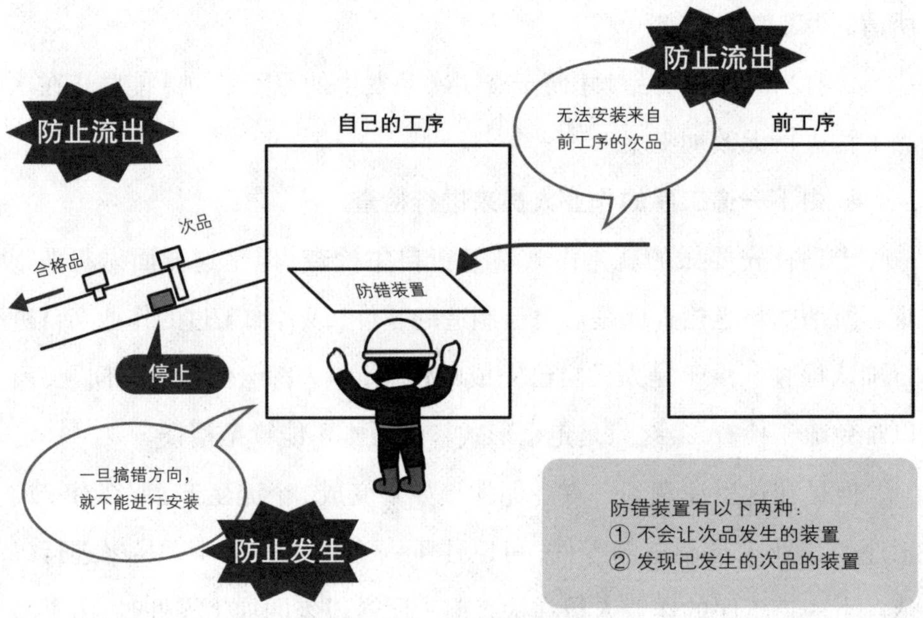

图4-1-2 “防错装置”有两种

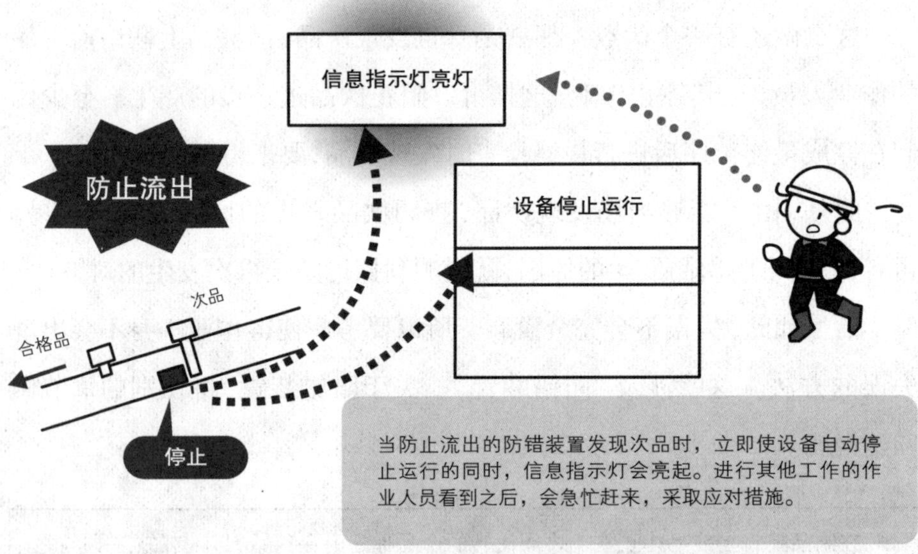

图4-1-3 运用“防错装置和信息指示灯”急赴次品产生现场!

平准化生产支持看板方式

——供应商供货的时间取决于1天的生产量

▶ 根据订单进行组装

由于对汽车制造商的车型要求各有不同，来自全球的客户订单一直都是陆陆续续、零零散散地发过来。组装生产线作为汽车生产的最终工序，为了能够尽量按照客户的订单顺序进行生产，最为理想的状态是在组装生产线上实行有节奏、按比例地混合连续流水生产。或许这就好比餐馆按顺序提供套餐一样。

如果在组装生产线上，固定车型进行生产的话，那么固定的车型数量越多，就越是与顾客的订单顺序相背离，完成品的库存也就会越多。

左图显示的是组装生产线和客户的关系，最下方的图上由于车型完全都是混流的状态，所以车辆一**下线**就可以送至客户那里。

越是在图的上方，固定的车型数量（**批量生产**）就越多，所以如果不储备很多完成品库存的话，就很难满足客户的订单需求。

> ▶ **下线**　在量产的工厂中，产品的组装结束后，从流水线上下来。也就是说，作为产品完成了。

▶ 组装生产线与前工序的关系

请看图最下方的组装生产线的加工顺序。所有的车型都是等间隔

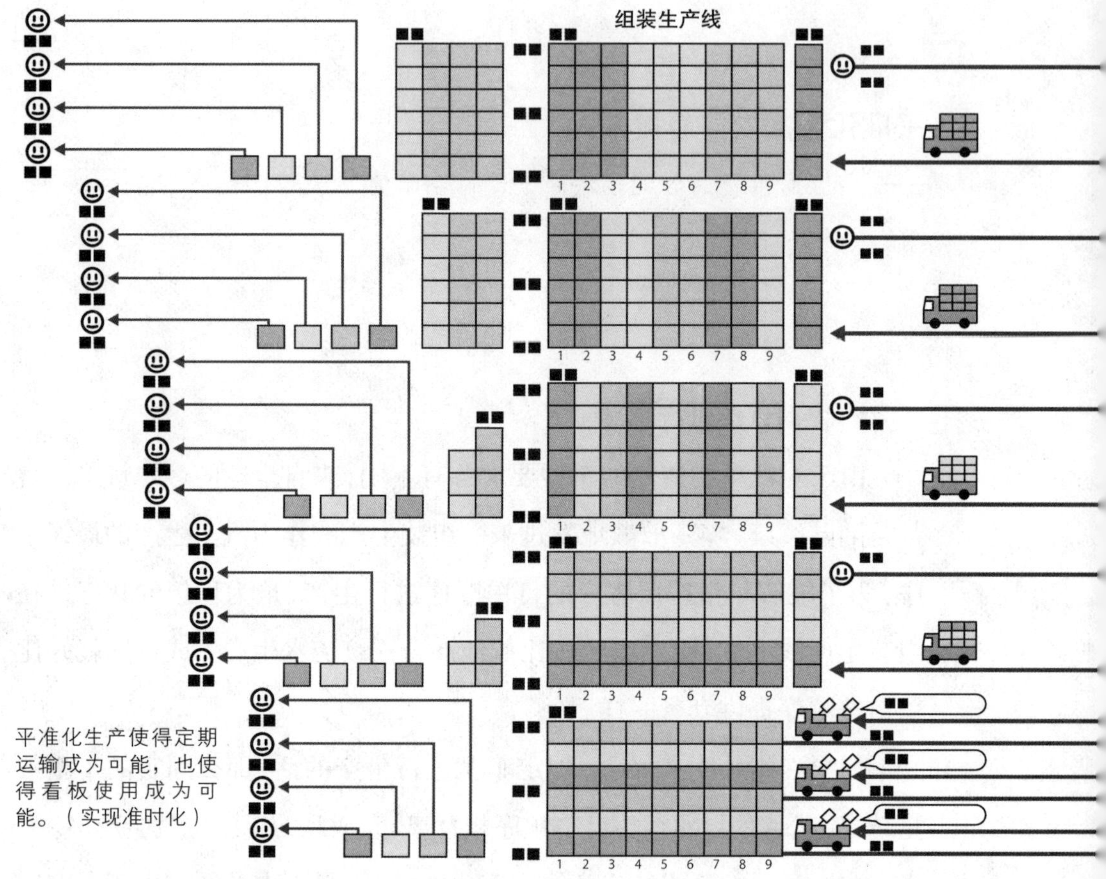

图4-2-1 向平准化生产发展

地进行生产。这就是**平准化生产**。

进行平准化生产的话，例如8个小时生产6辆红色汽车，那么只要是相关人员，任何人都知道1小时20分钟（8小时 ÷ 6辆）要流动1辆车。

换而言之，只要知道组装生产线的**日生产量**，那么前工序就能知道零件需要的时间。对于组装生产线而言，工作起来也相当轻松。

这是因为只要平准化生产稍有差池，以车型为单位的汽车在流动的途中，必须联络所有的前工序，告知所有零件的具体需要时间。也就是

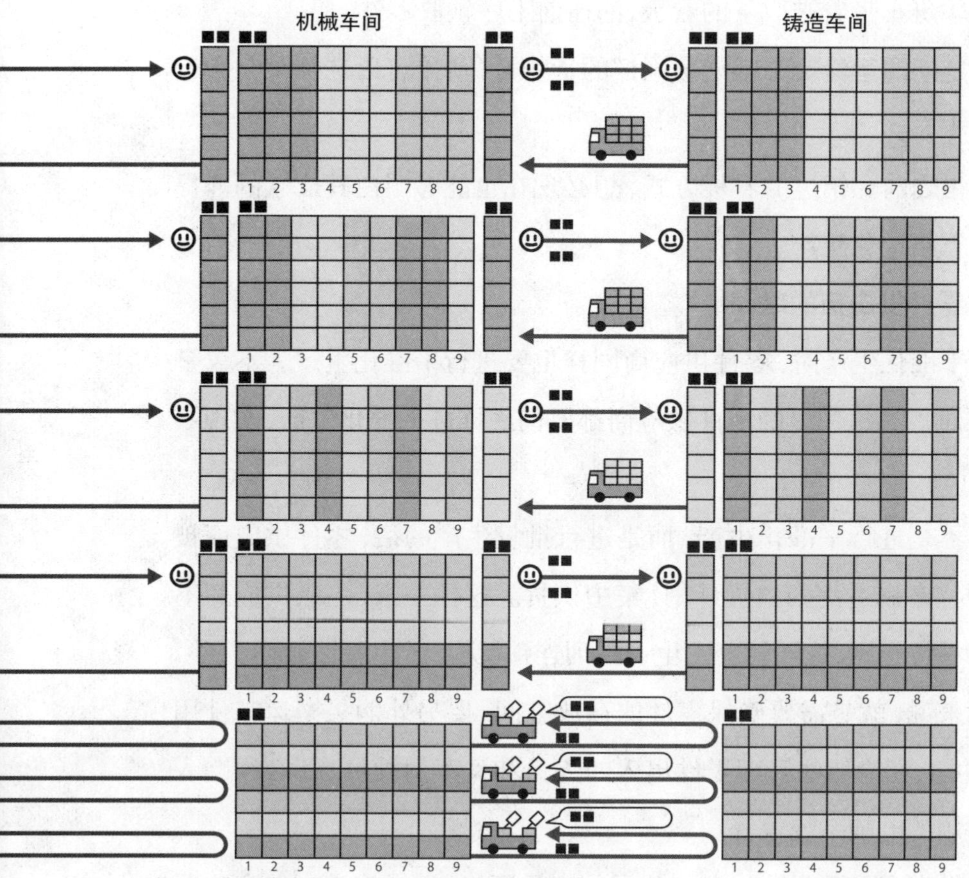

说，不得不**按照计划进行供货**。

在这种情况下，组装生产线的进度管理人员必须时刻与前工序的进度管理人员保持联系，作出供货的指示。

此外，对于前工序而言，很多时候也会收到突发的请求，希望能够马上供货，这样就会耗费相当大的管理工时和搬运工时。

另一方面，进行平准化生产的话，在所有零件上附上看板，作业人员使用零件时将看板取下。再者，与前工序之间有**定期的运输班车**。这个定期的运输班车带着被取下的看板，前往前工序领取零件。

所有定期的运输班车都承载同样的货物量，所以可以选择符合搬运量大小的卡车。

这就是之前介绍过的看板方式，想必现在也能够明白其成立的前提条件是进行**平准化生产**。

▶ 与零件供应商的联动

进行平准化生产时，零件供应商同样也要进行平准化生产。不仅是一级供应商，二级、三级的零件供应商都要彻底推进平准化生产，实现零库存。

如果不是进行平准化生产，而是进行批量生产的话，零件供应商被要求按照汽车制造商的供货计划，集中供货。这样一来，一级供应商不得不备有零件仓库，这样就会发生一系列连锁反应，产生恶性循环。

具体来说，就是需要确保零件的存放空间、要另外购买搬运零件用的叉车、付工资给那些管理零件出入的人员和叉车驾驶员、还必须购入管理零件用的电脑系统等等。

零件供应商只需要存放自己公司的产品还好，但是汽车制造商需要接收几万种零件，所以可以想象因为有了零件仓库而产生的一系列开支有多么庞大。

过去曾经好几次因为发生水灾、地震等灾害而导致汽车制造商停工。那时，丰田立马就停工了，但是丰田以外的汽车制造商还能在比较长的时间内，继续开工。从某种程度上，这反映了该汽车制造商及其所有的供应商都持有庞大的库存。

确实在发生灾害时，备库存的优点在于能够确保生产，但是长期持有库存所带来的缺点恐怕要多于优点。

▶ 定期的运输班车　汽车的组装生产线如果对于所有车型按比例混流加工，进行平准化生产的话，零件的使用时间也能平均化。这样一来，零件供应商能够上午1班、下午1班定期运输供货，也就可以在产品用完时及时供货。

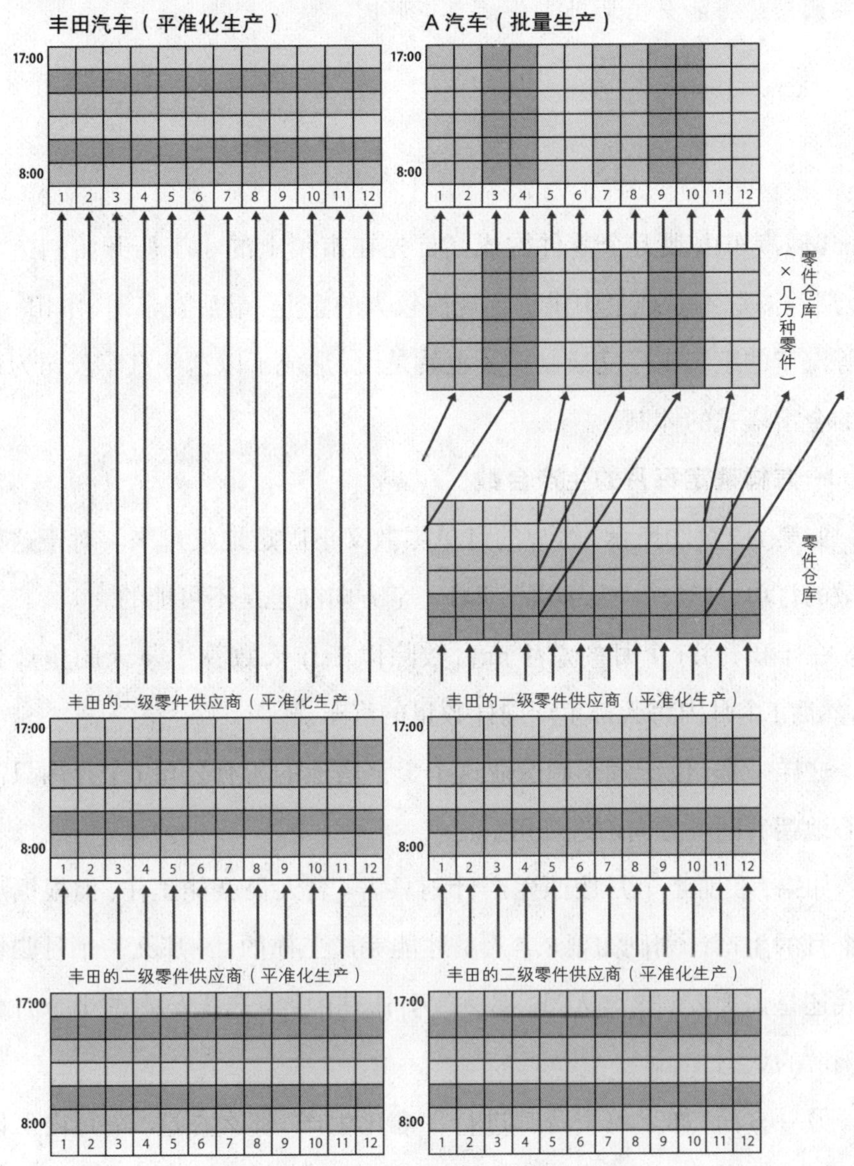

图4-2-2　从批量生产转变为平准化生产

平准化与人员的配置

——调动优秀的员工协助工作的真正原因

1辆汽车由数万个零件构成。首先在市镇上的小工厂开始制造零件，然后源源不断地集中供货到规模较大的企业，最后在丰田、本田、日产等汽车的组装工厂完成制造。也就是说，形成了以这些汽车公司为顶点的金字塔式的体制。

▶ 怎样确定每月的生产台数

如第112页图所示，客户的订单零散又不固定地发过来。对于这种零散的订单，让这个“金字塔”朝着一个方向前进是不可能的。

在丰田，用1个月的总生产台数除以工作天数算出每天的生产台数，然后1个月内每天都生产同样数量的汽车。

这样一来，位于汽车制造业这个金字塔上的所有公司1个月内只需放心地朝着同一方向前进即可。

如果，在前半个月按照生产计划只需4名人员就能工作，但根据后半个月的生产计划则需要8名人员才能完成工作的话，那么一个月归根到底还是需要安排8名人员，那么就会让其中的4名人员在前半个月处于闲散的状态。

另一方面，如果每个月都进行平准化生产，那么在这1个月内可以让6名人员每天都满负荷地工作。这样就不会出现浪费。

▶ 通过“正式员工”的支援来应对每月产量的变动

但是，每种车型的每月生产量也是参差不齐的。比如，普锐斯和AQUA等混合动力车的销售量呈上升趋势，而以往的卡罗拉的销售量却在下滑。

那么，普锐斯零件的主要供应商就会增产，不断地需要人员。反之，卡罗拉零件的主要供应商就会减产，越来越不需要人员。

不只是这种大方向的变动，针对每月突然的生产变动，到底怎样配置人员为好呢？

在丰田，有一种鲜为人知的应对变动的方法。那就是各工厂向其他工厂派遣正式的支援人员，来确保**恰当配置人员**。

这样一来，每个月每名人员的工作量都是固定的，不会加重人员的劳动负担。

在丰田以外的公司，由于没有这种让正式的作业人员进行支援的想法，所以增产时，容易出现过劳现象；减产时，又使人员处于闲散的状态。

▶ 派遣优秀员工进行支援的理由

在日本的丰田工厂和零件供应商的工厂之间派遣正式的员工进行支援。每次支援为期3个月。丰田的工厂提供支援者住宿用的单身宿舍，配套设施相当完善。这就是“**技能员的支援和受援制度**”。

自己的部门减产时，前往其他部门进行援助，这叫“**支援**”；自己的部门增产时，接收其他部门的援助叫做“**受援**”。

> **▶ 人事变动和支援的区别**　所谓的“人事变动”是指所属部门的变更。“支援”不会变更所属部门，在经过3个月的作业支援后，会回到原来的部门。在丰田，也有现场作业人员发生人事变动，但这种情况极少，届时也会选择成绩优秀的人员。

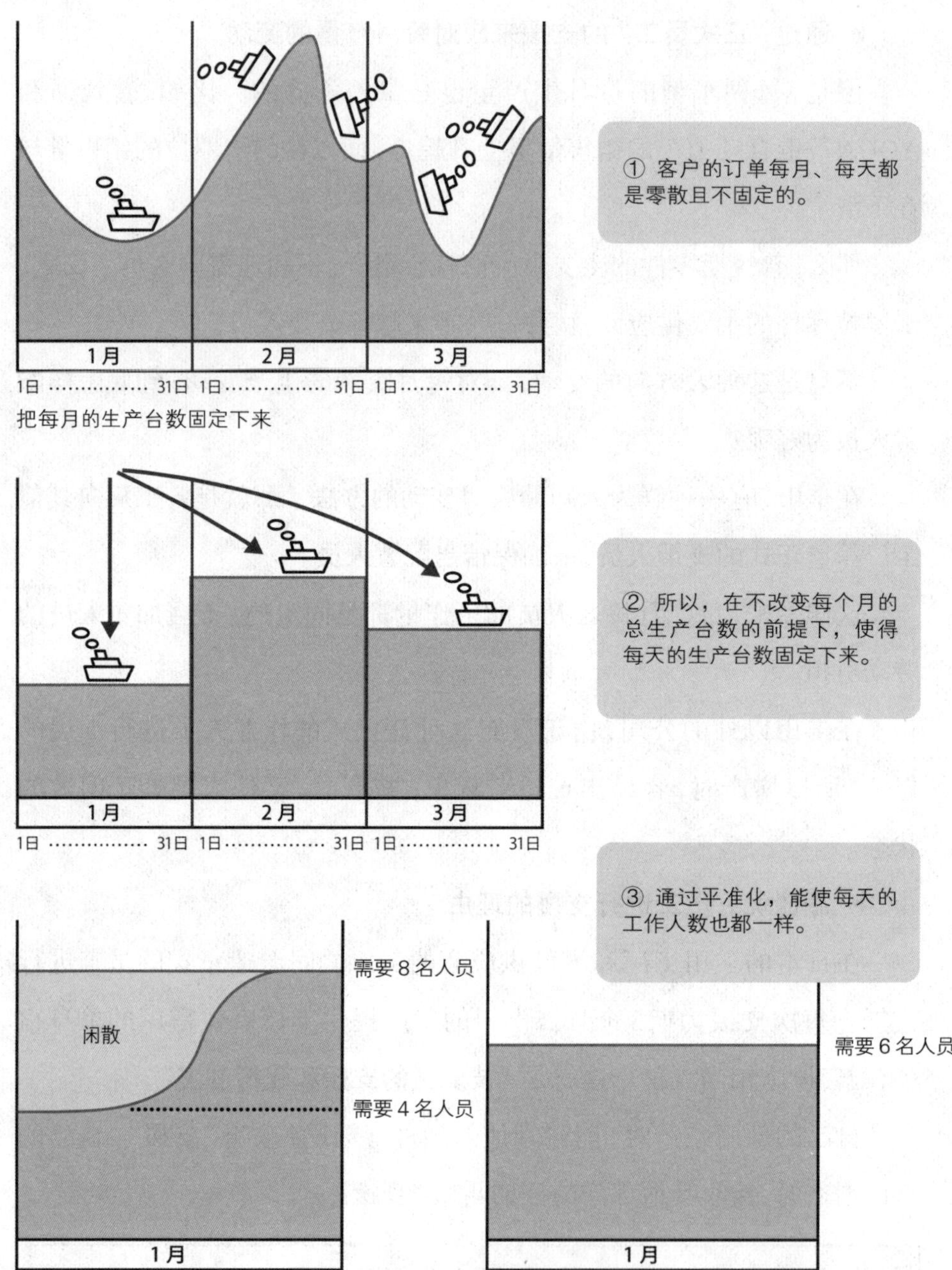

图4-3-1　一旦将参差不齐的订单平准化，人员也能做到平准化

> ▶ **技能员的支援和受援制度** 在丰田，打造能够根据产量增减来合理安排人员的生产线。即增产时需要更多的作业人员；反之，减产时，根据减少的情况安排少数的作业人员。因为每个月生产都会有所变动，所以每月减产的部门派遣人员到增产的部门进行支援。

从自己的部门派遣人员进行援助时，规定派遣**成绩优秀的人员**。或许这点也是令其他公司感到惊讶的地方。其理由主要有以下两点。

① 现场的作业人员几乎没有体验其他岗位的机会。因此，通过这种支援和受援的制度，可以让他们体验其他工厂的工作，做到取长补短，并且针对不好的方面提出改善方案。这样，可以将改善的成果**横向扩展**到丰田整个集团。相信**成绩优秀的人员**必定能切实地完成该使命。

② 如果派往其他工厂进行支援的人员都是些成绩不好的人，那么这种支援和受援制度本身就是一种倒退的制度。此外，受援的部门如果没有接收到优秀的人才，那么在3个月这么短的时间内，很难确保其战斗能力。

由于所有丰田系的企业都充分活用这一支援和受援制度，最大的优点就是现场的劳务费完全变成了**变动费**。

▶ **不进行一对一的教育**

因为增产而接收支援者时，必须要让他们迅速地熟悉作业。如果只接收一两名人员的话，还能一对一的教育。但是在组装生产线一次接收很多人员时，就无法进行一对一的教育。

为了能够应对这一情况，无论如何都需要制作“**标准作业表**”。（参考第7章）

具体的教育方法就是将写有每名支援者工作内容的标准作业表交给他们每一个人，监督人员在支援者面前现场演示作业。然后让其试着

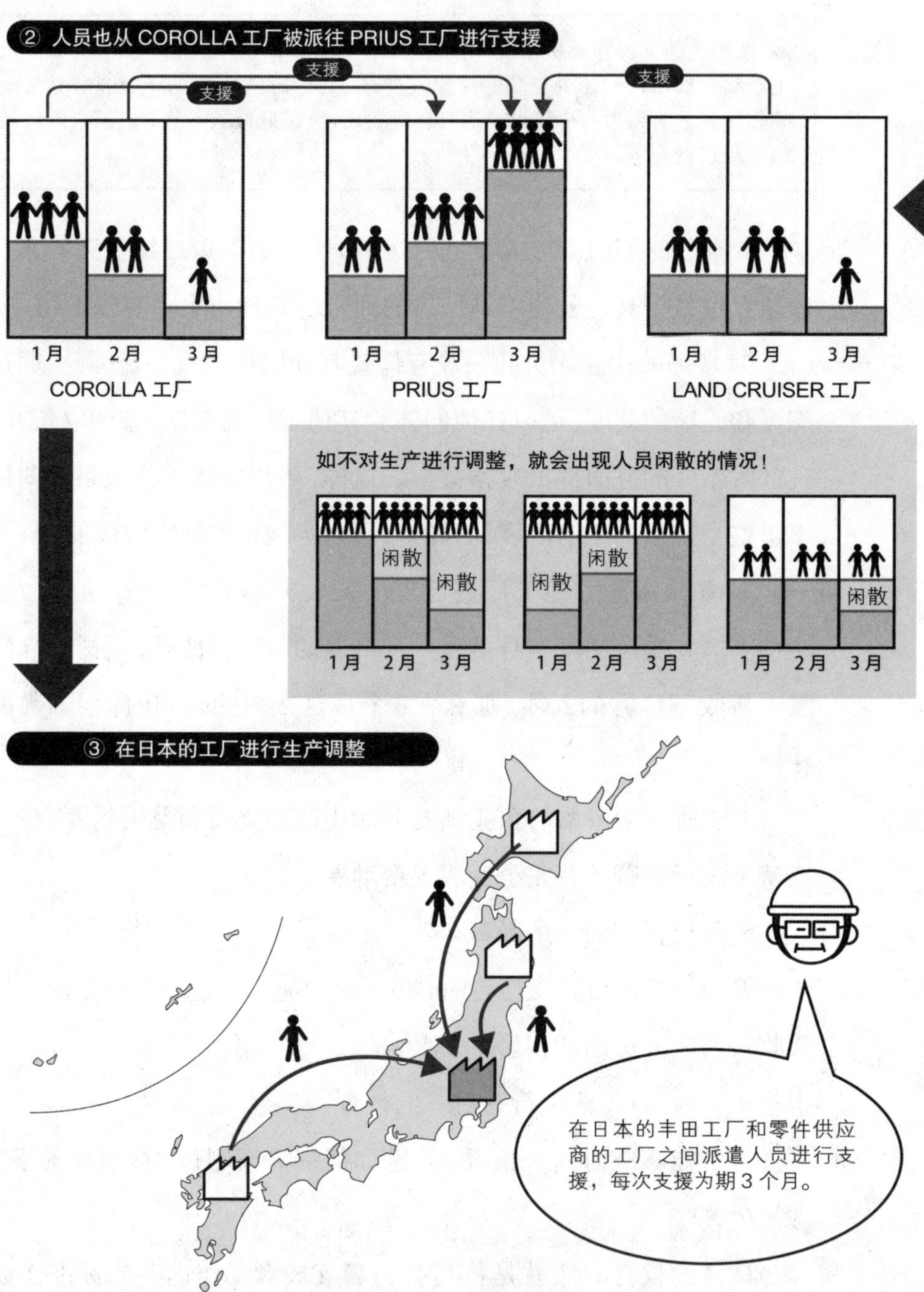

图4-3-2 不同车型订购台数发生变化时的应对方法

去做并指出问题点。仅此而已。

这样就算接收多名支援者们也能进行应付。

将口头说明的内容全部通过文字、图画体现出来，那么教的一方会轻松不少，而学的一方也比较放心。

▶ 在海外进行满负荷生产，在国内进行生产调整

但是这种技能员的支援和受援制度仅限日本国内。海外的工厂由于选址都比较孤立，无法进行支援。所以在孤立的海外工厂，不得不确

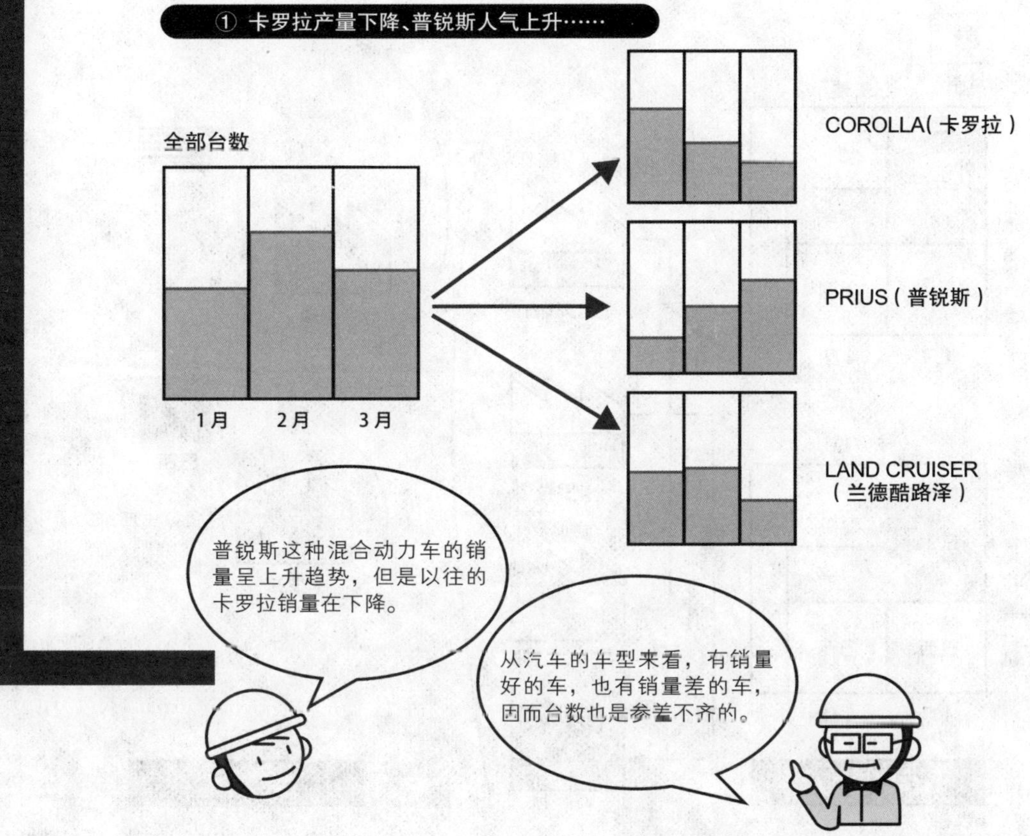

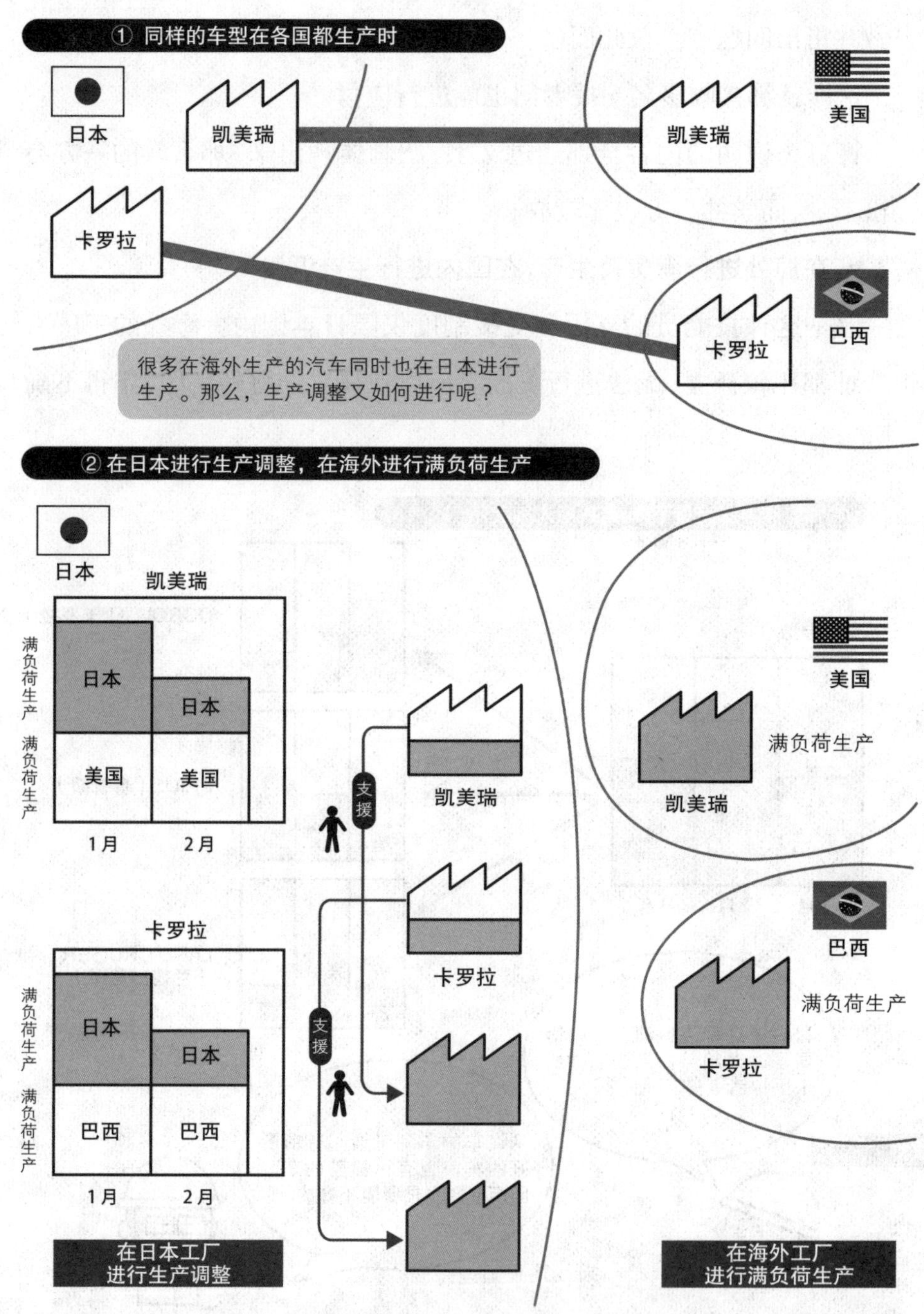

图4–3–3　各国订购台数发生变化时的应对方法

保满负荷生产时的人员。

于是，丰田考虑以下方法：

① 在日本国内也生产与海外工厂一样的车型，然后出口到海外。

② 如果该车型的订单量减少，那么海外工厂进行满负荷生产，减少日本工厂的生产量。

③ 减产时，日本工厂派遣人员去其他工厂进行支援。

有了这种全球性的体制，世界各国的工厂都能进行满负荷生产。这才是丰田最大的优势所在。

朝着平准化生产的方向发展
——关于库存的弊害认真思考到何种地步?

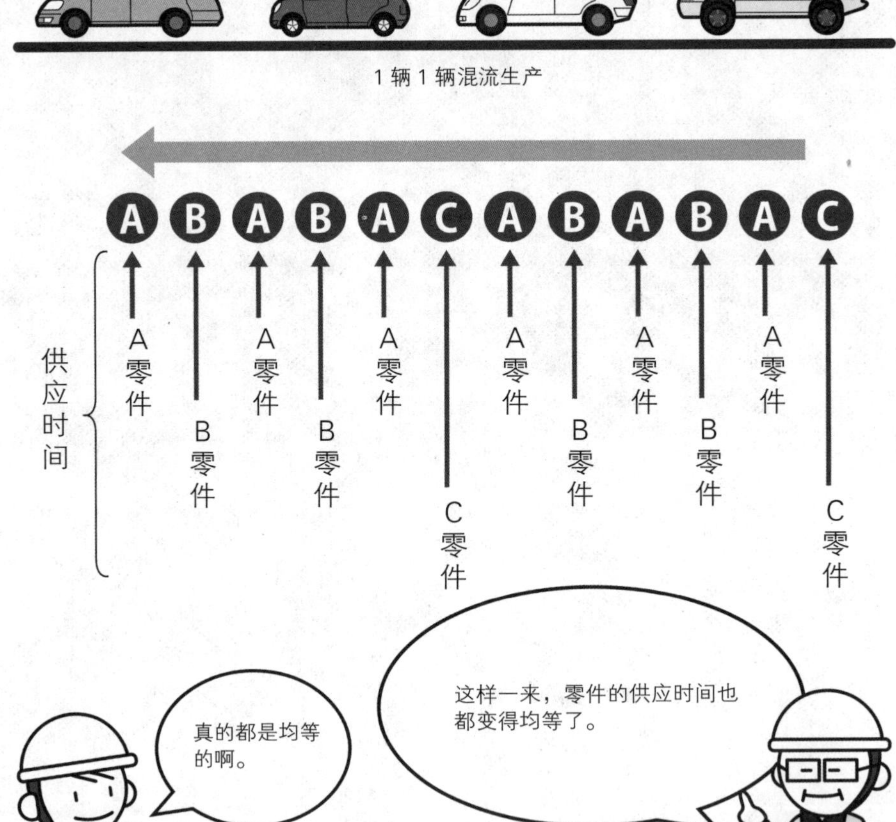

图4-4-1　平准化生产中车辆流动的时间

▶ 生产线上流动着不同车型的汽车

之前也提到，在丰田的组装生产线上混合流动着各类车型的汽车。这样一来，不只是最终的组装，所有零件都能在必要的时间进行平准化。接下来，关于这点再作一下具体说明。

比如，按照“A车：B车：C车=3：2：1”的生产比例进行生产，则车辆流动的顺序为“A B A B A C A B A B A C A B A B A C……”。这种生产顺序的方法就是“**平准化生产**”。

按照这样的顺序进行流动的话，A车所需的零件（A零件）的供货时间、B车所需的零件（B零件）的供货时间、C车所需的零件（C零件）的供货时间几乎都是等间隔的。

> **▶ 平准化** 固定生产同样车型的方式叫做“批量生产”。为了不进行批量生产，每天将1种车型的加工“平”均化，达到一定的水“准”，结合“平”和“准”二字，取名“平准化”。

例如，A零件供应商一天定期交4趟货。那么如果1天需要12个零件的话，A零件供应商对1天的量进行平均后进行生产，每完成3个以后装到定期的运输班车上运至丰田即可。

▶ 进行平准化生产才能活用看板

看板的流转运用离不开平准化生产。

例如，A零件上挂有看板，早上8点开始进行组装作业。丰田的组装人员使用A零件时，将看板取下带到零件接收处。

这样一来，从早上8点开始使用完3个零件时就会来1趟运输班车，然后让驾驶员带着3张看板交给A零件供应商。

A零件供应商在刚生产完的3个A零件上附上看板，装到第2趟运

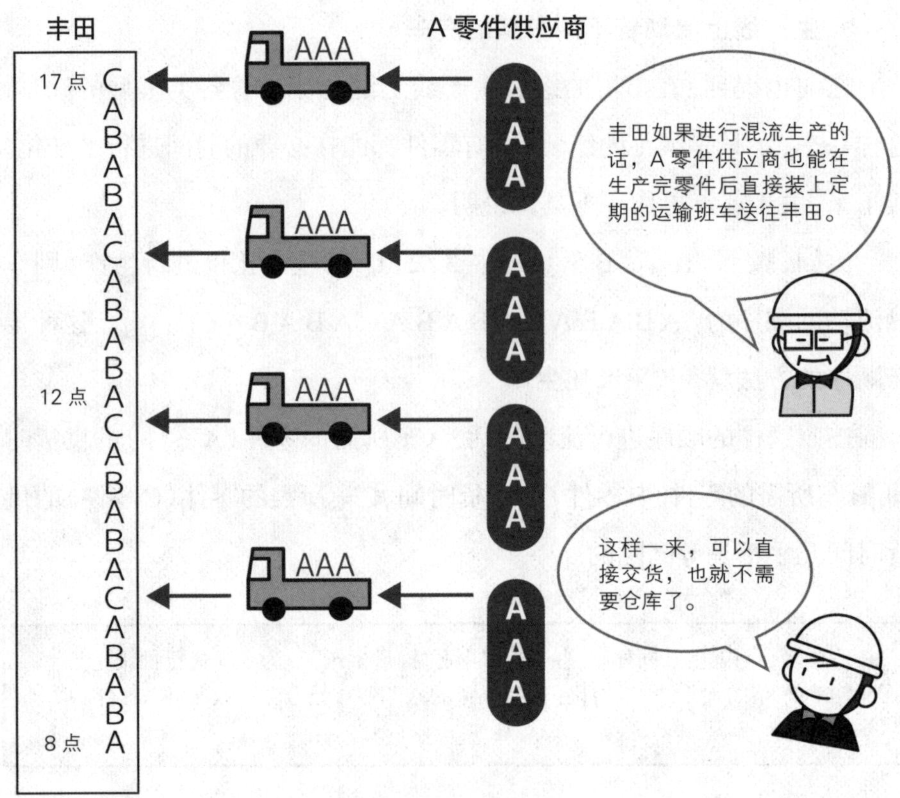

图4-4-2 工厂进行平准化生产之后，那么供应商如何应对呢？

输班车后运往丰田。

丰田以月为单位变更每天的生产量。反而言之，如果1个月内每天的生产量没有发生改变（严格来讲每天会有微调），那么即使没有人员的介入，看板也能持续流转。

那么，如果不像丰田这样进行混流生产（平准化生产）的话，会有什么弊害呢？

▶ 批量生产需要备库存

现在假设有一家汽车公司，在其工厂的生产线上批量集中流动着同样车型的汽车。或许一般人都会觉得这种生产方式更为普遍。

但是，采取这种流动方式的话，就会批量需要汽车的零件。那就无法使零件供应商只在需要的时候，按需要的量，提供所需的种类繁多的零件。

结果只能有计划性地让所有的零件供应商供货，然后提前储存在仓库里。然后根据需要，从仓库拿到生产线侧。

而且零件供应商也要按照供货计划指定的供货日进行生产，生产完成的产品暂时保存在自己的仓库中。然后在指定的供货日，用大型卡车集中供货。

最后汽车制造商以及零件供应商双方都必须要有仓库。不仅是仓库，还需要有人员。因为在汽车制造商以及零件供应商之间要有进度管理员。组装生产线上会发生各类问题，随时会出现计划提前或延迟的情况，因此无论如何都需要有协调的人员。

▶ 成本的浪费不计其数

汽车制造商的进度管理员的工作是时刻关注生产情况的同时，向零件供应商的进度管理员作出准确的供货指示。

但是，靠看板自动流转进行工作的丰田完全不需要这样的人员。也就是说，"进度管理员的工作是种浪费"。干的都是一些徒劳无益的工作。

确实，大批量集中送货的话，每个产品的运输成本相对较少。但是会产生很大的损失，诸如提前保管很多库存所消耗的成本（空间和人员）、库存滞留导致品质恶化的成本、进度管理员的人工成本等等。此外，到零件被使用为止，还会产生像资金积压这种无形的损失。

▶"改善"的英译　在将"改善"翻译成英文时，首先脑海里浮现的是"improvement"一词，但是这个词给人感觉"改善是需要花钱进行改良"。所以后来就直接按照日文的发音，将"改善"翻译成"KAIZEN"。

▶ 滞留积压引起的损失会造成成本的浪费

丰田的话，一旦零件供应商制造完产品会马上去领取。

这就好比在家里母亲做好了饭菜立马让孩子吃一样，刚做出来的都很好吃、很新鲜。但是做完之后过了一段时间，就会变得不好吃。如果是生鲜食品的话，还会担心腐烂的问题。

零件也是如此，时间一长，由于会生锈、保管处理时发生损坏，好不容易完成时进行过一次检查，在出库时还必须再一次进行检查。

▶ 库存是万恶之源

在制造产品时，需要原料、劳动力以及能源等。这些都是需要花钱买来的。因此，必须尽早将产品销售出去，从客户处取得销售额，以填补之前已支付的购入货的货款。

在现场总是将物品积压在仓库，成为库存的话，这种滞留积压本身就会阻碍资金的回收。

因此，在现场看到库存时，要觉得“那儿堆放着的是库存成本（现金）”，这样才能切身体会到库存其实是种异常。

在丰田的生产现场，完全没有多余浪费的库存。但是在辞去丰田的工作，给各类企业做咨询诊断时，我注意到有很多浪费的库存。

我经常觉得“库存积压会阻碍资金的回收”、“有库存的现场就好比直接堆放着现金”。

看到库存时，不是死板教条地说“库存使得资金得不到很好的利用”，而是在现场要从心底里觉得“**库存是万恶之源**”，这才是改善的第一步。

换模时间缩短为原来的1/60

——问题的关键不在于“可行与否”，而在于“采取行动”

▶ 大野耐一坚信“磐石可转移”

实现“平准化”终极目标的最大障碍是“**换模**”。

这是因为几乎所有的工序都要生产各类零件，于是每次都必须更换模具、重新设定机器。

例如，铸造、锻造、冲压等的原料工序的换模时间最初需要2 ~ 3小时。那么一旦为了某个零件，进行换模的话，如果预先没有大量生产该零件，就会无法应对后工序的领取。

这么一来，所有的零件都需要大量生产，这就不得不备有庞大的库存。

作为前工序的原料工序和原料加工工序倘若进行大量生产，那么作为最终工序的组装生产线无论怎么进行平准化然后去领取，也只不过是从前工序庞大的库存中领货，完全没有任何意义，对收益的提升毫无作用。

于是，要求采用平准化生产和看板方式的**大野耐一**认为“如果不能大幅度缩短换模时间，丰田生产方式就无法成立”，并且作出指示，要求团结一致着手改善。

在丰田，作出了诸如“生产线停止时会产生等待，在此期间进行换模改善”“较之其他的改善，有利于缩短换模时间和生产周期的改善要

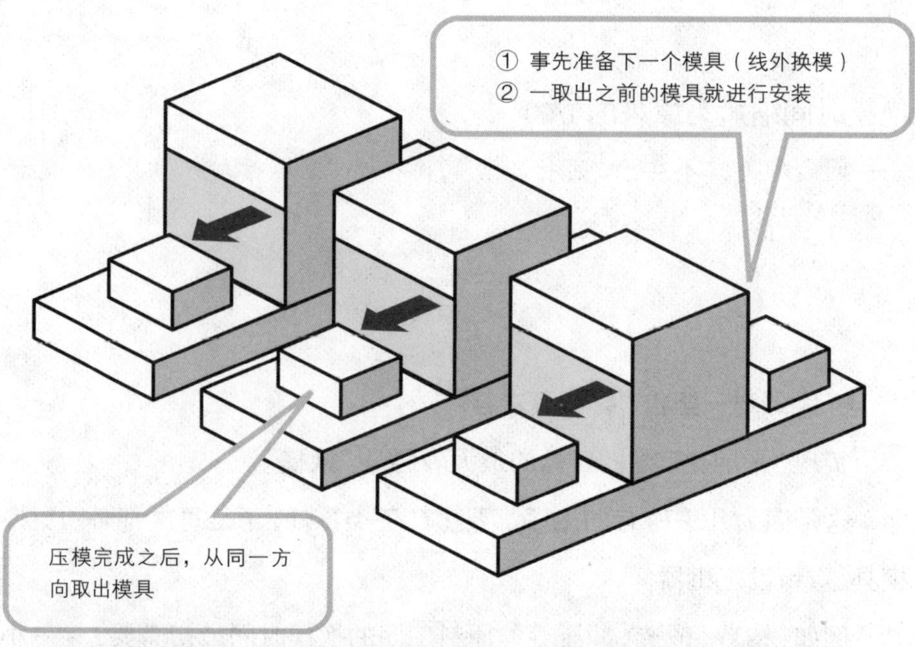

① 从冲压机上取出冲压完成的模具

在冲压机的对面，准备下一个模具。这样，在取出冲压完成的模具的同时，安装下一个模具，立刻开始进行生产。

② 用吊车搬运模具

在这个时候，在步骤①中刚完成安装的模具已经开始进行生产了。

③ 将模具放置到模具存放处

从模具存放处提前搬运下一个模具，预先安装到冲压机上。

图4-5-1 “换模”时的安装步骤

优先进行”等等的指示。例如，有“缩短刃具更换时间”和“延长刃具寿命”这两种改善，从金额的角度来评价效果的话，假设两种改善的效果是一样的。

- 缩短刃具更换时间……劳务费削减1万日元
- 延长刃具寿命……刃具费用削减1万日元

在这种情况下，刃具更换时间的改善有利于缩短生产周期，而延长刃具寿命对此没有贡献，所以公司对前者的改善会加以肯定。

▶ **大野耐一**（1912 ~ 1990）　丰田汽车的前副社长。倡导推进看板方式等的丰田生产方式。留下了诸如“制造过剩是最大的浪费”“要反复问5个‘为什么’”“既要重视数据，更要重视事实”等等的经典语录。

在丰田的冲压工序，以往要花3小时的换模时间最终也成功缩短为3分钟。接下来就如何实现这一过程进行说明。

以往，冲压的作业人员独当一面完成冲压工序的全部作业。作业大致可以分为两类：**压模作业**和**换模作业**。

“压模作业→换模作业→压模作业→换模作业……”全部都由作业人员自己进行。压模作业完成之后，停止机器，从头开始进行换模作业，所以理所当然需要耗费3个小时。

▶ 换模时间缩短为1个小时

后来考虑将换模作业分离开来。组成换模专门小组，换模作业中，事前能够准备的事情由换模专门小组来做，只能在机器停止后进行的作业由作业人员和换模小组共同进行。也就是说，换模作业分成了以下两类：

① **线外换模**……不停止机器，事前能够进行的作业

② **线内换模**……不停止机器就无法进行的作业

① 分成不停止机器就无法进行的作业（线内换模）和不停止机器也能进行的作业（线外换模），让换模专门小组承担不停止机器也能进行的作业。
② 当机器停止了，换模专门小组和作业人员同心协力进行换模作业的话，可以将换模时间缩短为1小时。

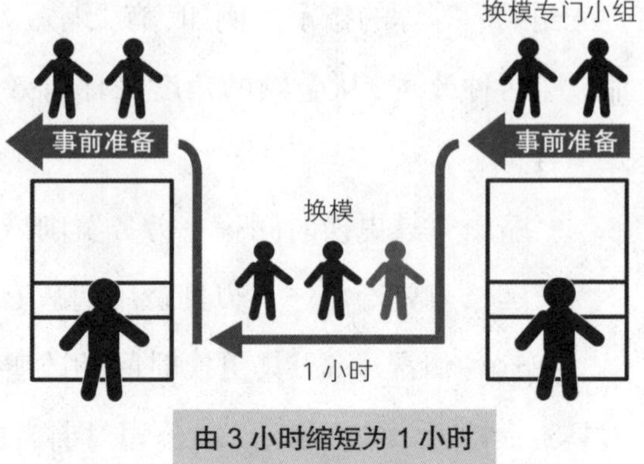

③ 再进一步彻底由线内换模转向线外换模。
④ 通过高效率完成线内换模的作业，不到半年的时间，实现换模时间缩短为3分钟。

图4-5-2　3小时的换模作业缩短为3分钟

▶ **压模作业**　像模锻、冲压那样，将原料放入上下模具中，通过上模对下模的打击使原料变形的作业。

这样一来，以往3个小时的换模时间缩短为1个小时。这在当时已经是刷新了世界纪录。

但是，作为负责人的大野耐一下达了一道更令人难以置信的命令，要求“下一步要将换模时间缩短为3分钟”。

这是因为大野明确认识到“后工序领走部品时，看板被取下。为了让冲压工序能够按照看板的指示进行生产，换模时间无论如何都必须缩短为3分钟”。

即使是现在，这仍然是丰田生产方式中不可或缺的一部分。我年轻时，曾接受过丰田公司内部关于问题解决手法的教育，而那也属于问题解决手法中“目标设定的想法”中的一个环节。

总而言之，问题的关键不在于“**可行与否**”，而是要从必要性出发确定目标，然后考虑实施的可能性。

- 其他公司、其他部门和同行的目标（不良率等）是A等级。如果目标设定成B等级，即使达成了也是不行的。
- 重要的是，要制定高的目标。为了达成目标，要绞尽脑汁、认真思考必须要做的事情。
- 制定目标时，要让所有人都能明白，尽可能通过数量表现出来。
- 为此，要明确“什么东西、需要多少的量、什么时候需要”等条件。
- 能够定量化的东西一般都不能停留在定性表现，即使在有些部门难以具体表现，也要尽可能通过数量表现出来。

归根到底，可以说问题的解决取决于“设定了怎样的目标”。

只要确定了目标，之后只需坚持不懈认真地去做，无论谁都可以办到。

结果半年时间就实现将换模时间缩短为3分钟。那么到底是怎么实现的呢？

▶ 换模时间仅需3分钟

只需将线内换模作业中的各种准备作业尽可能地转变成线外换模作业，就可以实现“线内换模时间只需60分钟”。

但是换而言之，大野提出的目标是“将现状的60分钟的线内换模时间缩短为3分钟”。

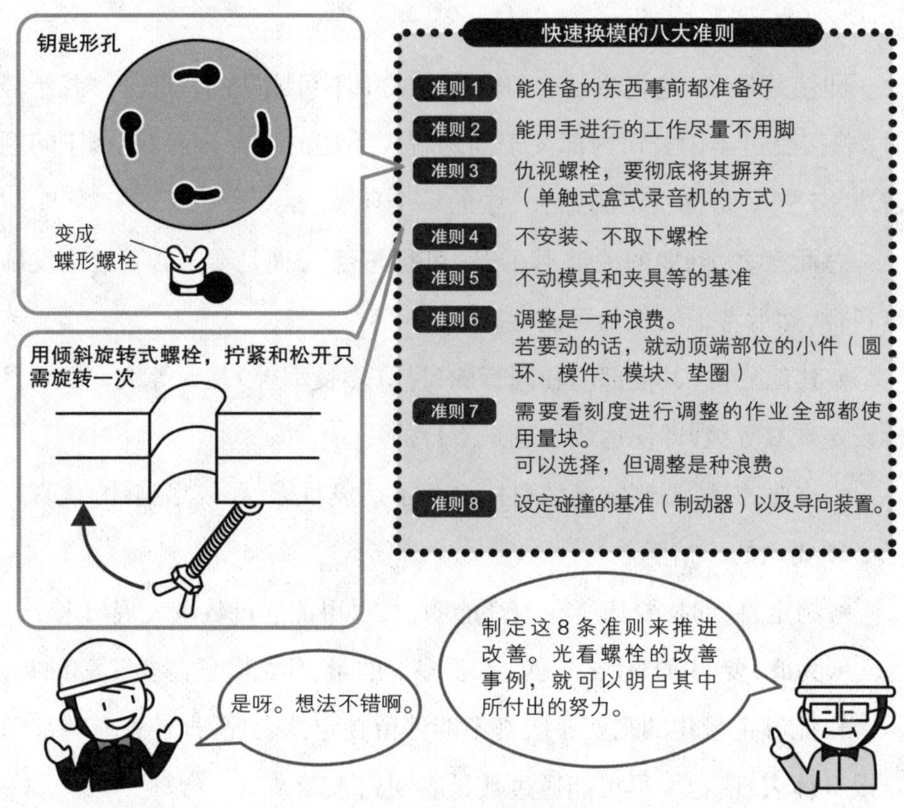

图4-5-3 “换模”的想法和方法

那么，剩余57分钟的线内换模时间只能通过以下两种方法缩短。

① 想方设法进一步将线内换模转变成线外换模。

② 通过改善，缩短线内换模本身的作业时间。

按照这个方向，大力推行后，最终实现了“线内换模只需3分钟”。看一下图4-5-3中的八大准则，就能清楚地明白改善是怎样推进的。

第 5 章

在搬运方面也要开动脑筋

吊桶式搬运、鼓虫式搬运

——在搬运方面也要试着开动脑筋

在机械加工时，先加工原料（粗加工），然后淬火，最后进行后加工（精加工）。

在机械加工的过程中，因为淬火炉内的生产周期很长，所以一旦出现缺货的问题，机械加工生产线整体都会停止。因此，必须将所需的物品及时地投入到**淬火炉**内。

▶ 吊桶式搬运能够调整作业时间的延迟

当然，淬火炉的生产管理也是采取“**后补充的方式**”。后工序领走淬火完成品后，在淬火炉内投入同等数量的此类产品。

这里最让人担心的是虽然后工序领走了产品，但是人员没有注意到，这样投入淬火炉的时间就会变晚。有效防止这一情况出现的方法就是“**吊桶式搬运**”。当精加工需要Y零件时，精加工的搬运人员按照以下顺序进行作业。

① 去粗加工的完成品存放处，在那里领取Y零件。

② 去淬火炉的入口处，将零件投入进去。

③ 去淬火完成品存放处，领取Y零件。

试着想象一下在提水井边汲水的样子。精加工的搬运人员就好比汲水的桶。将桶下降至有水的地方，稍稍倾斜方向，装满水之后回来。

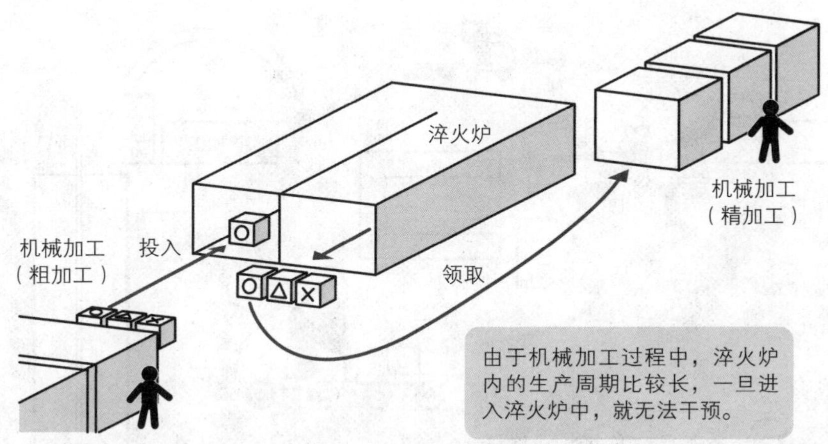

图 5-1-1　淬火炉内一旦缺货，会造成巨大的损失

精加工的搬运人员同样如此，前往有所需物品的场所，在完成所有必要的处理后再回来。

▶ 鼓虫式搬运使工作变得轻松顺利

在丰田的装配生产线上不断地安装各类产品，每次开始安装新零件时，需要从各道加工生产线取来相应的加工完成品。

为此，将**搬运的台车**联结成列车，巡回于各条加工生产线的完成品存放处，领取所需的零件。由于列车巡回于加工完成品存放处的情形很像鼓虫在水面绕圈旋转游动时的样子，所以取名为“**鼓虫式搬运**”。

如果不采用这种鼓虫式搬运，就必须在组装生产线的入口处，设置存放所有种类的加工完成品的场所。这样一来就需要很大的空间，浪费的库存也会有所增加。

> **▶ 鼓虫式搬运（组合式搬运）**　按照指定的路径，巡回于多道前工序，只收集搬运规定数量的自己工序生产所需零件的方法。搬运人员巡回于完成品存放处的情形让人联想起鼓虫在水面绕圈旋转游动的样子。

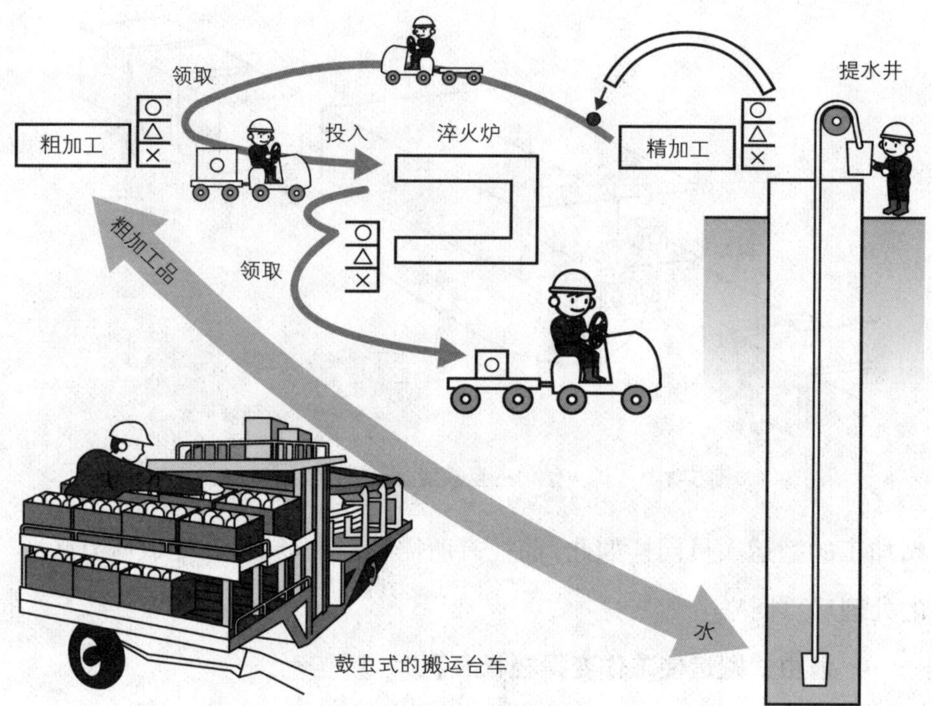

图5-1-2 “吊桶式搬运”的原理和“鼓虫式的搬运台车”

是库存管理？抑或是无库存管理？
——下定决心“不要仓库”

由于工厂采用机械化生产，不要说一个月、一周，即使是一天也很难做到不出状况地按计划进行生产。无论在哪家工厂都是同样如此。在各道工序都会发生大大小小各种各样的问题，真是不可思议。

▶ 因为发生问题导致生产线立即停止

发生的问题如果能够立马解决自然是再好不过，但是如果拖延很长时间的话，有的工厂生产线会全部停止，也有工厂怎么也不会停线。像在丰田这种利用“**看板方式**”进行生产，且不备库存的工厂不得不停止生产（故意置身于那样一种状态）。因为仅仅设置了生产顺利进行的状态下所需要的零件存放处。

在工厂现场，必须经常保持高度的紧张感。但是，这种紧张感反而可以让全体人员认真做好预防维护工作，以防出现大的故障。

此外，一旦工厂的生产线停止，也不会有看板交给**零件制造商**。这是因为原则上规定将附在已使用（使用完）的零件上的看板交给零件制造商。如果工厂的生产线停止，那时就不会有新的看板被取下来。

> **▶ 零件制造商**　战后，丰田的电装品部门分离独立成“日本电装”公司。通常的话，应该变成“丰田电装”公司，但是出于也向丰田以外的企业供货的考虑，所以取名“日本电装”。丰田式的改善通过这样的企业逐渐渗透到全日本的企业。

另一方面，从工厂那儿没有看板过来这件事上，零件制造商也可以推测出工厂里发生了故障而导致生产线停止。

总之，利用看板方式进行生产的工厂都没有仓库。反过来讲，也正因为有了看板，才可以没有仓库。

▶ 没有仓库的情况

接下来，就"没有仓库(库存)，利用看板进行管理"的情况作如下说明。

● 工厂的生产顺利进行时

① 生产

② 零件被使用，零件的存放处空了

③ 发行看板

④ 零件被供应进来

● 生产线停止运行时

① 生产停止

② 零件没有被使用，零件的存放处仍有零件

③ 不发行看板

④ 零件没有被供应进来

▶ 即使发生问题也不停止生产的工厂

那么没有使用看板的工厂会怎么样呢？即使在现场发生问题，也会按照之前提出的生产计划，哪怕勉强也会想方设法照计划工作。当零件不足时，会依靠仓库内备有的多种大量的库存来应对。

事实上，发生地震、洪水等局部性灾害时，会有几家公司停止向工厂供应零件。

这种情况下，只要是利用看板方式进行生产的公司(没有库存的公

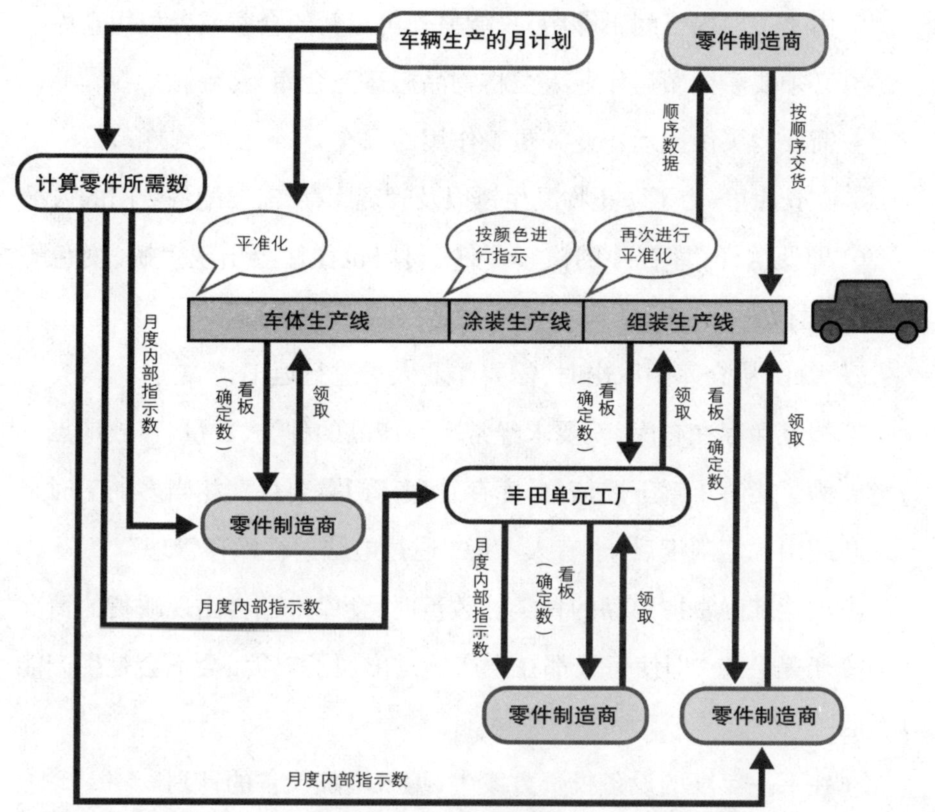

图 5-2-1 生产线停止时，零件制造商和看板的动向

司)，生产线都会立即停止。倘若不是这样的工厂，则可以一直生产下来。这就表明这些工厂内有仓库，并且积压了很多库存。

或许有人会觉得“正因为有了库存，才能继续进行生产，这样不是很好嘛”。但是这种想法大错特错。

之前也提过“库存是万恶之源”。为了能让人家彻底理解，对此进一步深入说明。

▶ 浪费滋生浪费的恶性循环

接下来，就库存多的弊害依次进行说明。

① 假设有不必要的库存

② 由于工厂内空间不够用，只能另外再建新的仓库或者租用仓库

③ 必须要雇佣搬运作业人员将物品搬运至仓库

④ 需要购买供搬运作业人员工作用的叉车

⑤ 在仓库里，为了防止物品生锈以及管理库存，需要配备专门的人员

⑥ 即便这样，库存中的汽车零件、材料也往往会出现生锈、变色等情况，产生瑕疵。

⑦ 为此，从仓库中取出时，需要作业人员进行返工

⑧ 一旦保存在仓库，就要求经常掌握产品的种类、数量、存放地点

⑨ 为了能够了解上述信息，库存管理部门需要耗费相当多的工时

⑩ 超出一定限度后，也有人考虑“通过电脑进行库存管理”

⑪ 没能准确掌握产品的种类和数量时，仓库中也会出现缺货的情况

⑫ 于是会想“即使每天都在生产还是出现了缺货，会不会是生产能力不足？”

⑬ 在下一年度的设备投资方案中，编入增加设备的计划

⑭ 一旦导入设备，库存就更多了

这里提到的人员、叉车、托盘、仓库、建筑、电脑、设备其实都是种浪费。正因为有了库存的浪费，才产生了二次浪费。

如果生产现场的管理人员和监督人员不清楚什么是浪费、不知道浪费是怎么产生的，那么浪费引发的恶性循环将会直接体现出来。

▶ 看板方式的前提=卡车定期供货

看板方式的前提是“**卡车定期供货**”，接下来就此进行说明。

请看“每日看板必要张数的内部指示表”。

从这张内部指示表最上面的零件可以得知，每天需要24张看板（每个班次需要12张），1个月持续这样。而且由于工厂的组装生产线导入

平准化生产，所以搭载零件的车辆也是等间隔流动。也就是说，这些零件也在1天之内需要。

> ▶ **仓库是万恶之源**　在进行批量生产的企业里，生产线旁的在制品堆得到处都是。对于这样的公司，即使告诉他们不要有仓库，效果也不明显。结果只能从打造流水线进行1个流的生产，消除在制品库存开始着手。改善没有捷径。

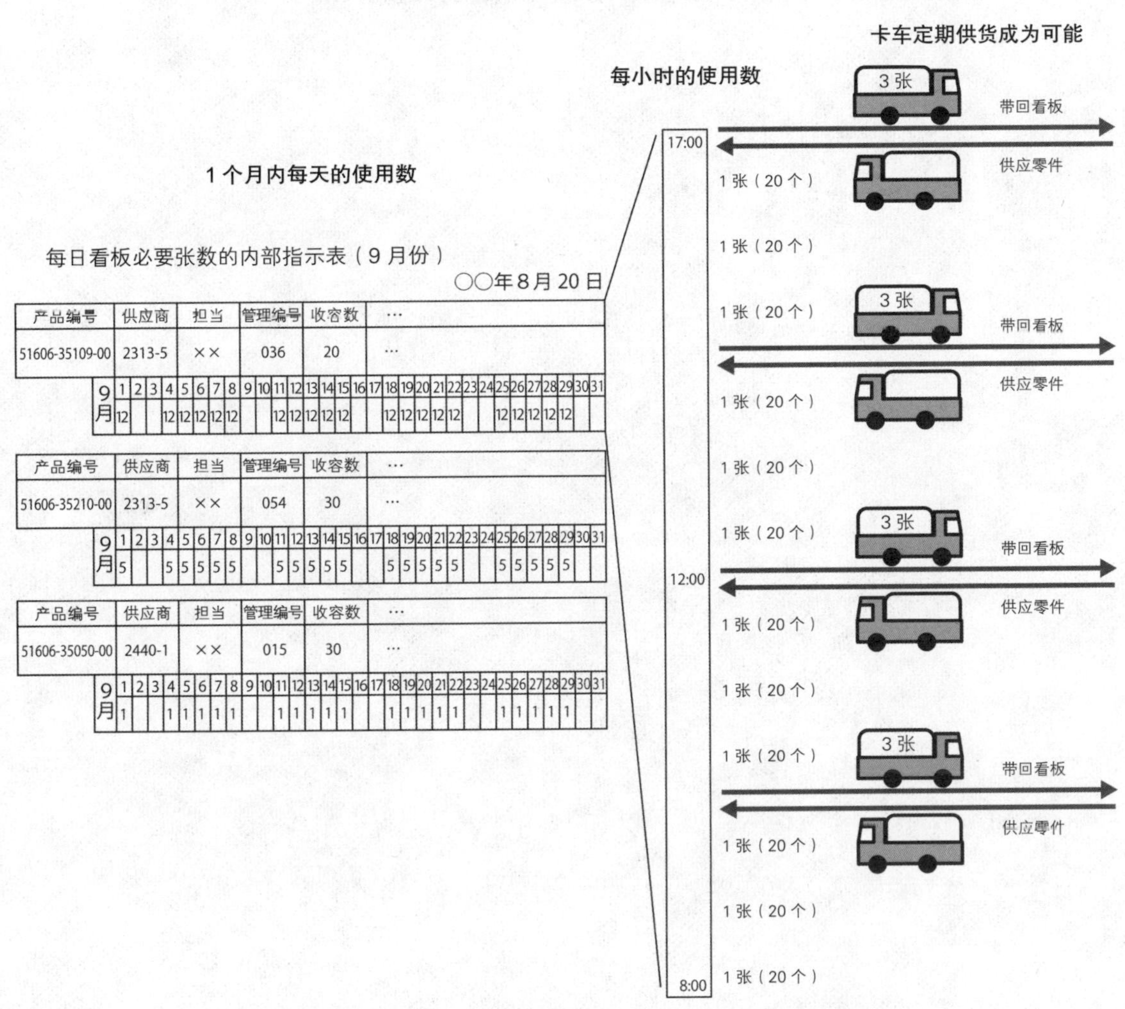

每日看板必要张数的内部指示表（9月份）

○○年8月20日

产品编号	供应商	担当	管理编号	收容数	…
51606-35109-00	2313-5	××	036	20	…

9月	1	2	3	4	5	6	7	8	9	10	11	12	13	14	15	16	17	18	19	20	21	22	23	24	25	26	27	28	29	30	31
	12			12	12	12	12	12			12	12	12	12	12			12	12	12	12	12			12	12	12	12	12		

产品编号	供应商	担当	管理编号	收容数	…
51606-35210-00	2313-5	××	054	30	…

9月	1	2	3	4	5	6	7	8	9	10	11	12	13	14	15	16	17	18	19	20	21	22	23	24	25	26	27	28	29	30	31
	5			5	5	5	5	5			5	5	5	5	5			5	5	5	5	5			5	5	5	5	5		

产品编号	供应商	担当	管理编号	收容数	…
51606-35050-00	2440-1	××	015	30	…

9月	1	2	3	4	5	6	7	8	9	10	11	12	13	14	15	16	17	18	19	20	21	22	23	24	25	26	27	28	29	30	31
	1			1	1	1	1	1			1	1	1	1	1			1	1	1	1	1			1	1	1	1	1		

图5-2-2　关于“每日看板的必要张数”，在内部作出指示

如图所示，1个班次平均开出12张看板，假设1个班次安排4班定期供货班车，那么向1班车平均开出3张看板。这样一来，可以根据3张看板上所要求的供货量来安排定期供货的卡车大小。如果货物量出现偏差时，安排的卡车必须要能够应对偏差的最大量。

往定期供货的班车上等量搭载零件，只有当这种体制建立之后，与零件制造商之间，才能不通过人工而仅靠看板流转进行工作。

在发动机的装载方式、发货方面下工夫

——发动机车间和组装车间紧临情况下的发货方法

▶ 没有确定的发动机搭载顺序

在汽车工厂，按照“车体焊接→涂装→组装”的顺序进行生产，其生产形态的区别如下：

车体焊接……进行**平准化生产**。生产周期为1天

涂装……进行**批量生产**(同样的颜色批量喷漆)。生产周期为1天

组装……进行平准化生产。生产周期为1天

在组装车间，关于发动机的种类和数量，在**上线**前3天进行车体焊接的平准化时就已经确定。但是按照怎样的顺序搭载在汽车上没有明确。如前所述，在涂装阶段由于进行批量生产，所以车体焊接时的平准化顺序会被打乱。涂装结束后再次进行平准化，在确定好组装的生产顺序后才能最终知道发动机的搭载顺序。

> **▶ 上线和下线** 在丰田，所谓的“上线”就是指在生产线上开始生产。“下线”就是指汽车制造完成、从生产线上出来(从工厂发货)。

发动机车间要是离得很远，那么在车体焊接的阶段，组装工厂就要作出指示，要求供货至发动机车间。

然后在组装车间预先保管发动机，等涂装结束之后，再次进行平准

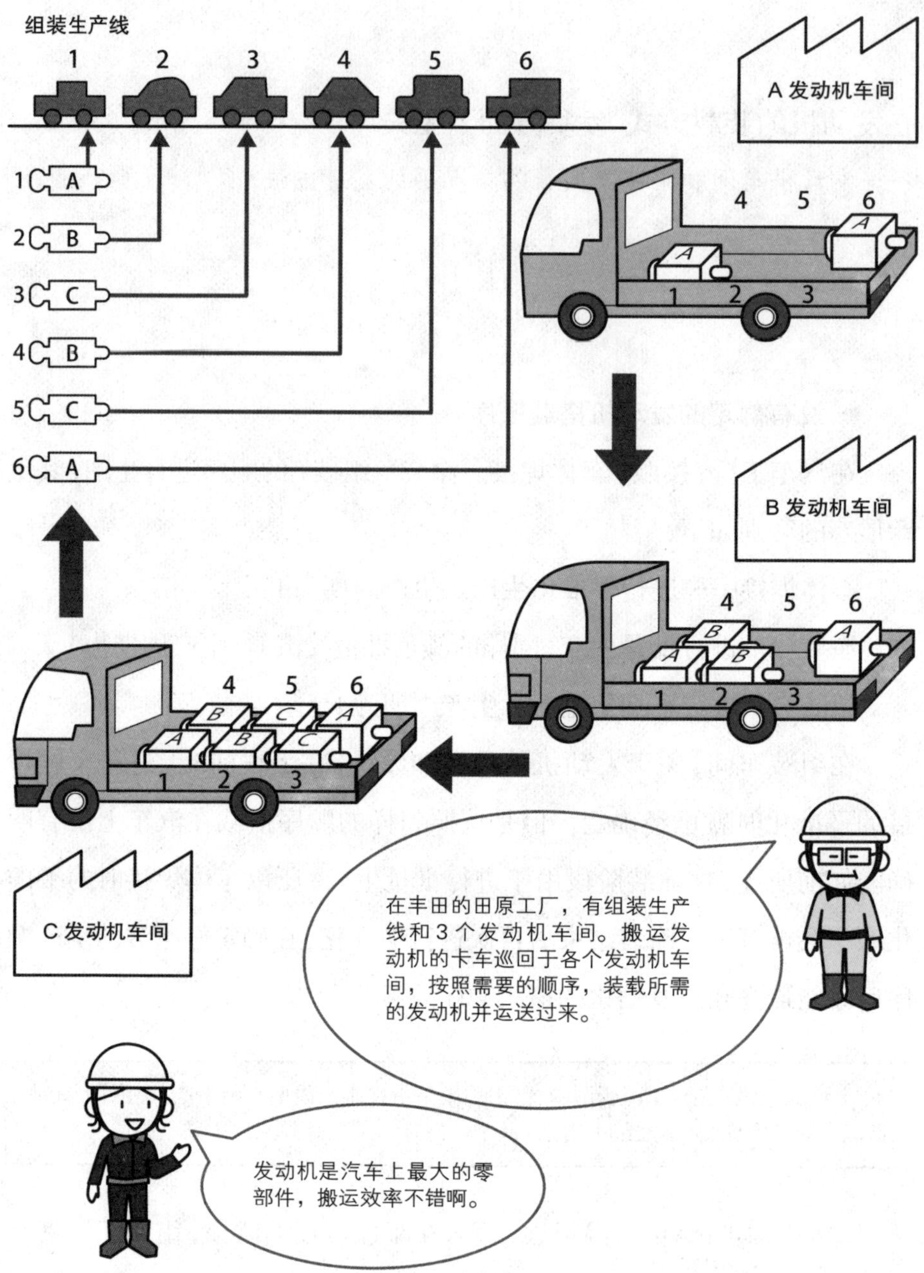

图5-3-1 发动机车间在同一工厂用地内时的发动机供应方式

化。一旦确定好组装顺序，就按顺序排列发动机，搭载到汽车上。

▶ **发货方法**

那么，在同一块工厂用地内，组装车间和发动机车间紧临情况下的发货方法是怎样的呢？

现在，假设各种各样的车辆流向发动机搭载工序，发动机的搭载方式如下：

1号车……A发动机

2号车……B发动机

3号车……C发动机

4号车……B发动机

5号车……C发动机

6号车……A发动机

搬运发动机用的卡车能够装6个发动机。

首先，前往A发动机车间，在1号和6号的地方装载A发动机。然后，前往B发动机车间，在2号和4号的地方装载B发动机。最后，前往C车间，在3号和5号的地方装载C发动机。之后，前往组装车间的发动机搭载工序，从1号开始按顺序依次放置在生产线侧。

这种情况下，问题是搬运发动机的卡车内1 ~ 6号的发动机底座上，不知道要装三种发动机中的哪一种。

通常，光着搬运发动机时，需要制作符合发动机底部形状的专用底座。

但是在这里进行搬运时，1个发动机底座上必须装载3种发动机。于是如图5-3-2所示，根据需要，设法放置辅助棒、突起物等后，成功装载3种发动机。

A
B
C
1 2 3
在这种情况下，卡车的装货台面上装有夹具，将发动机直接装载到夹具上。
想方设法使得夹具能够装载A、B、C三种发动机。

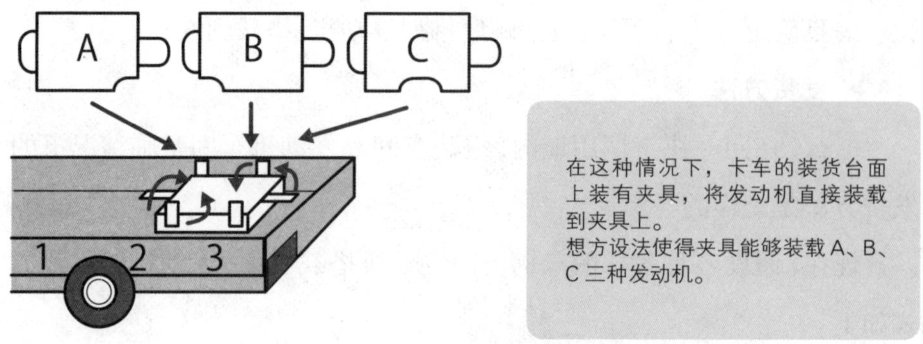

图5-3-2 想方设法使得发动机组装变得轻松

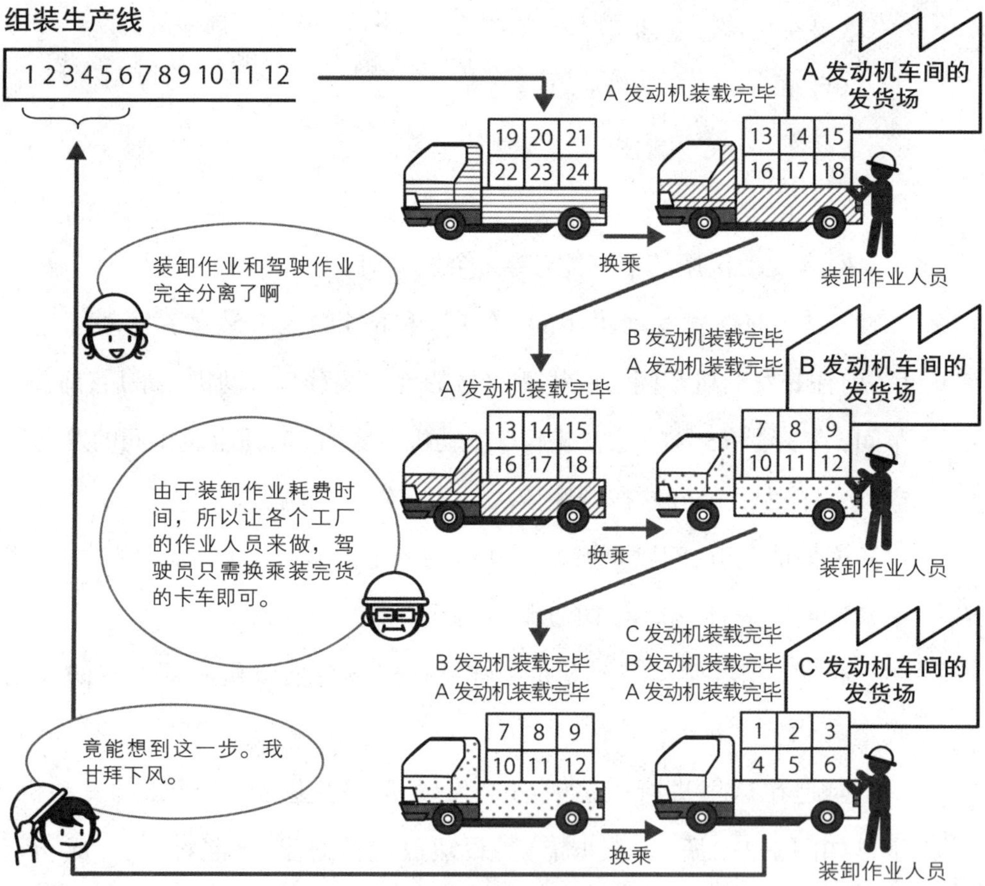

组装生产线
1 2 3 4 5 6 7 8 9 10 11 12
A发动机装载完毕
A发动机车间的发货场
19 20 21 22 23 24
13 14 15 16 17 18
换乘
装卸作业人员
装卸作业和驾驶作业完全分离了啊
B发动机装载完毕
A发动机装载完毕
B发动机车间的发货场
A发动机装载完毕
13 14 15 16 17 18
7 8 9 10 11 12
换乘
装卸作业人员
由于装卸作业耗费时间，所以让各个工厂的作业人员来做，驾驶员只需换乘装完货的卡车即可。
C发动机装载完毕
B发动机装载完毕
A发动机装载完毕
C发动机车间的发货场
B发动机装载完毕
A发动机装载完毕
7 8 9 10 11 12
1 2 3 4 5 6
竟能想到这一步。我甘拜下风。
换乘
装卸作业人员

图5-3-3 驾驶员进行换乘

▶ 驾驶员换乘的方式

图 5-3-3 是发动机工厂内的发动机发货场的示意图。由于发动机是汽车上最大的零部件，即使丰田只生产需要的发动机，在发货场也必须备有生产运营所需的相应库存。为此，在建设庞大的自动化立体仓库。

但是，从自动化立体仓库中取出需要的发动机，然后装载到卡车上，这一过程相当耗费时间。等卡车驾驶员到达之后再装载发动机的话，也比较浪费时间。

于是，考虑将发动机的装卸作业和卡车的驾驶作业分开，采用“**驾驶员换乘的方式**”。接下来通过事例加以说明。

① 驾驶员开着空卡车，前往 A 发动机车间的发货场去装载 19 ～ 24 号 6 个发动机。

② 在 A 发动机车间的发货场，装好 13 ～ 18 号 6 个发动机的卡车在待命，由于事先已经装好了 A 发动机，驾驶员只需换乘这辆卡车，开往 B 发动机车间的发货场。

③ 在 B 发动机车间的发货场，装好 7 ～ 12 号 6 个发动机的卡车在待命，事先已经装好了 A 发动机和 B 发动机。驾驶员然后换乘这辆卡车，开往 C 发动机车间的发货场。

④ 在 C 发动机车间的发货场……（以此类推下去）

这样一来，就可以消除驾驶员的**等待工时**。

实际上，在丰田的田原工厂组装车间紧临着发动机车间，有如下优点：

① 无需卡车远距离的搬运和保管库存。

② 由于在同一工厂用地内进行搬运，所以无需包装，裸机搬运时只需将发动机装载在发动机底座上即可。

③ 能够将装卸作业和卡车驾驶作业分开，实现工时的降低。

这样一来，一个改善能带动下一个改善，慢慢积累朝着越来越好的方向发展。从发现小的浪费开始，逐渐积累成功的经验，那么工作本身也会具有不同的意义。

▶ **驾驶员换乘的方式** 位于田原工厂近郊的一个座椅生产工厂在这方面进一步发展改进。即使是同一家公司内也采用驾驶员换乘的方式，并且让驾驶员在等待的时候干一些轻体力活儿，利用信号灯和蜂鸣器通知出发时间。有很多的零件制造商改善得比丰田还好。

实空搬运使得工作更加顺畅

——以“组装生产线的供应”为首开始考虑

▶ 从发货阶段开始考虑组装生产线

正如第1章、第2章里提到的那样，组装生产线是由1条生产线连接而成的。因此最为理想的状态是“横向配置1条长的生产线”，但事实上无论是经费方面还是物理方面都难以实现。

于是，如图5-4-1所示，将几条生产线并列配置，让车辆在其中流动来往。

将**零件货架**设在各条生产线的两侧(并不占用很大的空间)，各列分别用A、B、C、D、E、F……加以区别。供应零件时，将分别装有1托零件的台车联结起来，用牵引车拉到组装生产线。

木托盘在零件制造商出货阶段就按照A ~ F零件货架，分别打托包装好，然后装入卡车供应到汽车公司。从零件制造商的发货阶段就已经考虑要“供应到组装生产线”的搬运方法叫做“**实空搬运**”。

▶ 实空搬运的步骤

首先，到达组装生产线的零件接收处后，驾驶员将1托的零件装在1辆台车上。

然后，按照A ~ F零件货架的区域，将1辆辆的台车推到划分好区域的零件等待区，并将台车提前联结起来。

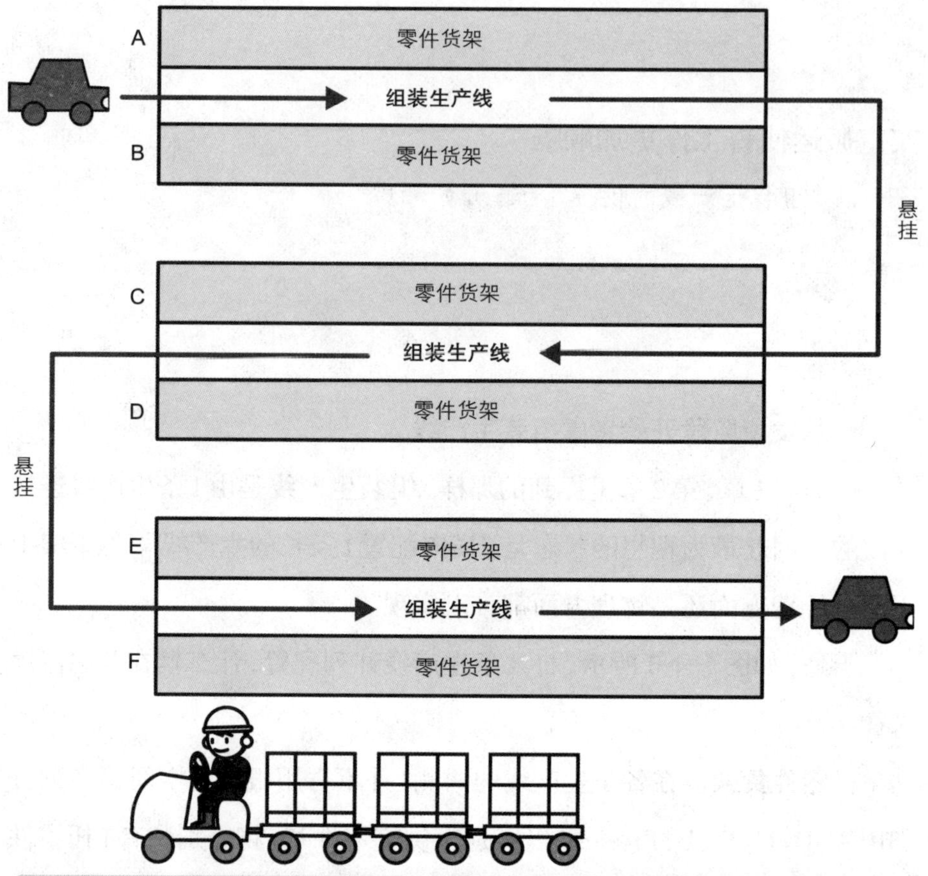

车辆在 1 条连起来的生产线上流动来往，从而形成了组装生产线。并且，零件货架就放置在组装生产线的旁边。

图5–4–1 用"1 条线"连接起来的组装生产线

▶ 零件货架方面的创意 在丰田每月的生产都会出现变动，作业内容和零件的安装位置随之发生改变，所以月末要对零件货架进行变更。为此，要做成管材式的零件货架，以便变更。为了能够环视整个工厂，对零件货架的高度也有一定的限制。

丰田工厂内的搬运人员用牵引车将每列的零件联结起来，运到相应的生产线上。

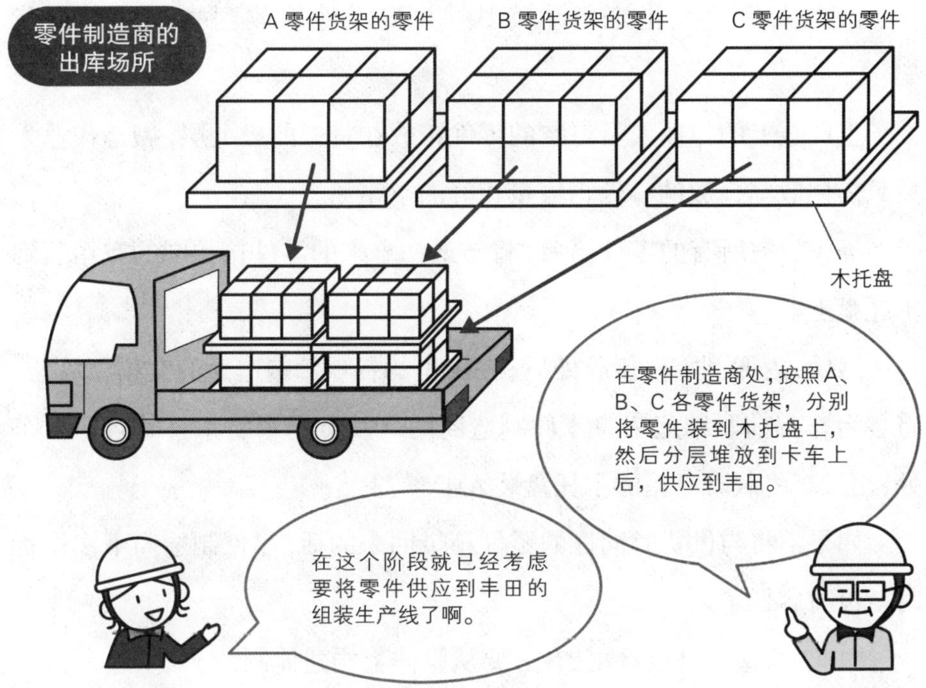

图 5–4–2　装入卡车供货至组装生产线

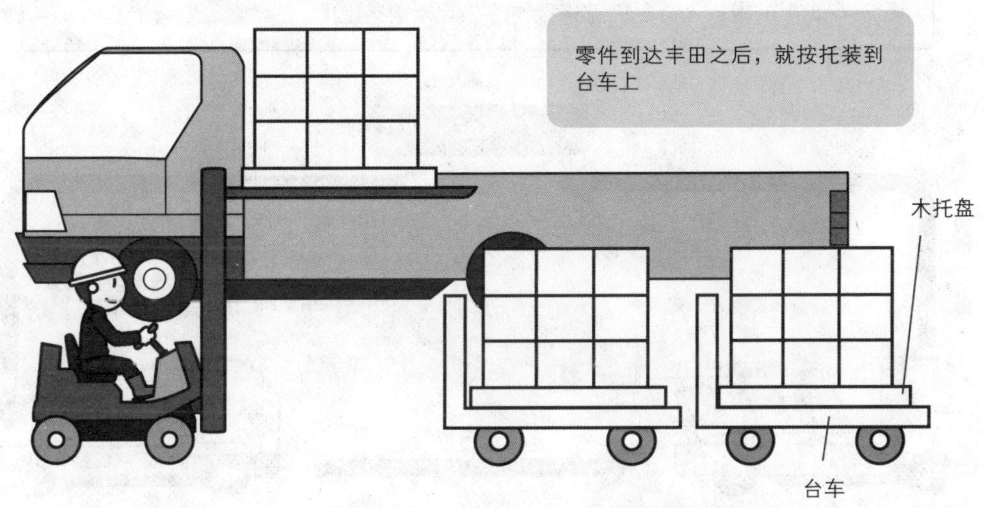

图 5–4–3　丰田组装生产线的交货场所

搬运人员前往指定的生产线，并将零件箱放到指定的零件货架上。

生产线上的作业人员将空的零件箱放在货架的最上层，搬运作业人员只需回收与投放的零件箱数量相等的空箱。

等投放完所有的零件箱后，将与最初拿来的零件箱相同的空箱装到木托盘上。

然后，返回到零件接收处后，在那里的各零件制造商的空箱存放处，将各台车提前联结起来。零件制造商的驾驶员用牵引车将其运至卡车处，用叉车将载着空箱的木托盘装入卡车。

如果不将与供货时同样的零件箱带回来的话，零件制造商下次供货时就没有容器了。

因此，从这里可以看出，有必要从整体上构建体制。

实空搬运 将装有零件的箱子（实箱）和没有零件的箱子（空箱）进行更换的搬运方式叫做“实空搬运”。通过这种方式，可以省下工时，零件制造商的卡车无需进行卸货，汽车工厂的搬运人员也无需将货物改装到牵引车上的。

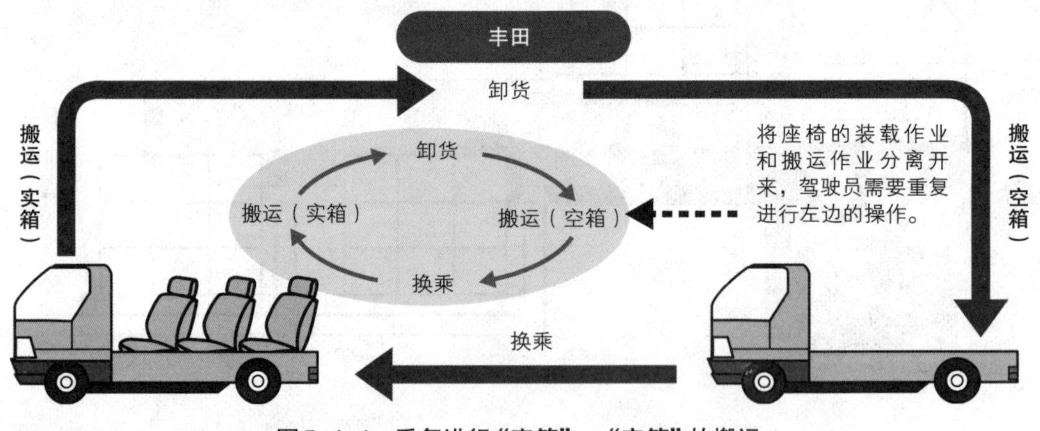

图5-4-4 重复进行“实箱”→“空箱”的搬运

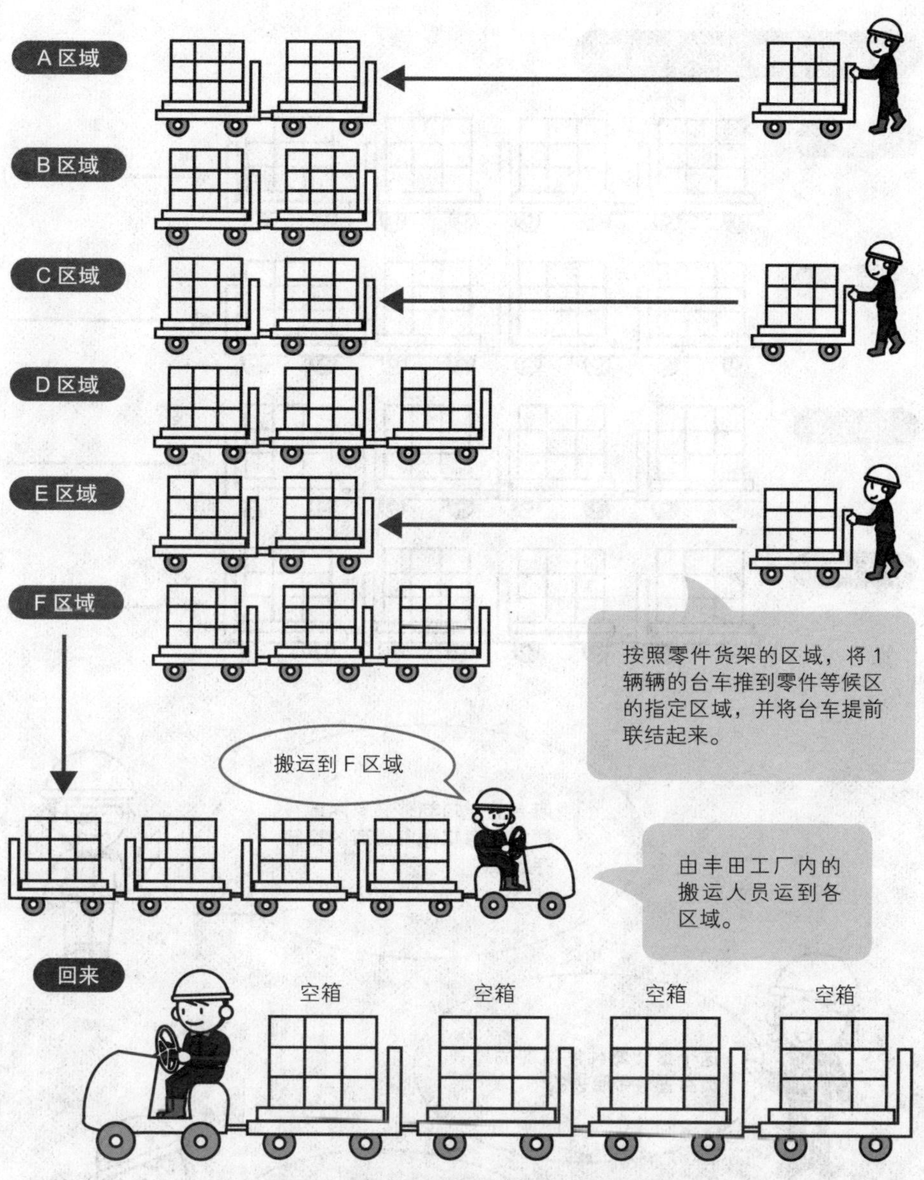

图5-4-5　实空搬运的步骤

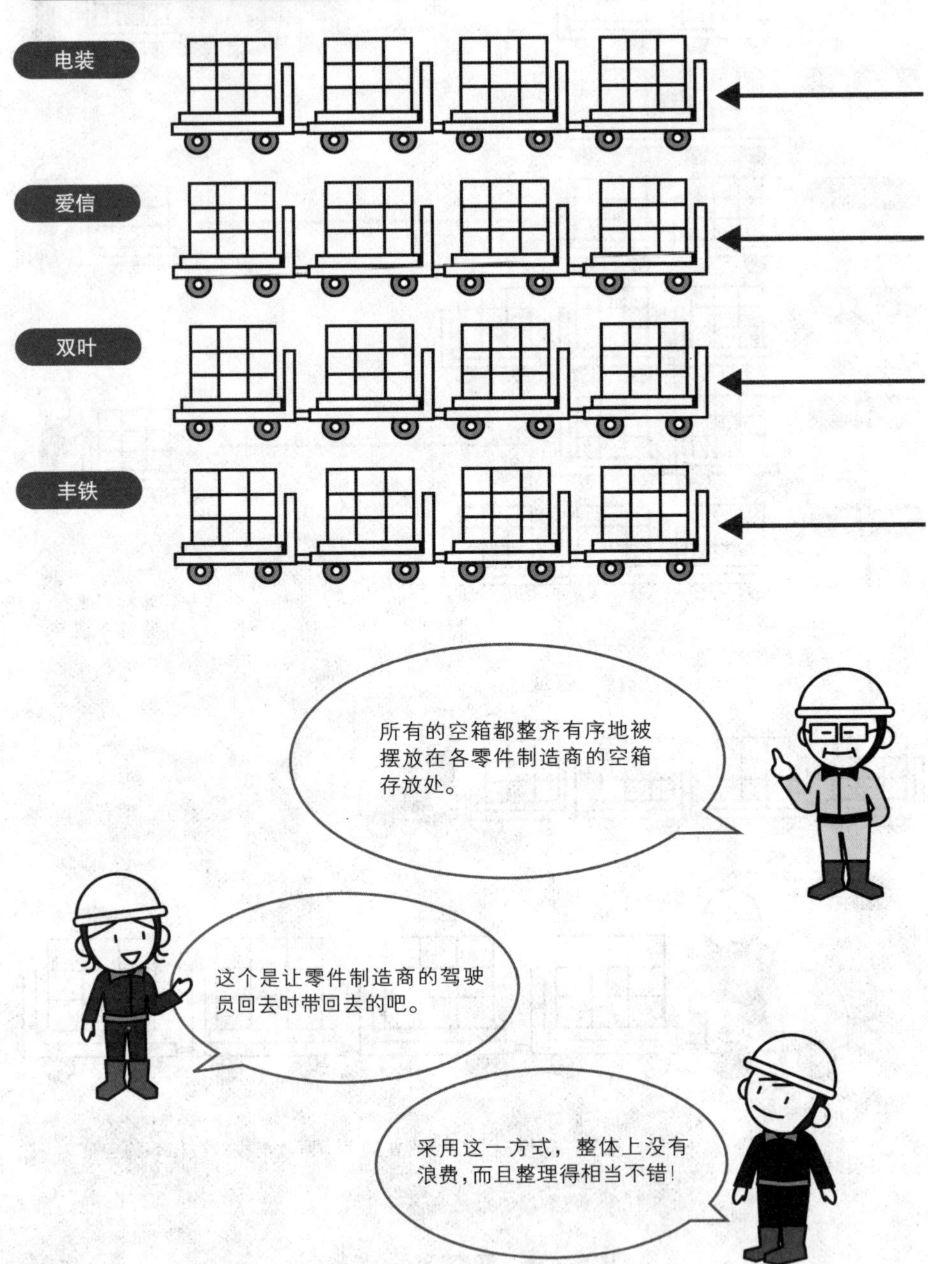
各零件制造商的空箱存放处
电装
爱信
双叶
丰铁
所有的空箱都整齐有序地被摆放在各零件制造商的空箱存放处。
这个是让零件制造商的驾驶员回去时带回去的吧。
采用这一方式，整体上没有浪费，而且整理得相当不错！

第 6 章

防错法始于对失败的研究

努力钻研防错法

——防止发生的防错法、防止流出的防错法

人不是万能的，所以有时会犯错。因为疲劳，或者是被其他的事情分心，会犯下平时不会犯的错误。于是有了“防错法”这一极好的发明。接下来让我们通过具体的事例来看一下。

▶ **防错事例 ①**

【改善前】

之前即使工件（在制品）方向弄反了，也能将其安装到**夹具**上，于是会产生不良品（图6-1-1）。

【改善后】

工件上孔的位置按照正确方向安装到夹具上时和弄错方向进行安装时是不同的，按正确方向进行安装时，夹具上的销子能够插入工件的孔中。这样一来，弄错方向安装工件时，销子会起到阻挡的作用，无法进行安装。

【效果】

即使作业人员一不留神弄错方向安装了工件，但也不能安装到夹具上，所以作业人员就会注意到自己的错误。这样一来，因为安装错误导致不良品产生的情况就可以杜绝。

像这种“自己注意到犯的错误，并马上进行修正，不让次品发生”的功能叫做“**自主检查**”。

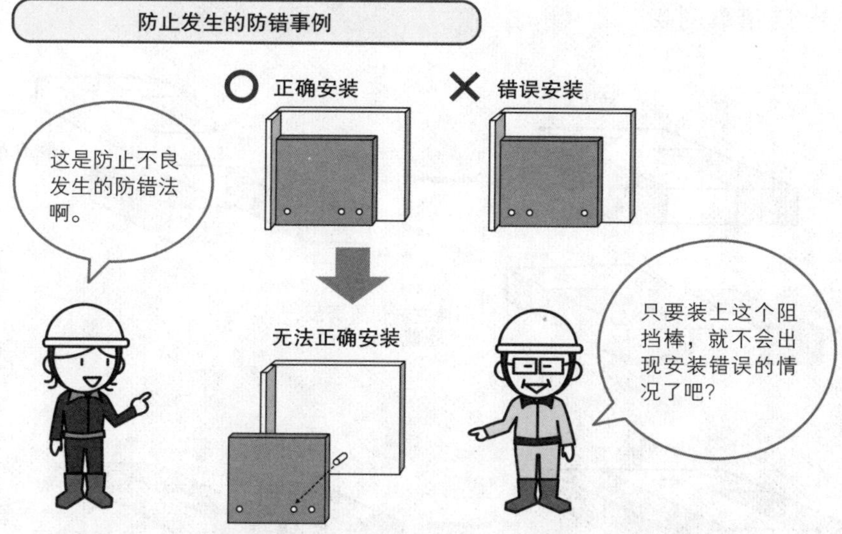

图6-1-1　防错法①——在不同于孔位置的方向进行安装

此外，在这一防错事例中，即使前工序在错误的位置打了孔，产生了次品，也无法安装到夹具上。

因此，一直以来只能靠人员的注意力而进行的依次检查，现在通过这个防错法，人员只需进行正常的作业就能发现次品。换而言之，完全不用耗费检查的工时就能达到100%全数检查的效果。

利用防错法进行自主检查的情况下，由于1个不良品也不会产生，所以将此类的防错法称为“**防止次品发生的防错法**”。

另外，利用防错法进行依次检查的情况下，虽然会产生1个不良品，但是能够立马发觉，所以这类的防错法被称为“**防止次品流出的防错法**”。

▶ **防错法**　最初的时候叫做“防呆法”。但是有名女作业员曾经哭着说:“这是指我是呆子吗?”自那以后这种“将所有人一不留神造成的错误都能防患于未然的机制”被更名为“防错法”。

▶ 防错事例 ②

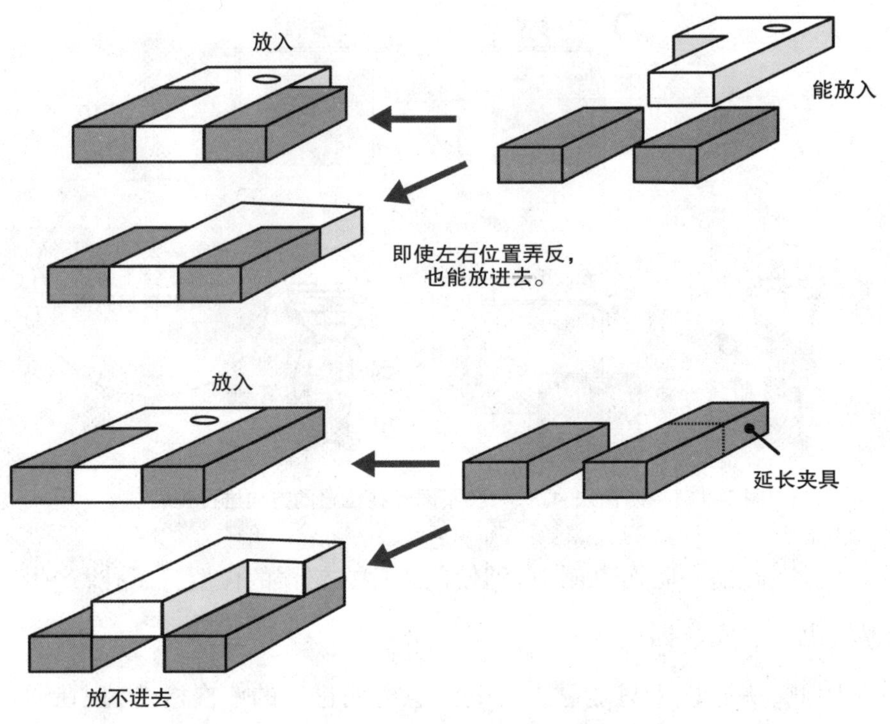

图6-1-2 防错法 ②——搞错左右位置进行安装

【改善前】

如图6-1-2所示，原本应该放入左侧的，结果却左右都能安装到夹具上。

【改善后】

只延长右侧的夹具板，设法阻止从右侧放入，这样一来只能从正确的方向放入。

进行依次检查时，防止次品流出的防错法除了能够直接让人员注意次品外，还可以通过机械感知发现次品。

通过机械感知不良时，一旦机器感知发现不良品，就会自动停止运作，确保不再生产次品。此外，信息指示灯会亮起通知人员，之后的应对全部由赶来的人员进行。

这就是所谓的“自‘働’化”，在以往“自働化”的基础上，再新增防错法与之对接后，效果获得了飞跃提升。

▶ **防错事例 ③**

再看一些其他有关防错法的事例。因为某种原因，前工序的作业人员将不良品流到后工序（自己负责的工序）的例子（防错法的防止不良流出功能）。

【改善前】

如图 6-1-3 所示，标准品（开过孔）和不良品（忘记开孔）都能安装到夹具上（这样的事例还是有很多）。

【改善后】

通过在夹具上增加突起物，解决了这一问题。是标准品的话，突起物能够正好嵌在标准品的孔中，安装到夹具上。但是忘记开孔的不良品则由于受到突起物的阻挡，无法安装到夹具上。

一旦通过这种防错法发现次品，要立即与前工序的作业人员联系，让其停止生产、调查不良原因。这时虽然制造了 1 个不良品，但是之后不会再出现不良品。

▶ **防错事例 ④**

这是一个在自己工序中制造出不良品的例子（防错法的防止不良流出功能）。

【改善前】

在装配缺件的情况下，直接流往后工序。（图 6-1-4）

【改善后】

通过在上下都设置**限位开关**，解决了这一问题。

• 没有出现装配缺件的情况……上下的限位开关都处于ON的状态,直接流向后工序。

• 出现装配缺件的情况……一旦上面的限位开关处于OFF状态,而下面的限位开关处于ON状态时,生产线就会停止,信息指示灯会亮起。看到信息指示灯之后,作业人员会马上赶来,调查装配缺件的原因。

▶**限位开关** 用来开闭电路的开关。

列举了以下几个事例,还请参考。

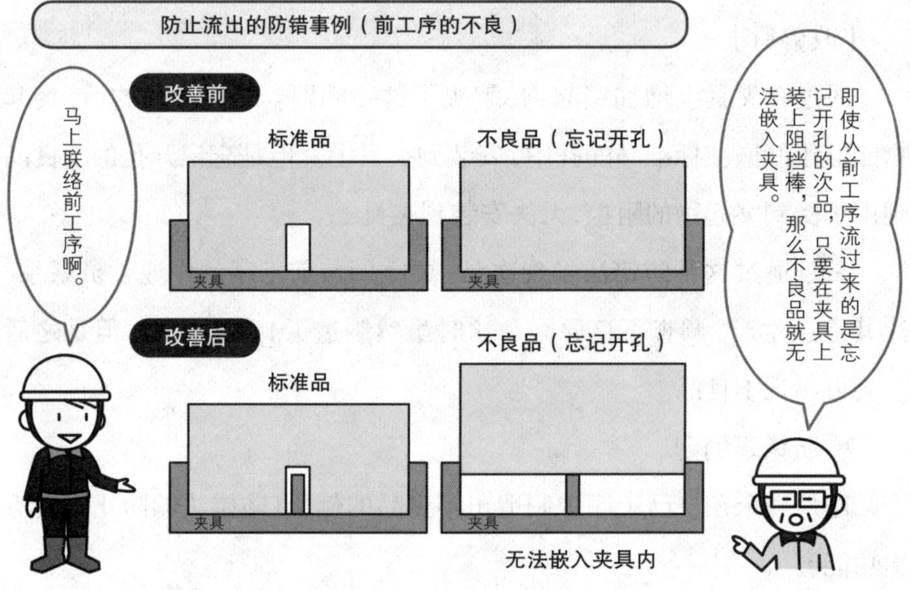

图6-1-3 防错法③——流过来的是忘记开孔的工件

防止发生的防错法 “防止流出的防错法”多少会制造1个不良品,而“防止发生的防错法”不会制造1个不良品,因而更加好。此外,不使用电气的防错法要优于使用电气的防错法。因为不需要检查开工情况。

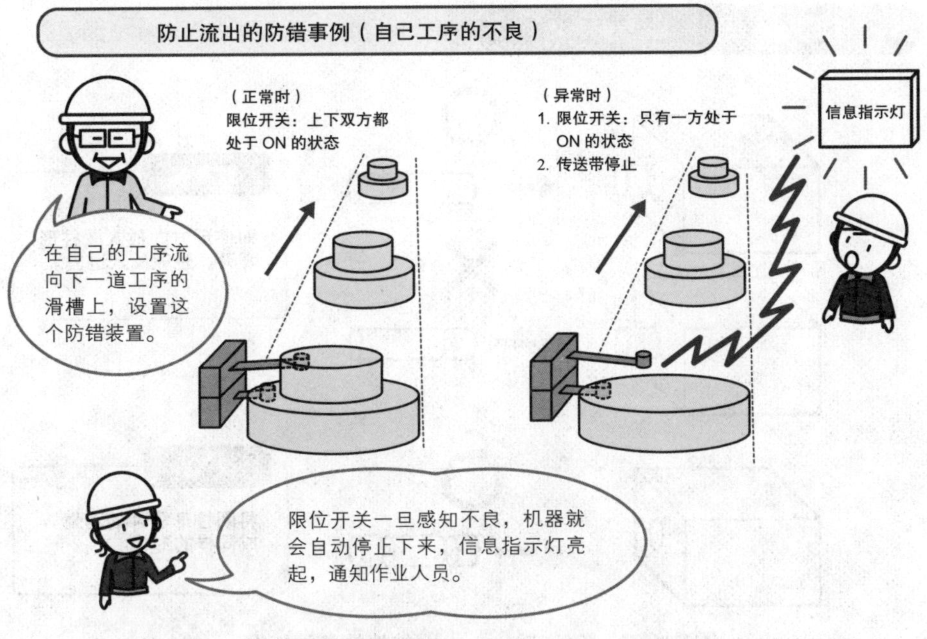

图 6–1–4　防错法 ④——在装配错误的情况下直接流下去了

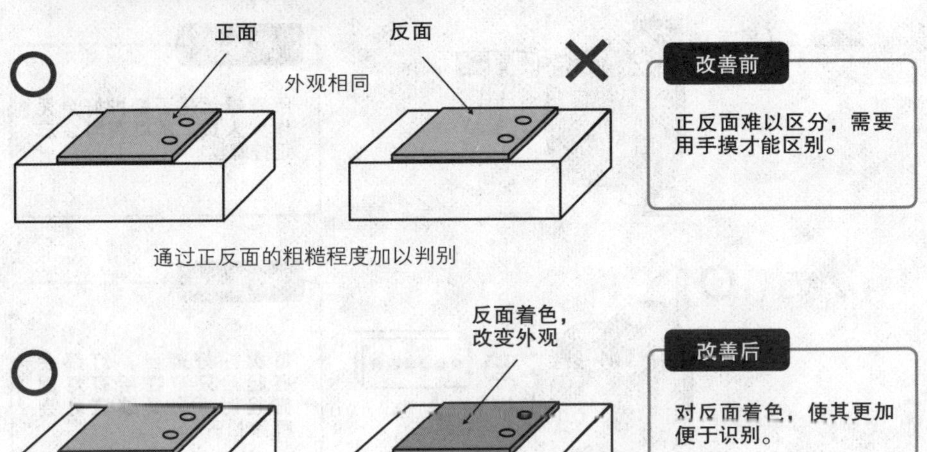

图 6–1–5　防错法⑤——搞错正反面

防止发生——圆柱棒的装配错误

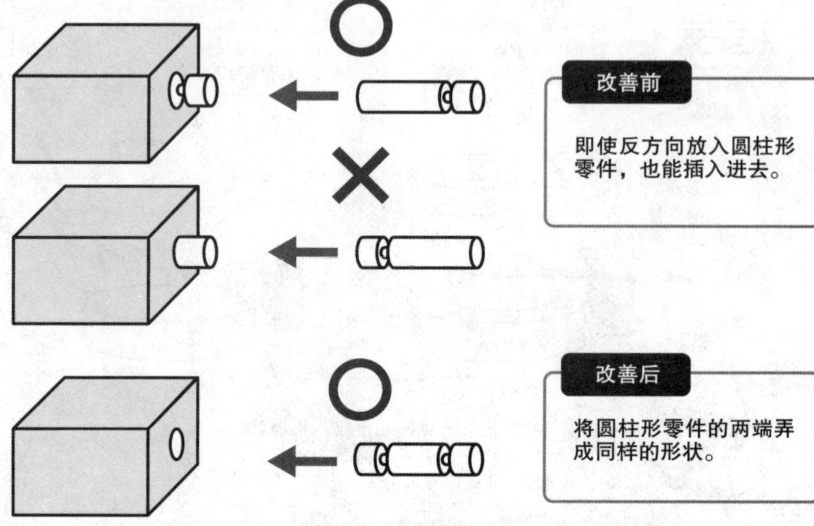

图6-1-6　防错法 ⑥ ——圆柱棒的装配错误

防止发生——拧螺丝作业发生错误

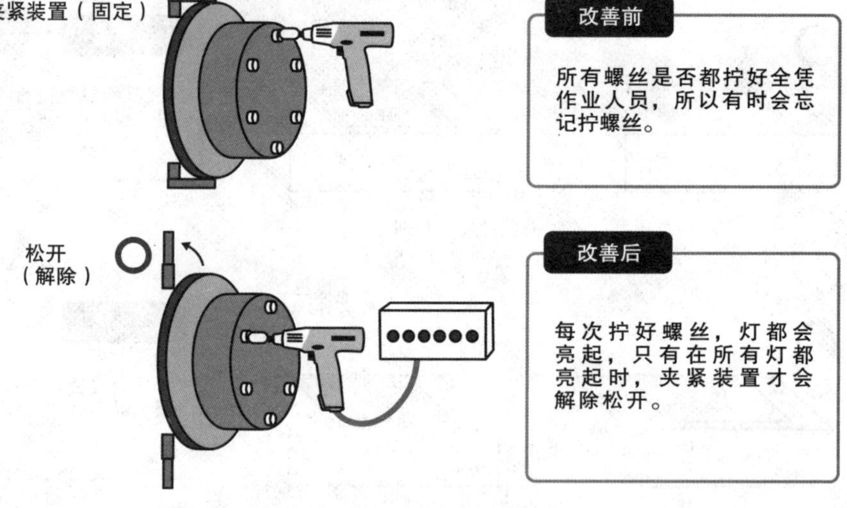

图6-1-7　防错法 ⑦ ——忘记拧螺丝

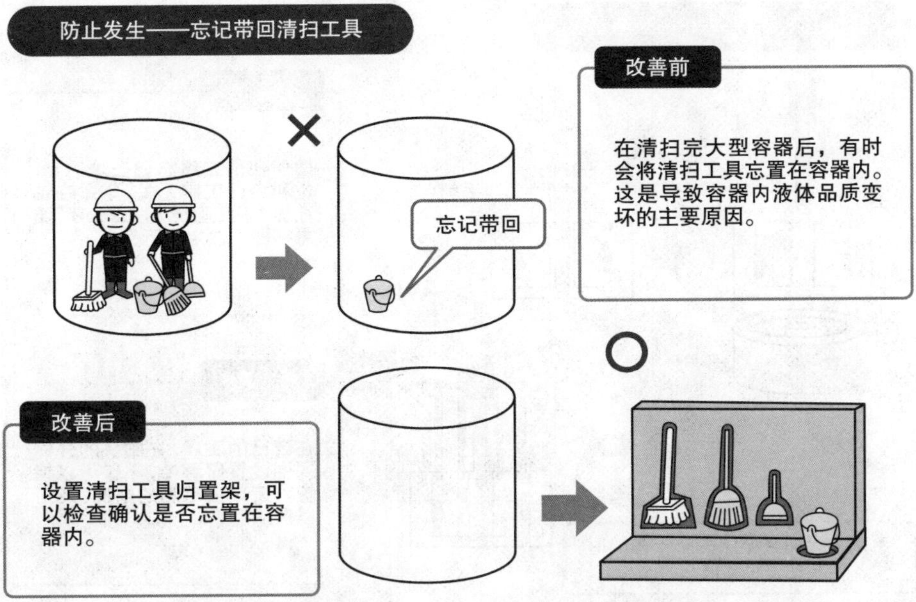
防止发生——忘记带回清扫工具
改善前
在清扫完大型容器后，有时会将清扫工具忘置在容器内。这是导致容器内液体品质变坏的主要原因。
忘记带回
改善后
设置清扫工具归置架，可以检查确认是否忘置在容器内。

图6-1-8　防错法 ⑧——防止忘记带回清扫工具

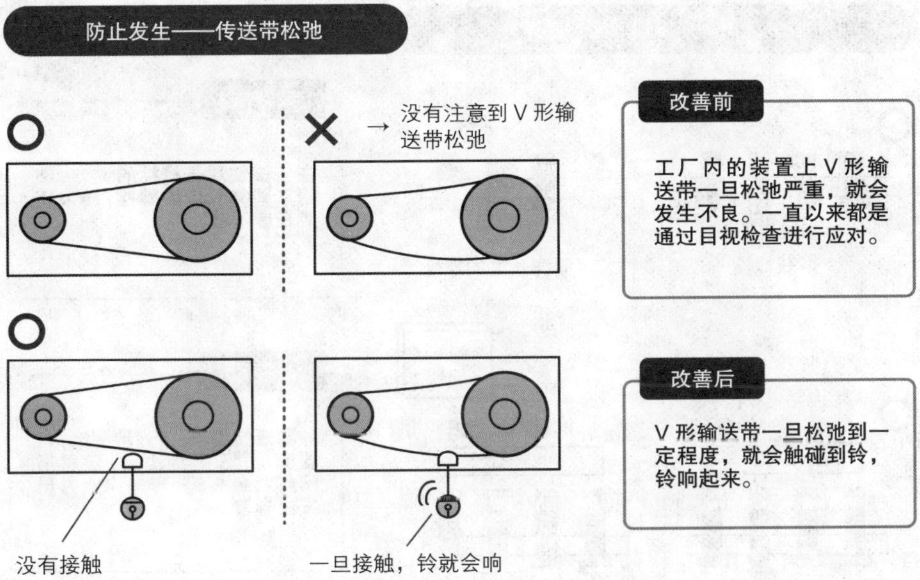
防止发生——传送带松弛
没有注意到 V 形输送带松弛
改善前
工厂内的装置上 V 形输送带一旦松弛严重，就会发生不良。一直以来都是通过目视检查进行应对。
改善后
V 形输送带一旦松弛到一定程度，就会触碰到铃，铃响起来。
没有接触
一旦接触，铃就会响

图6-1-9　防错法 ⑨——防止输送带松弛

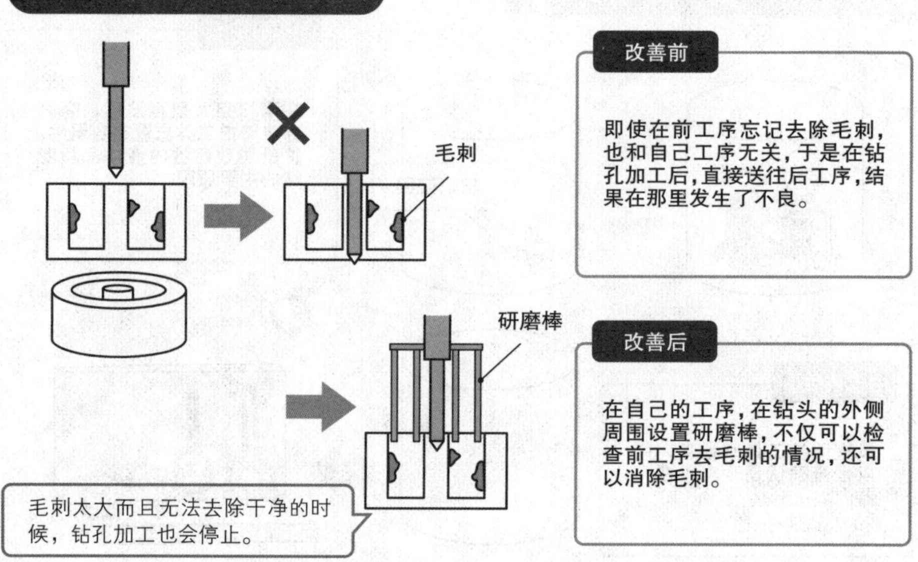

图6-1-10　防错法 ⑩——忘记去除毛刺

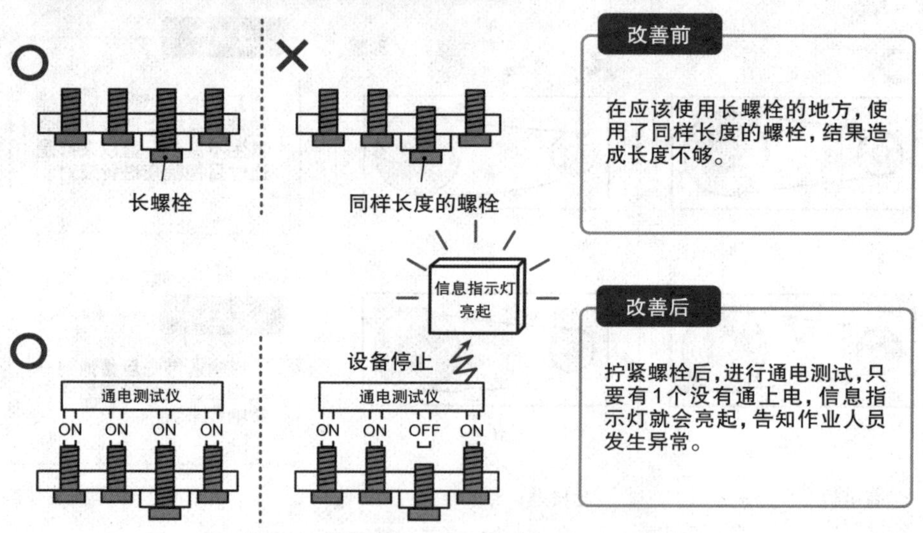

图6-1-11　防错法 ⑪——发现螺栓长度异常

安全对策——无线台车事故

改善前

虽然通过无线控制零件台车，但是由于错失制动时机等原因，台车撞上车挡，造成零件损坏。

改善后

在车挡前面的位置处，设置光电管，只要台车遮挡住光线，就能自动停止。

图 6-1-12　防错法 ⑫——防止发生无线台车事故

去除毛刺　通常，通过喷砂处理（喷射细小颗粒物）去除毛刺。但是由于不能损伤到主体，根据产品的不同，会选择用稻谷壳、核桃壳的粉末物等作为喷射物。在中国的某家企业采用的是“人海战术”。

利用信息指示灯达到与全数检查一样的效果

——稍动脑筋就能解决问题

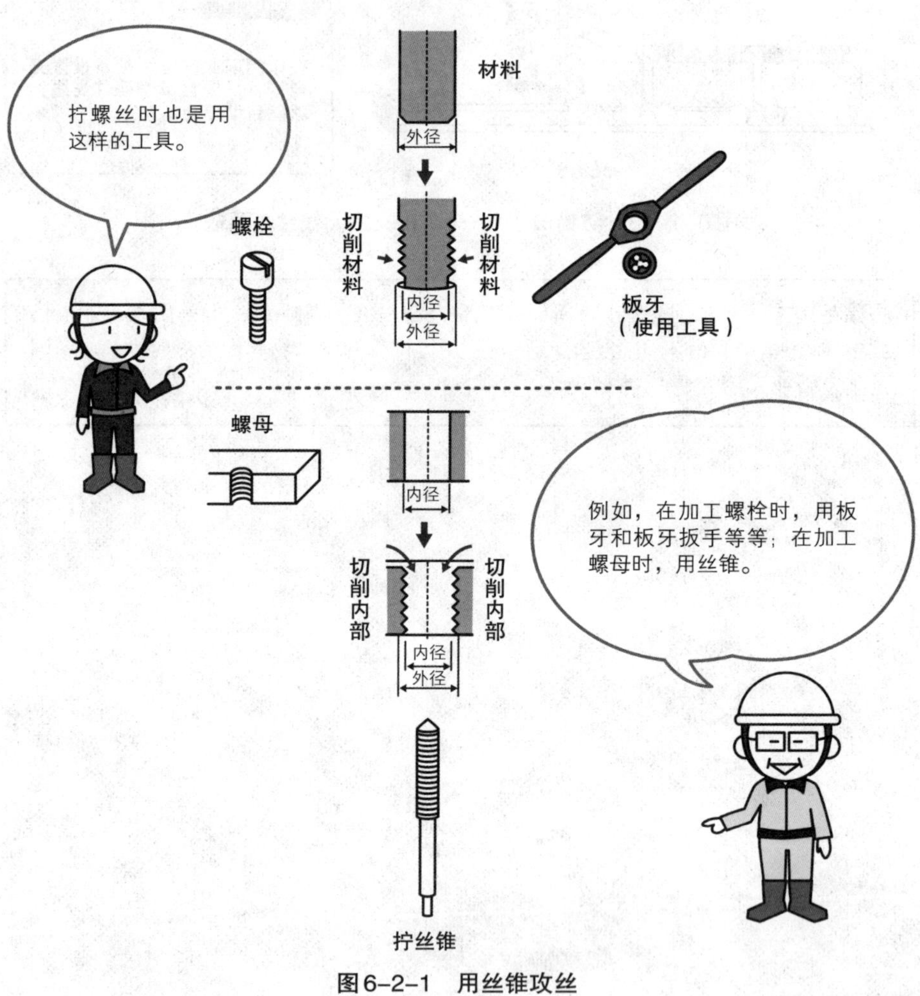

图6-2-1 用丝锥攻丝

▶ 虽然想进行全数检查,但是……

“绝不将次品流往后工序”是丰田生产方式中最不可动摇的原则。也说成“品质要在工序内打造”。虽说会有其他人对来自前工序的加工品进行检查,但是事实上为了确保品质,必须进行**全数检查**。

可是,所有的工序都由人员来进行全数检查的话,会耗费庞大的工时,导致成本上升。那么无论品质多好,销售也会受阻。

因此,必须想方设法不花工时就达到与全数检查一样的效果。于是就想到了利用信息指示灯,实现与全数检查一样的效果。原本信息指示灯是在织布机发生“断线”等不良时,用来通知异常的工具。那么现在怎样活用信息指示灯呢?

> ▶ **全数检查和防错装置** 全数检查耗费庞大的工时,以前是根据统计学原理进行抽样检查,但仍会出现极少数的次品。为了实现次品为零,必须进行全数检查。于是摸索能够不花工时就能进行全数检查的方法,最终想到利用防错装置。

以在自动攻丝机上安装丝锥,然后在金属材料上切削内螺纹底孔的工序为例,进行说明。(图6-2-1)

所谓的攻丝就是将丝锥旋入要钻的底孔中加工出内螺纹。使得螺栓能够拧入金属的螺孔中。用板牙在螺栓杆上攻外螺纹,在金属材料上用钻头事先打好底孔,然后用丝锥在底孔上攻内螺纹。

▶ 更换刃具(丝锥)

假设1个丝锥通常可以切削加工600个工件,但是即使加工标准规定的是600个,实际上可加工的工件数也不止600个,在丝锥没有损坏的情况下就更换的话,会觉得有点浪费。于是,尽最大可能加工到600个,甚至加工到650个。但是一旦出现不良的话,故障处理将耗费庞大的工时。

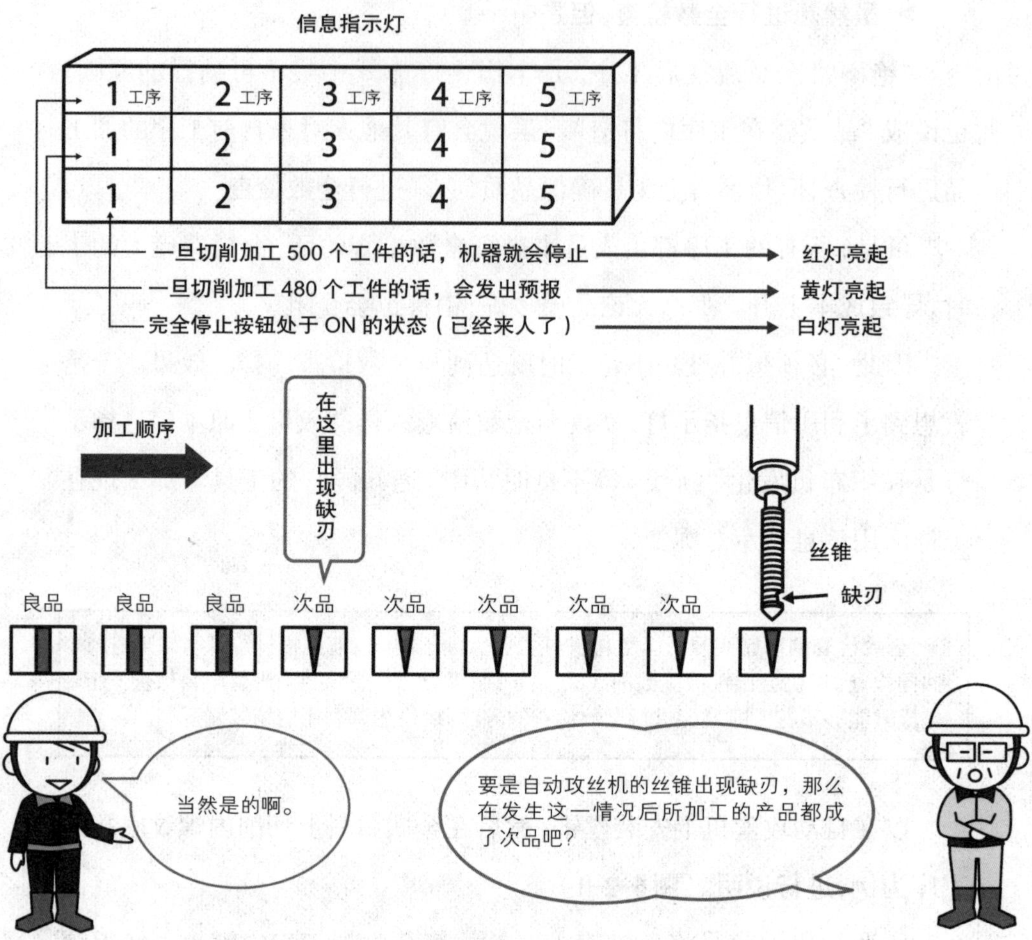

图6-2-2　通过信息指示灯进行丝锥的更换

因此，很多时候工厂为了保险起见，留些余量，规定“一旦加工了500个之后就必须进行更换”。在这种情况下，不是500个，而是在这之前加工到480个的时候，通过设定使得信息指示灯上的黄灯亮起，看到黄灯之后，作业人员就会前来更换。

但是因为某些事情，即使黄灯亮起，作业人员也没有赶来，然后一直加工到500个时，机器会自动（强制性）停止，同时信息指示灯也由黄灯变为红灯。

然后，作业人员赶来更换，为了安全起见，会按下完全停止按钮。这时，信息指示灯也由红灯变为白灯。

这样就可以向那些匆忙赶来的其他作业人员传达“这里已有作业人员进行应对”的信息。通知他们不用过来也可以。

▶ **品质检查**

假设，每加工50个让作业人员检查一次。为此，在加工了45个的时候，使信息指示灯上的黄灯亮起，看到黄灯之后，作业人员就会前来进行品质检查。

如果作业人员没有赶来，然后一直加工到50个时，机器会自动停止，同时信息指示灯也由黄灯变为红灯。

这种情况下，作业人员取出必须进行品质检查的工件（在制品），拿到品质检查台，为了进行品质检查，打开荧光灯，这时信息指示灯会由红灯变为白灯。

如果品质没有问题，则作业人员关灯后离开。

但是如果发现不良，则马上让机器完全停止（信息指示灯的红灯亮起），挨个追溯加工品进行调查。

然后排除不良品，从某个加工品开始，只要知道在这之前的是良品，那之前的就无需调查。这样一来可以保证所有的都是良品。

这是因为如果丝锥在加工了31个工件时出现缺刃，那么到第30个工件为止，之前都是良品，只是在第31个以后会加工次品。

因此，只要对第31个以后的工件进行排除即可。

▶ **信息指示灯上的“黄灯”尤为重要**　为了能够进行满负荷生产，信息指示灯上必须要有表示“预报”的黄灯。因为即使黄灯亮起，机器、生产线也不会停止，只要投入适当的人员，在黄灯的时候就能全部应对好，不会让生产线停止。

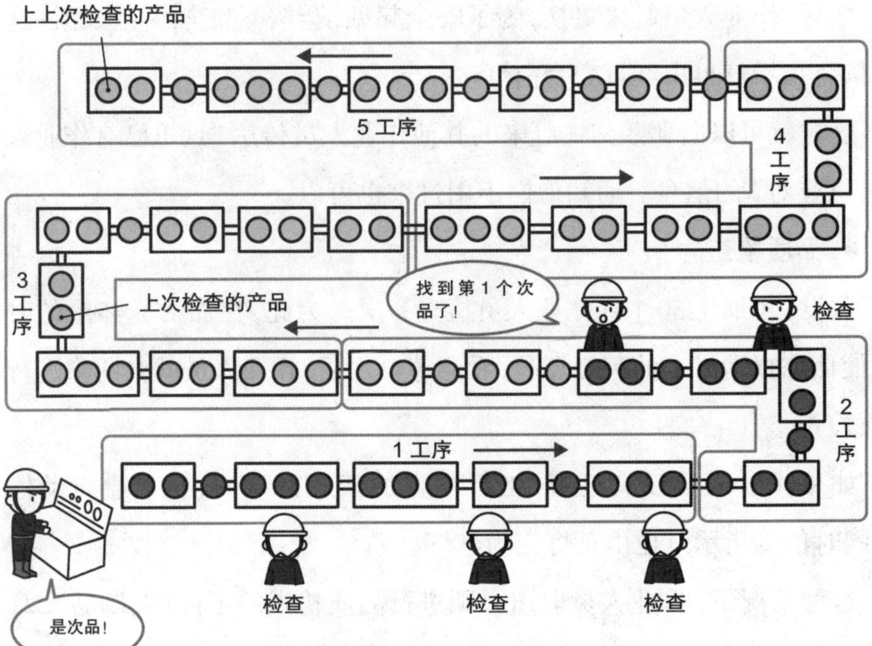

上上次检查的产品

5 工序

4 工序

3 工序

上次检查的产品

找到第 1 个次品了!

检查

2 工序

1 工序

检查 检查 检查

是次品!

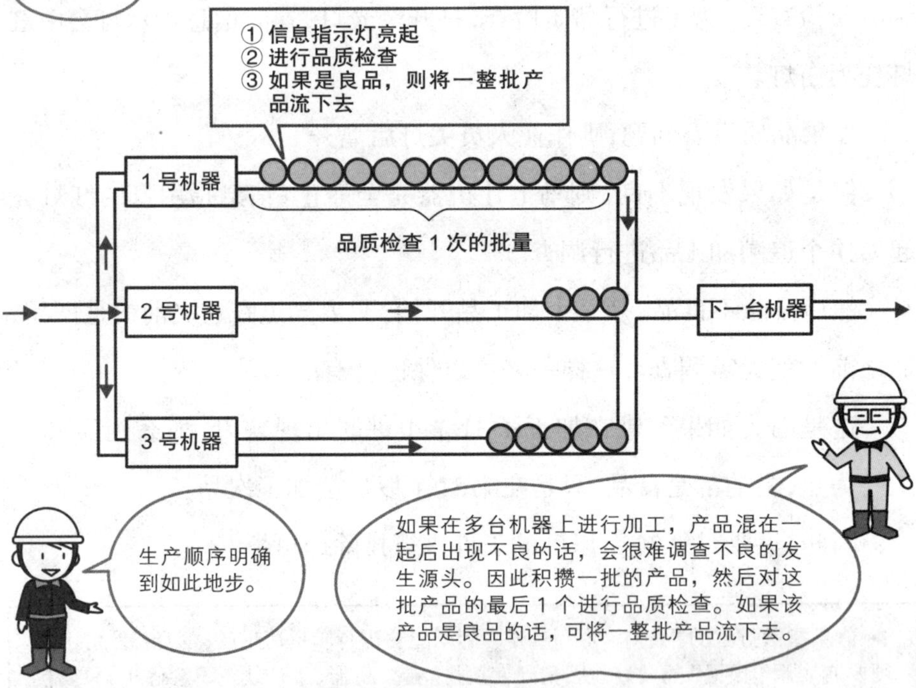

① 信息指示灯亮起
② 进行品质检查
③ 如果是良品，则将一整批产品流下去

1 号机器

品质检查 1 次的批量

2 号机器

下一台机器

3 号机器

生产顺序明确到如此地步。

如果在多台机器上进行加工，产品混在一起后出现不良的话，会很难调查不良的发生源头。因此积攒一批的产品，然后对这批产品的最后 1 个进行品质检查。如果该产品是良品的话，可将一整批产品流下去。

图6–2–3 通过“检查1个”就达到了全数检查的效果

丰田全部工序的所有生产线都没有不必要的库存，所以一旦哪儿发生故障，所有生产线都会停止。为了不发生故障，在经常采取预防措施的同时，也要制定即使发生故障也能立刻解决的机制。接下来就这一典型事例进行说明。

▶ 检查最后的工件

假设在某条加工生产线上，所有工序的机器都是加工1分钟后送往下一台机器进行加工。这样一来，在这条加工生产线的出口处1分钟可以出来1个完成品。

但是，倘若其中某道工序的机器只能3分钟加工1个产品，那么这道工序就成了瓶颈工序，生产线整体上也只能变成3分钟完成1个产品。

为了防止这种情况出现，要并列放置3台这种加工能力低的机器，这样就能够1分钟完成1个产品。

在这种情况下，假设1号机器、2号机器、3号机器各自加工结束后，立即将产品流到下一道工序的机器。

这时，倘若在其中1台机器上出现了次品，那么之后的生产线上会出现良品与次品混合流动的情况。

一旦变成这样，要耗费庞大的工时去找出次品，而且在没能找出全部次品的情况下，次品流往后工序的危险性也会变大。

为了防止这种情况出现，采用了以下的方法。

① 分别在1号、2号、3号机器的后面设置暂存架。

② 暂存架上工件一旦积满，会触碰到限位开关，机器自动停止，同时信息指示灯亮起。

③ 看到信息指示灯的作业人员会赶来，对暂存架上最后的工件进行品质检查。

④ 如果最后那件是良品，则将暂存架上所有的工件都流往后工序。

⑤ 如果是次品，则一件件追溯去寻找次品，将次品全部拿到生产线外，良品则流往后工序。

如果不能做到让其他人对前工序的工件进行全数检查，那么现场人员必须不断努力，采取预防措施，从最后的工件开始检查品质，以此来杜绝次品的发生。

第 7 章

标准作业表的不断更新关系到工厂的发展!

制作标准作业表

——“发现浪费”从这里开始

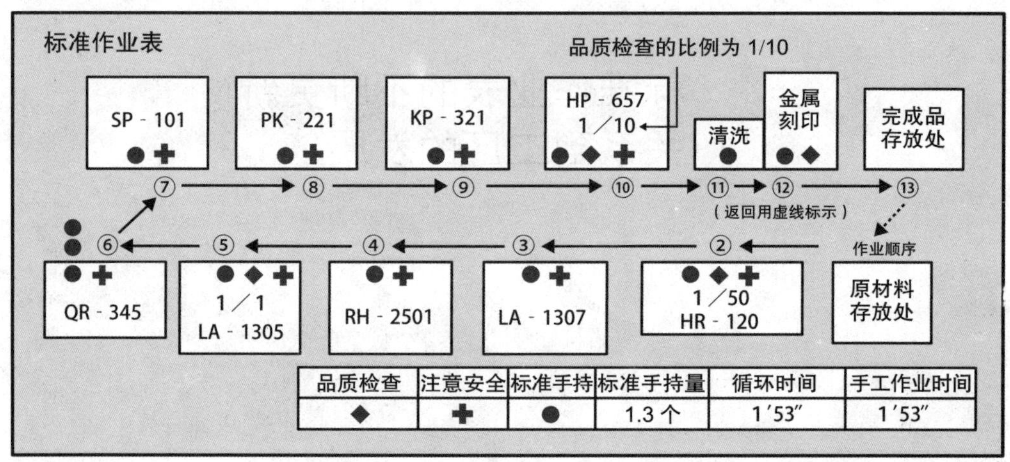

品质检查	注意安全	标准手持	标准手持量	循环时间	手工作业时间
◆	✚	●	1.3 个	1′53″	1′53″

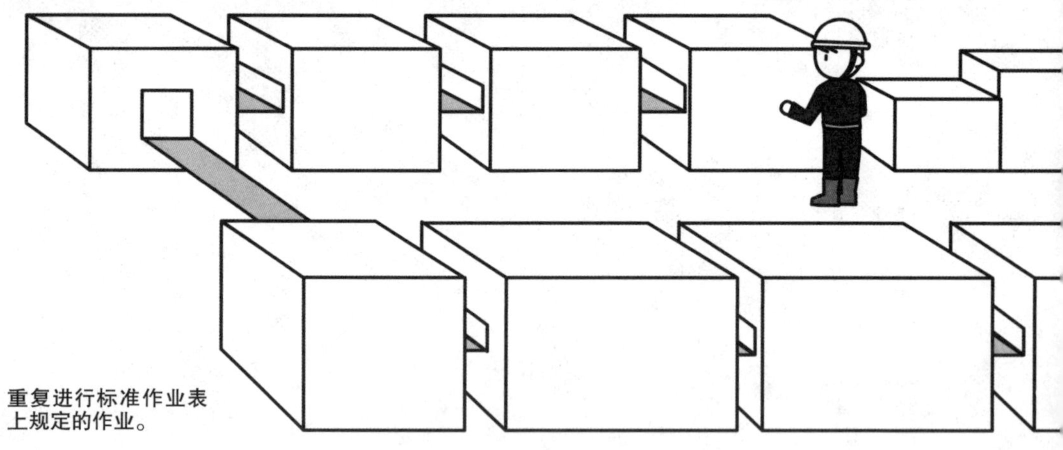

图7–1–1　能否制造出“标准作业表”上规定的工件？

▶ 标准作业表是把握现状的工具

无论在什么样的工作岗位，总有人工作速度快，有人工作速度慢。如果迁就工作速度慢的人，那么效率就会低下。

零件加工　作业要领书			产品编号	67893-44856	科长　工长　组长
			产品名称	汽车羊角	青木　加山　山内
			工序名称	汽车羊角机械加工工序	
No	作业内容	品质		要点（正确与否·安全·便于操作）	示意图
		检查比例	测量方式		
1	从托盘上取出原材料			用右手	1 2 3 4 5 6 7 8 9
2	CE-239 工件取出、安装、放到设备上加工	1/50	目视	在后工序的 LA、GR 工序恐怕中心线太浅	
3	FH-2501 工件取出、安装、放到设备上加工			准确安装到中心	
4	LA-1307 工件取出、安装、放到设备上加工			精确安装到两中心线上	
5	LA-1101 工件取出、安装、放到设备上加工	1/1	C	22.5 ±0.25 用起重机吊起切削碎末	
6	DR-1544 工件取出、安装、放到设备上加工		目视	从内侧确认贯通状态	
7	SP-101 工件取出、安装、放到设备上加工			清扫 M-22、J-15 安装面的切削碎末	
8	MM-122 工件取出、安装、放到设备上加工			以上面为基准	
9	HP-657 工件取出、安装、放到设备上加工			将油槽切成环形的一面朝上，施加推力	
10	BR-410 工件取出、安装、放到设备上加工并清洗	1/10		清扫安装面	
		1/10	PS	红丹粉 80% 以上	
		1/10	LP	±0.82	

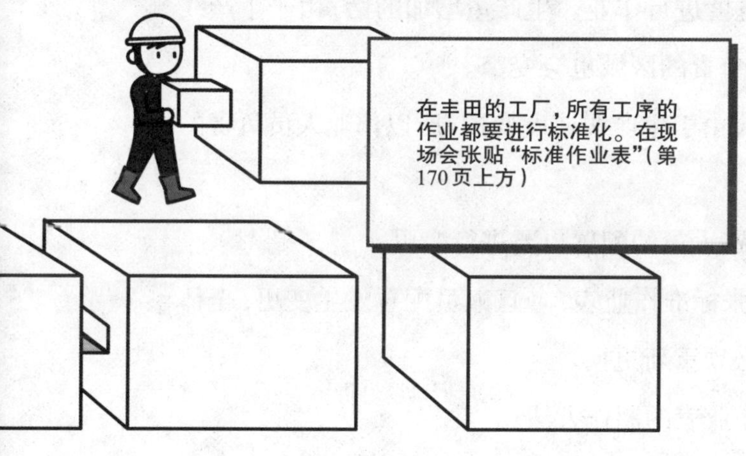

在犹豫不定的时候，一定要有**标准作业表**。在没有确定标准作业的工序中，即使为了改善观察了作业人员的动作，作业人员有时也会出现错误的动作。

在这种状态下，即便要求作业人员找出浪费，他们也完全不知道什么是浪费，哪里有浪费。

所以无论如何都需要展示给他们看标准动作，反复多次观察作业人员的动作是否按照标准去做，然后从中找出浪费。

在丰田的所有生产现场，都会张贴如图7-1-1的标准作业表。在标准作业表上，不仅详细记载作业的顺序，还有与品质、安全相关的注意事项。

这样一来，**只要将标准作业表和作业人员的动作进行对比，就能把握所有的现状**。

所谓的改善就是要使现状变得更好。因此如果不充分把握现状是不可能变得更好的。

▶ 标准作业表的制作方法

作业人员按照一定的进度进行作业。生产量增加的话，由于生产线速度会变快，所以作业人员负责的区域也会变窄。

反之，生产量减少的话，由于生产线速度变慢，所以作业人员负责的区域也会变宽。

像这样根据生产的增减，人员的配置也要进行变更。

1个人的作业需要有1张标准作业表，一旦人员配置发生变更，全体作业人员的标准作业表都必须重新更换。

接下来说明一下标准作业表的制作方法。

① 利用具有时间显示功能的摄像机对作业人员的作业进行

> **▶ 标准作业的前提条件**　标准作业中必须记载“循环时间（工作时间 ÷ 生产数量）”“作业顺序”“标准手持量”这三项内容。只要缺少其中一项，就只不过是补足标准作业构成要素的1个作业标准而已。

拍摄。

② 带回办公室，边看录像边记下个别动作和作业所需时间，制作初步的标准作业表。

③ 最后，将初步制定好的标准作业表带去现场，与相关的全体人员比较实际作业，同时将内容确定下来。

标准作业表由现场的监督人员制作（系长、组长、班长），并获得管理人员（科长）的承认（盖章认可），然后张贴在现场。

▶ 利用标准作业表指导新人时的方法

按照以下步骤指导新人进行作业。

① 关于标准作业表上的所有作业内容，由监督人员向新人进行说明。

② 监督人员进行实际操作。

③ 新人对照标准作业表和监督人员的实际操作，用心记住作业内容。

为了能够实际操作给新人看，监督人员自己必须掌握标准作业表上规定的作业。指导时仅靠口头说明是不行的。

▶ 标准作业表的改善法

① 第1步

要仔细观察作业人员进行标准作业时的动作。

届时要好好观察手、脚、眼睛以及身体的动作。

要特别注意的是不要被除了作业人员以外的，诸如“设备运作”“工件流转”等事情分了心。

一旦发现不同于标准作业的动作，那就是“问题点”。

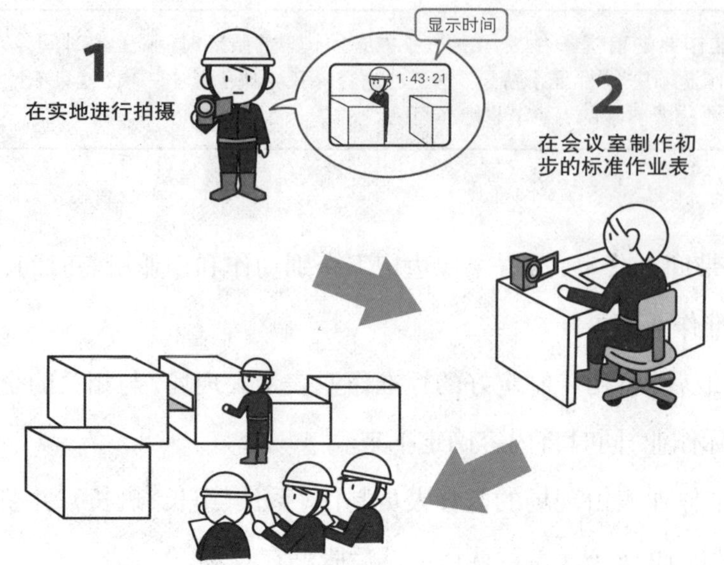

图7-1-2 "标准作业表"的3步制作法

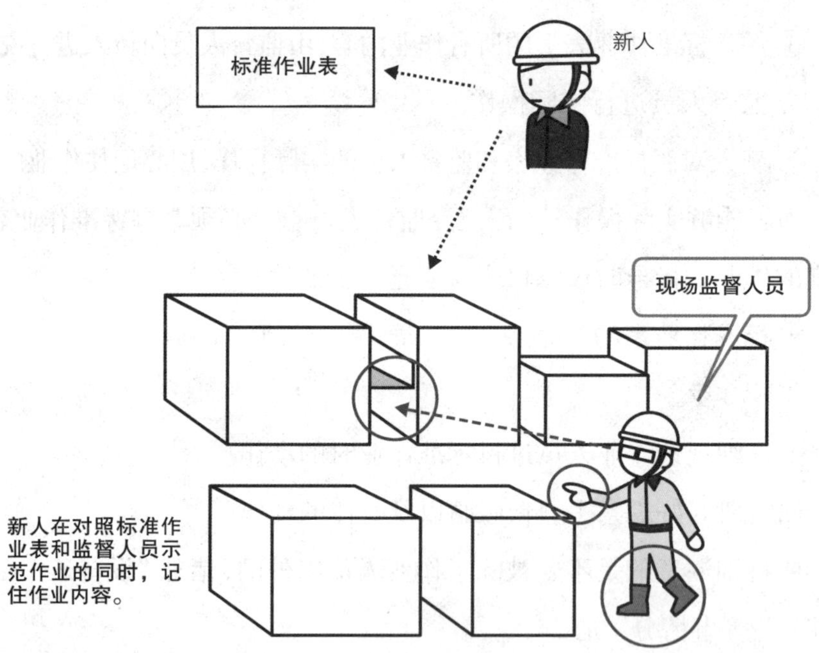

图7-1-3 通过现场监督人员的示范作业来对新人进行指导

▶ **在标准作业表上盖章**　在丰田发动机车间的所有现场都张贴着标准作业表。总共加起来有几百张之多，所有标准作业表上都印有制造科长的印章，从而可以感觉到制造科长了解作业人员的动作。现场的管理必须达到这种程度。

② 第2步

即使按照标准作业表进行了作业，也要仔细观察一下，看看有没有花更少时间的做法。比如“能否步行更少一些？”“有没有出现等待？”“按钮的位置合适吗？”“安装、取出、装配工件时，手工作业中有没有出现浪费？”等等。

解决工厂内的问题

——标准作业表也要更新的理由

▶ 凝聚智慧结晶的标准作业表

标准作业表是现场管理监督人员长期经验的积累和智慧的结晶，记载的内容是当前普遍认为最好的，包含了安全、品质等所有的项目。事实上，现在所写的内容谁都明白，也有很多的企业确实进行了文件化管理。

但是大部分工厂都止步于“画饼充饥”。而丰田工厂的厉害之处就在于让作业人员切实地按照标准作业表上所记载的内容，进行同样的作业。做到管理人员和监督人员所期望的那样，确保安全和品质。

如下一页的插图所示，管理人员和监督人员经常巡回于现场。这么做的目的和出发点很明确，就是为了检查作业人员是否按照标准作业表进行工作。对于作业人员而言，由于清楚地知道自己所做的事情是否符合基准，所以工作起来也比较容易。

> **▶ 丰田工厂的厉害之处**　在公司的时候，过于觉得理所当然，谁都不会觉得了不起。但是辞职后，开始对其他工厂（含外国的工厂）进行指导时，才觉得做到“言行一致”真的很了不起。

图7-2-1　所有的现场都张贴着“标准作业表”

如果作业人员出现了违背标准作业表的动作，巡视的管理人员会提醒作业人员，作出指示要求其按照标准作业表进行工作。

▶ 标准作业表也可以重写

假设现在某名作业人员没有按照标准作业表进行操作。你有没有考虑过丰田的管理人员和监督人员会站在怎样的角度去看待作业人员呢？不能认为“因为违背了标准作业，所以立即要提醒注意”。这种想法过于缺乏灵活性。

关键是“**追求最有利于工作的动作方式和作业**”，不是一味地盲目按照标准作业表。

管理人员和监督人员要站在“虽然没有按照标准作业表进行操作，但是作业人员的动作或许要比标准作业表还要好……”的角度进一步去观察。正因为有差异，才会想到要进行改善。

然后也要听取作业人员本人的意见，询问：“为什么要那样操作？”。在经过诸多讨论之后，有时也会觉得“作业人员现在的操作反而更为合理”。在这种情况下，修改标准作业表之后，对于作业人员以前的操作也

产品名称	传动轴			标准作业
产品编号	43202 - 31211			
作业顺序	作业名称	时间：手工作业	时间：自动加工	6″ 12″ 18″ 24″ 30″ 36″（步行、手工作业）
1	从托盘上取出原材料	01″	—	
2	SS-319 工件取出、安装、放到设备上加工	08″	1′10″	
3	KP-2151 工件取出、安装、放到设备上加工	08″	1′27″	
4	LA-1307 工件取出、安装、放到设备上加工	08″	1′24″	
5	QC-1002 工件取出、安装、放到设备上加工	10″	1′32″	
6	JS-2591 工件取出、安装、放到设备上加工	07″	34″	
7	RP-431 工件取出、安装、放到设备上加工	07″	1′02″	
8	MM-122 工件取出、安装、放到设备上加工	04″	—	
9	MC-215 工件取出、安装、放到设备上加工	10″	17″	
10	BR-410 工件取出、安装、放到设备上加工并清洗	13″	54″	
11	安装螺纹接套，并将完成品放入托盘	13″	—	

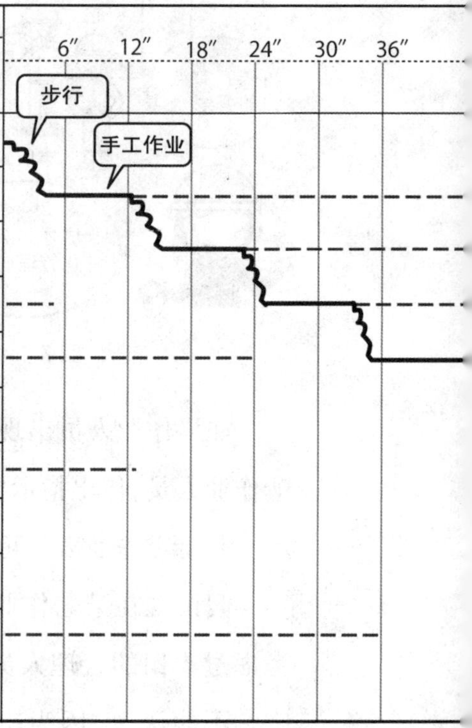

图7-2-2 “标准作业表”的内容

要再次进行变更。

此外，在丰田工厂的现场，其他制造部门的管理人员频繁过来观察人员的作业已经常态化，通过观察看看“这名作业人员的动作中有没有改善的方面？”“有没有可以**横向扩展**到自己工作岗位的借鉴之处？”

▶ 有了基准才能改善

之所以能够这样，也是因为所有工序都张贴着作为**基准**的标准作业表。通过对比观察标准作业表和作业人员的实际动作，可以掌握所有现状，了解到该工序的管理人员和监督人员是基于怎样的理念让作业人员

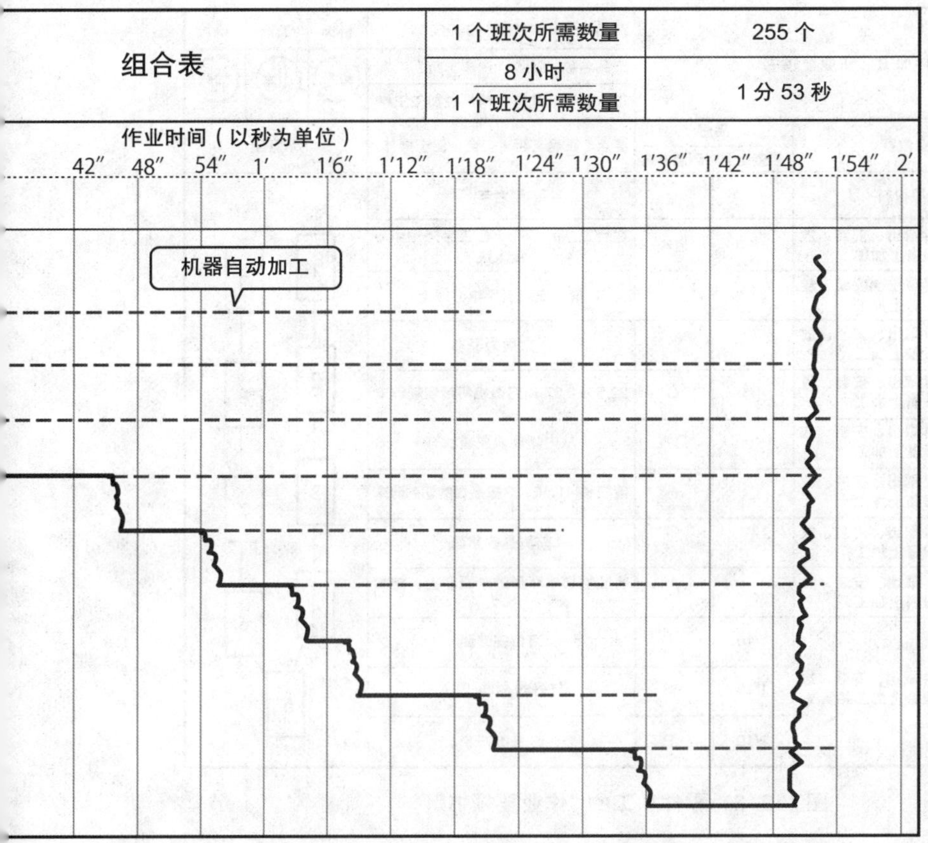

进行工作的。这样就能立刻着手改善。

通过标准作业表，将现状呈现在众人面前，这样一来可以从不同的视角提出改善意见。这才是改善的出发点。

▶ 两大必要基准

如果没有标准作业表会怎么样呢？不仅作业人员的操作因人而异，即便是同一个人，每次进行的操作也会出现不同。那么，这到底是作业人员开动脑筋工作的结果？还是只是惰性使然，工作偷懒？就连这点都无法判断。

零件加工　作业要领书	产品编号	67893-95211	科长	工长	组长
	产品名称	汽车羊角	青木	山本	加藤
	工序名称	汽车羊角机械加工工序			

No	作业内容	品质		要点（正确与否·安全·便于操作）	示意图
		检查比例	测量方式		
1	从托盘上取出原材料			用右手	
2	CE-239　工件取出、安装、放到设备上加工	1/50	目视	在后工序的 SP、KC 工序恐怕中心线太浅	1 9 2 8 3 7 4 6 5
3	LA-1306 工件取出、安装、放到设备上加工			精确安装到两中心线上	
4	LA-1307 工件取出、安装、放到设备上加工			以上面为基准	
5	LA-1101 工件取出、安装、放到设备上加工	1/1	C	22.5 ±0.37 用起重机吊起切削碎末	
6	DR-1544 工件取出、安装、放到设备上加工		目视	从内侧确认贯通状态	
7	SR-251　工件取出、安装、放到设备上加工			清扫 K-41、R-22 安装面的切削碎末	
8	KK-124　工件取出、安装、放到设备上加工			前面是安装面	
9	HP-657　工件取出、安装、放到设备上加工			将油槽切成环形的一面朝上，施加推力	
10	RP-451　工件取出、安装、放到设备上加工并清洗	1/10		清扫安装面	
		1/10	PS	红丹粉 80% 以上	
		1/10	LP	±0.95	

图7-2-3　零件加工的“作业要领书”

因此，无论在什么情况下进行改善，都必须要有“基准”。

在工厂，通过①标准作业表和②变动制造费用预算管理，将基准展示在现场。标准作业表不仅明确了作业人员的动作现状，还有之所以这么操作的根据，以此为基准。

变动制造费用预算管理是以管理项目上一期的平均基数为基准，基于这一基准，明确每月使用量的增减。

> ▶ **变动制造费用预算管理**　在生产量增加的情况下，用于生产的原材料和补助材料等的使用量会有所增加。反之，在生产量减少的情况下，这些材料的使用量也会随之减少。虽然这种成本变动的管理很难，但是在丰田所有的现场都在实施。

组装生产线上作业进度延迟的对策

——想出除了“信息指示灯”以外的能够传达注意信号的方法

▶ 制造1辆汽车花了20个小时……

组装生产线就好比是汽车工厂的“主干道”。走过那里，你可以看到“焊接、涂装工序”制作的车架、来自“树脂工序”的保险杠、流经“锻造、铸造工序”和“机械加工工序”过来的发动机和变速器(电动汽车的话是马达和蓄电池)，还有供应商运送过来的窗玻璃、轮胎、空调以及导航仪等等。也就是说汽车所需的所有(从大型到中小型)零部件都在那里进行组装。

但是，假设某种汽车在所有工序加工完成大约需要20个小时(焊接2小时、涂装11小时、组装及检查6.5小时)。然而作业没能按照计划那样顺利进行。一旦发生不良，就必须要果断地使作业工序停工。但是在发生不良、想要停工时，怎样通知人员呢?

目前普遍采用的是利用“信息指示灯”停止作业的方法。事实上在组装工序进行了各种各样的尝试，其实基本想法都是一样的，接下来就对此进行介绍。

▶ 组装生产线的人员配置和标准作业

首先，组装生产线上的作业人员的标准作业时间都是一样的。

如图7-3-1所示，在1工序、2工序、3工序，标准作业的时间都是1分钟，做完之后交接给下一名作业人员。

● 标准作业的具体内容

① 工序（小红）……按照A、B、C零件的顺序，用1分钟完成装配。

② 工序（小绿）……按照D、E、F零件的顺序，用1分钟完成装配。

> ▶ **发动机和变速器**　变速器是发动机上必不可少的零部件。发动机和变速器两种零部件分别在不同的车间制造，然后在组装车间被安装在一起。因此，在所有的汽车工厂，除了有主要生产线，还另外有组装发动机和变速器的辅助生产线。

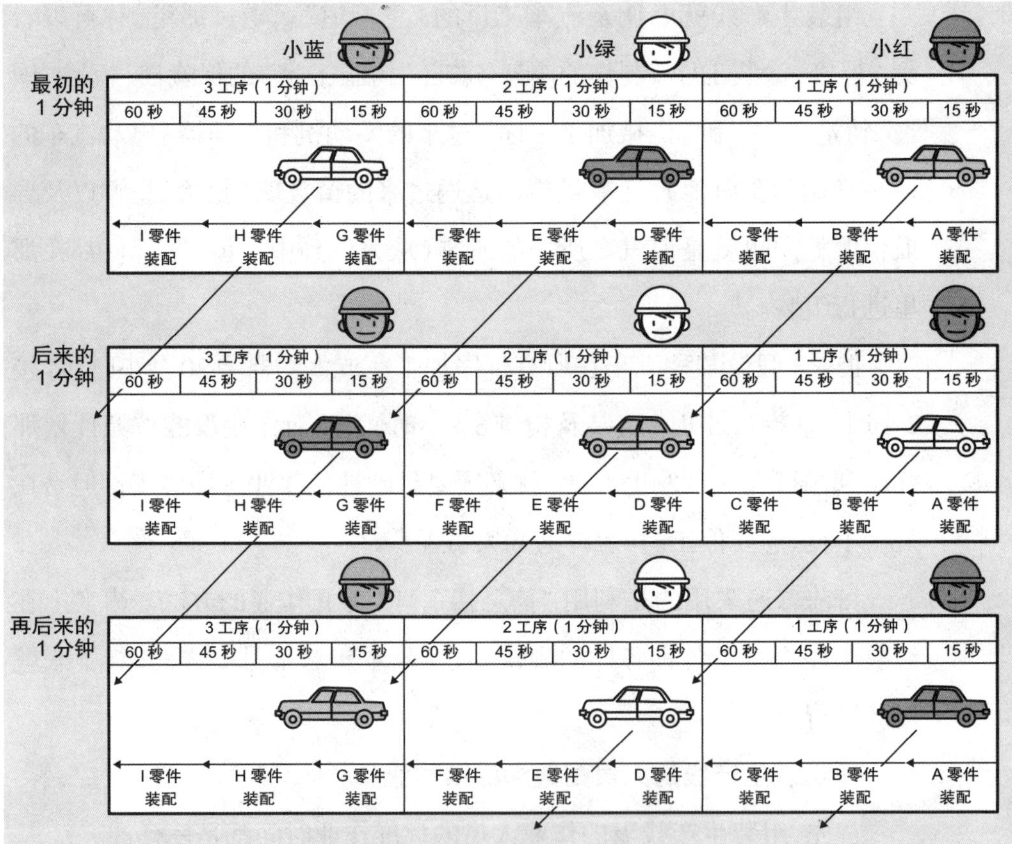

图7-3-1　通过实际的“标准作业”试着进行工作……

③ 工序(小蓝)……按照G、H、I零件的顺序,用1分钟完成装配。

这样一来,每分钟就有1辆汽车下线,完成生产。

在生产线正常运转的情况下,信息指示灯的生产线名称处会亮着绿灯。

▶ 在第2道工序出现作业进度延迟时

① 一旦小绿这名人员的作业进度出现延迟,就要毫不犹豫地按下定位停止按钮。

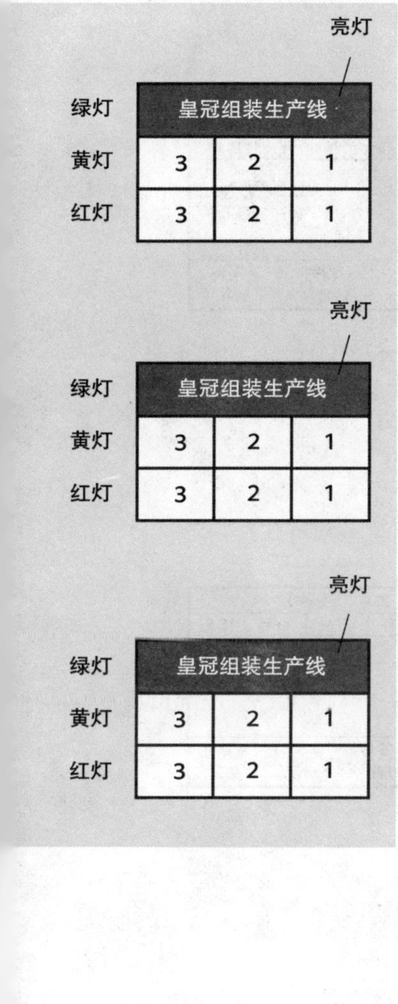

② 在信息指示灯上的2工序处,亮起黄灯(由于生产线没有停止,所以绿灯还是照样亮着。)

③ 监督人员前往小绿工作的地方,进行作业支援。

④ 在标准时间内(1分钟),如果小绿的作业进度延迟问题能够解决的话,解除定位停止按钮,监督人员离开。

亮灯

绿灯	皇冠组装生产线		
黄灯	3	2	1
红灯	3	2	1

亮灯

绿灯	皇冠组装生产线		
黄灯	3	2	1
红灯	3	2	1

亮灯

绿灯	皇冠组装生产线		
黄灯	3	2	1
红灯	3	2	1

- 没能在标准作业时间(1分钟)内,挽回小绿作业进度的延迟时

① 过了1分钟后,所有工序同时停线,信息指示灯上2工序处的黄灯消失,红灯亮起。(由于1工序的小红和3工序的小蓝这两名人员都完成了标准作业,所以在下一辆新的汽车到来之前,这两人都处于等待的状态)。

② 2工序的小绿和监督人员继续赶工挽回进度的延迟。结果在超出标准作业15秒的时候终于赶上(在这延迟的15秒时间里,汽车就一直停

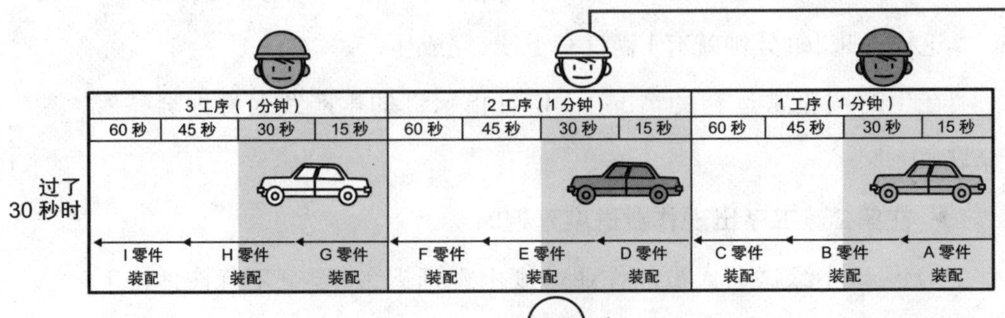

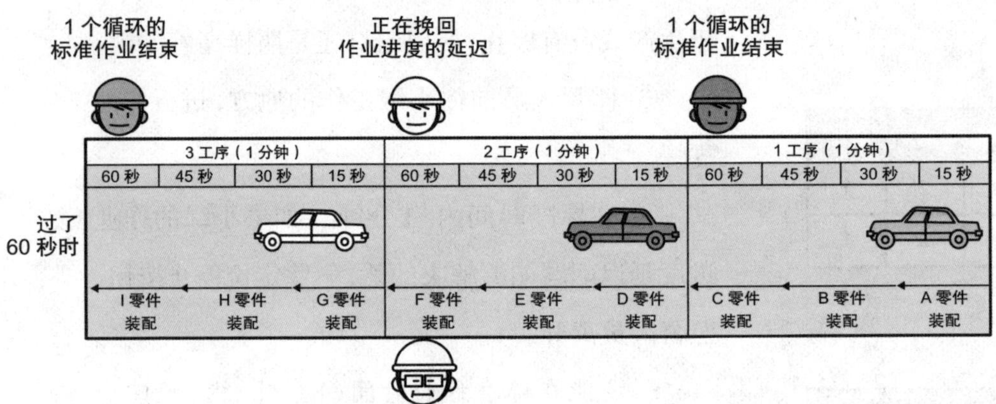

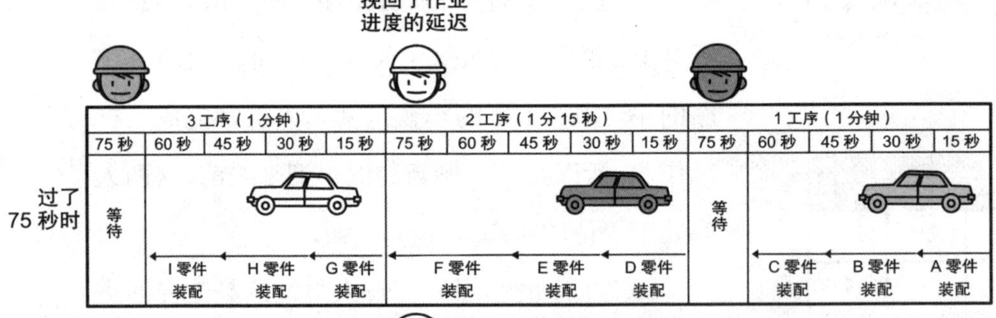

图7–3–2　出现作业进度的延迟……

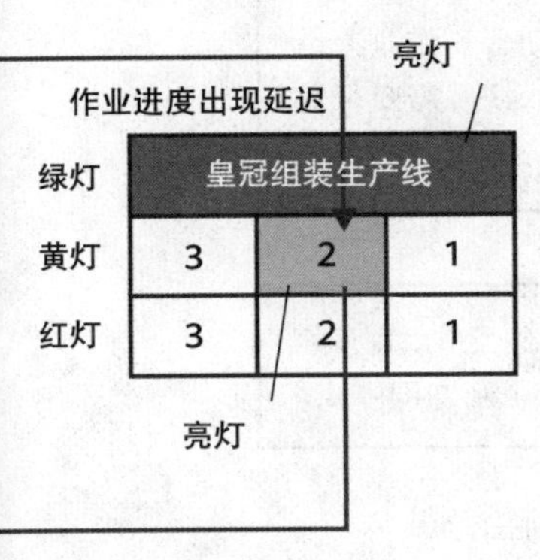

在2工序的作业结束位置，人员赶工挽回进度的延迟）。然后解除定位停止按钮。

③ 1工序、2工序、3工序同时开始新车的作业（2工序的红灯消失，显示正常运行的绿灯亮起）。

▶ 怎样知道作业进度出现了延迟

车体在组装生产线上以一定的速度流动。此外，按一定的间距在地面上划出定位停止线，作为作业人员的作业区域。

一旦车体的前端进入定位停止线，就开始进行作业。然后进行完所有标准作业后，车体的前端进入下一条定位停止线。

在指定位置停止

绿灯	皇冠组装生产线		
黄灯	3	2	1
红灯	3	2	1

亮灯

标准作业由各个要素作业构成。为了能够明白各个要素作业，在等间距的作业区域内，按各个要素作业划出定位线（作业的刻度线）。

这样作业人员就可以判断自己现在进行的是标准作业中的哪道作业，在第几号线完成作业的话就属于正常。一旦越过了定位线，就知道是作业进度出现了延迟，需要按下定位停止按钮。

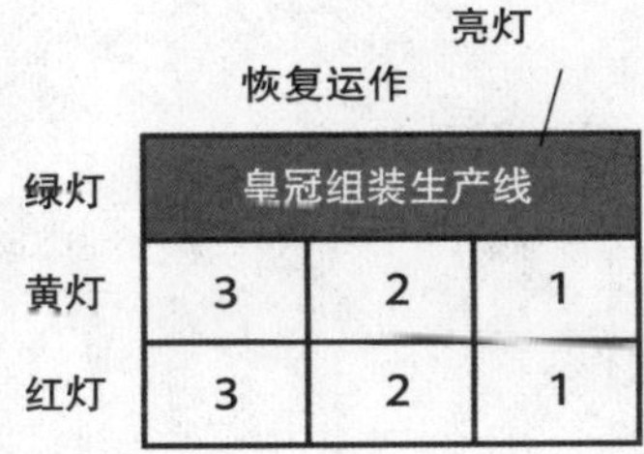

▶ 作业人员停止生产线的3种方式

当作业人员自己感觉到作业进度出现延迟，想要作出停止指示时，有以下几种方式。可以看作是停止按钮的进化版。

① 按钮开关方式（进化过程1）

将按钮悬挂在生产线一侧几个地方，这是最为流行

▶ **作业的刻度线** 在组装生产线上，汽车按照循环时间的快慢流动着。作业人员根据作业的刻度线，可以知道自己作业的进度。一旦感觉作业稍有延迟，需要帮助时，就会毫不犹豫地按下定位停止按钮。

▶ **紧急停止按钮** 在发生重大不良情况时，为了能够立即停止全部生产线，装有紧急停止按钮。一按那个按钮，即便是在作业进行途中，所有的生产线也会立刻停止。

的一种方式。但是缺点是在汽车内进行作业时，不能马上按下。

② 拉绳方式（进化过程2）

使用这种方式的话，从汽车内也能伸手够到。参观过丰田组装生产线的人对这种方式一定眼熟。可以看到绳子垂下，拉绳的样子。

③ 便携式开关方式（进化过程3）

即使在汽车内进行作业时也能马上发出停止信号。

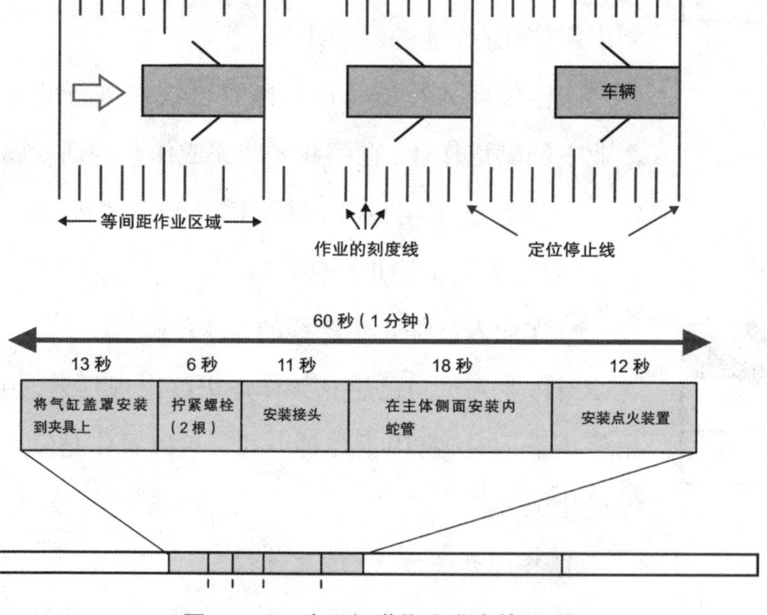

图7-3-3 为了知道作业进度的延迟

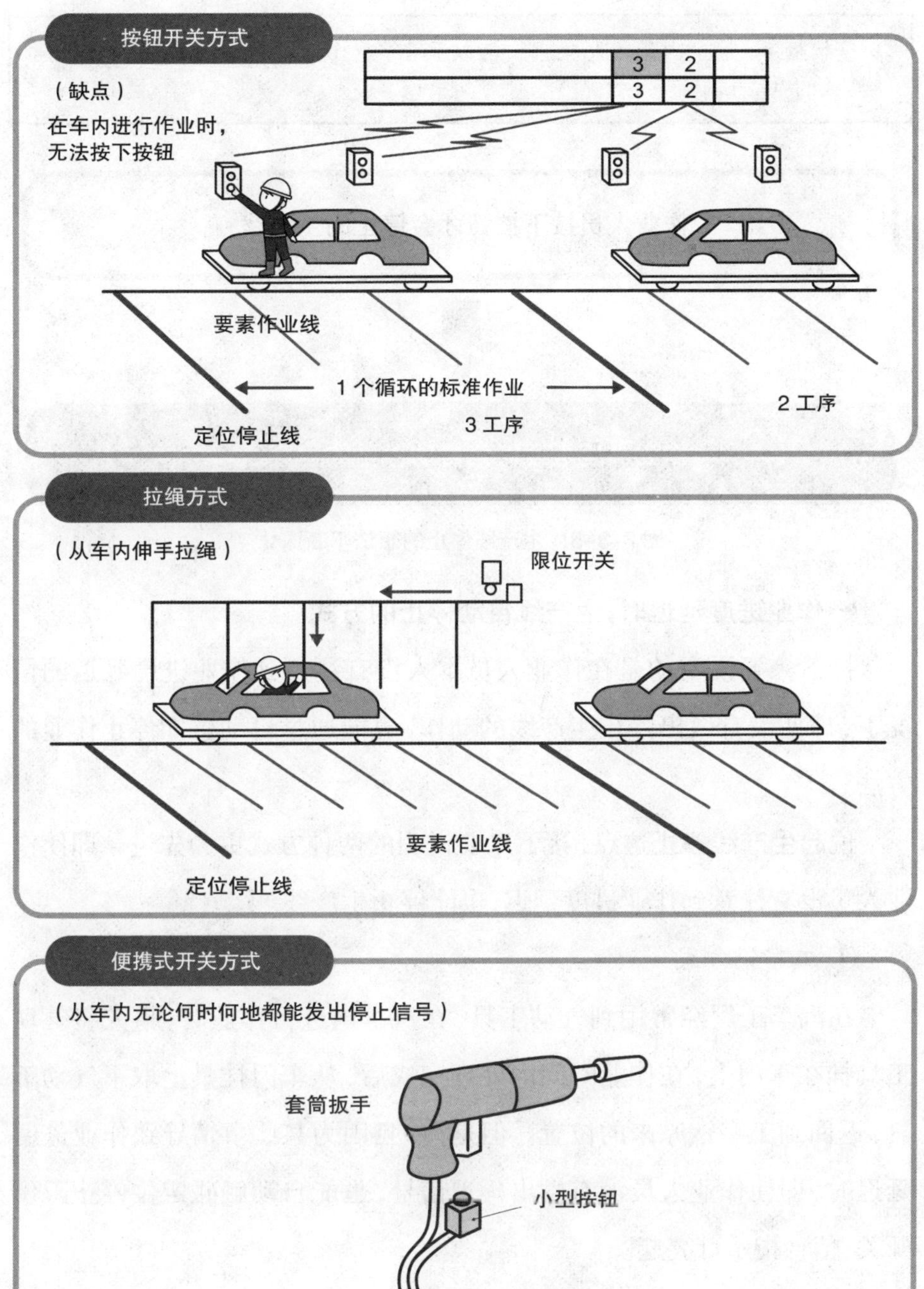

图 7-3-4　作业人员停止生产线

▶ 套筒扳手 通过内置马达的旋转，能以手工作业10倍以上的力拧紧螺母或者强力螺栓的电动工具。

作业人员按下按钮才会停止的生产线

作业进度延迟时会自动停止的生产线

图7-3-5 生产线停止的想法不断深化

▶ 作业进度延迟时，生产线自动停止的方式

接下来要说明的是在作业人员本人没有注意到作业进度延迟的情况下，即使没有做出停止生产线的动作，也能通过自动感知停止作业的方法。

说起**生产线停止**这点，接下来要说明的两种方式更为先进。即使作业人员没有注意到作业进度延迟，也能停止生产线。

① 工字钢方式

在汽车工厂经常用到气动工具，在汽车内进行作业时，事先将气动工具挂在车门上，在作业时间内处理完成后，从车门挂具上取下气动工具，返回到工字钢原来的位置。但是，一旦因为某些事情导致作业进度延迟时，即使作业人员没有发出延迟信号，也能自动触碰定位停止限位开关，信息指示灯亮起。

② 直接利用限位开关的方式

在组装工序的最后，在关闭车门的工序或者是合上发动机罩的工

工字钢方式

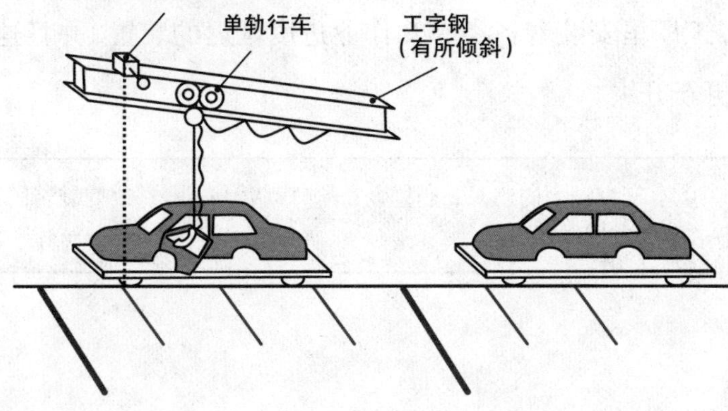

1. 在车内进行作业时，将气动工具挂在车门上。
2. 由于气动工具吊在活动于工字钢轨之间的单轨行车上，所以与车辆一同移动。
3. 如果作业照常进行，则将气动工具从车门挂具上取下，使工字钢倾斜回到原来的位置。
4. 作业进度延迟时，单轨行车触碰上定位停止限位开关，信息指示灯亮起，以此来通知作业进度延迟。

直接利用限位开关的方式

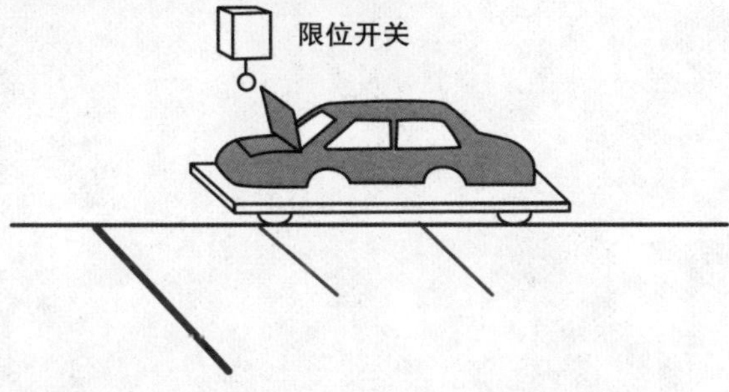

- 在作业的最后有关闭车门的工序、合上发动机罩的工序。
- 在这些工序，可以让车门、发动机罩直接触碰上限位开关，使车辆停在指定位置。

图 7–3–6　自动停止生产线的两种方法

序，人员若是没有注意到作业进度延迟时，车门等直接会触碰限位开关，使得信息指示灯亮起，同时在指定位置停止下来。

像这样，工厂里安装着各类感知作业进度延迟的装置，并且这些装置在不断地更新升级。

▶ **气动工具** 以空气为动力的工具，比电动工具动力更大。容易改变旋转的速度以及进行逆转。工厂常用气动工具。

专 栏

上海一家企业的现场作业人员强烈排斥丰田生产方式?!

我现在也在上海的一家日企进行现场改善指导。由于这家公司迄今为止都是采用批量生产的方式,所以当让他们转变成1个流的生产方式时,遭到他们强烈的反抗。

"一个人大量制造同样产品的话,速度绝对更快!"

"外购件因为要向外部订购,所以经常所有零件都要备全,但是内制件由于制造批量大,无法备全所有需要的零件。在这种时候,如果是批量生产的话,用备好的零件进行生产,就不会出现人员闲散的情况。"

针对以上这些言论,我做出如下反驳:

"作为制造业,'生产周期最短化'是谁都不会否定的真理。如果是批量生产的话,由于所有工序都会大量生产在制品,所以越是生产,生产周期就越长。要实现生产周期的最短化,那么所有工序都必须是制造完成1个后,立刻交给下一道工序,持续这样直到最后的工序。这样一来,所有工序中都不会有在制品,那么也就不需要堆放在制品的空间,还省下了管理在制品的工时。如果按照现在这种批量生产的方式,那么管理人员也不知道整批产品什么时候能够完成,去问现场人员的话,得到的只是'交货时间还很充裕'的答复。这样就无法制定正确的生产计划。"

“并且在全是在制品的批量生产状态下，一旦发生不良，就会混入良品中导致无法区分。最后，只能在最终工序处进行全数检查。但是如果是1个流的生产方式，那么后工序的人员能够立刻检查前工序人员的作业内容。如果发现不良，也能追究不良发生的原因，采取措施防止不良再次发生。这也只有在当场发现不良的情况下，才能这么做。”

改善并不是一件轻而易举的事。要善于倾听持反对意见的作业人员的心声，然后做出恰当的反驳，让对方认可接受之后一步步推进改善。改善也并不是一朝一夕就能完成的。即便如此，只要着手进行改善，一个改善必将带动另一个改善。

第 8 章

丰田方式
提升自我的工作方法

独特的丰田方式、问题解决手法

——从A3纸的使用方法到中坚员工的培训

有了“标准作业表”这样的基准，到底有多大的好处？关于这点已经在前一章节作了叙述。那么在没有基准的公司，是怎么做的呢？通常，这些公司在解决问题时，多数情况下都采用PDCA循环管理方法。

- Plan……计划（制定基准）
- Do……执行（制定基准）
- Check……检查
- Action……行动

但是，如果有了“标准作业表”这种明确的基准，就可以直接从Check（检查）入手。

- Check……检查
- Action……行动
- Plan……计划（下一步）
- Do……执行（下一步）

后者无疑能够更快解决问题。

▶ 丰田式的问题解决步骤

以图8-1-1为例，就如何发现问题，采取怎样的行动，进行进一步的说明。

【第1回的管理循环】

① 发现问题……找出基准与实际情况之间的差距。这种差距就是问题点。

② 设定目标……假设理想的状态,果断地确定必要的高远目标。先不考虑可行与否。

③ 分析原因……重复询问5次以上“为什么”。通过这个方法能够接近真因。

④ 实施对策……对认为是真因的事项,实施对策。

⑤ 确认效果……与基准进行比较,看实际情况有多大程度的提升。

【第2回的管理循环】

① 再发现问题……虽然基准和实际情况之间的差距缩小了,但仍有不一致的地方。这种不一致就是问题点。然后将问题点明确下来。

② 设定目标……设定与第1回的管理循环一样的目标

③ 分析原因

④ 实施对策

⑤ 确认效果

【第3回的管理循环】

① 再进一步发现问题……虽然基准和实际情况之间的差距缩小了,但仍有不一致的地方。这种不一致就是问题点(与上一次相比,问题的范围变窄)。

② 设定目标……设定与第1回的管理循环一样的目标

多次重复进行管理循环,不断积累改善后,目标与现状之间的差距会越来越小。要持续进行循环直至差距消失为止。

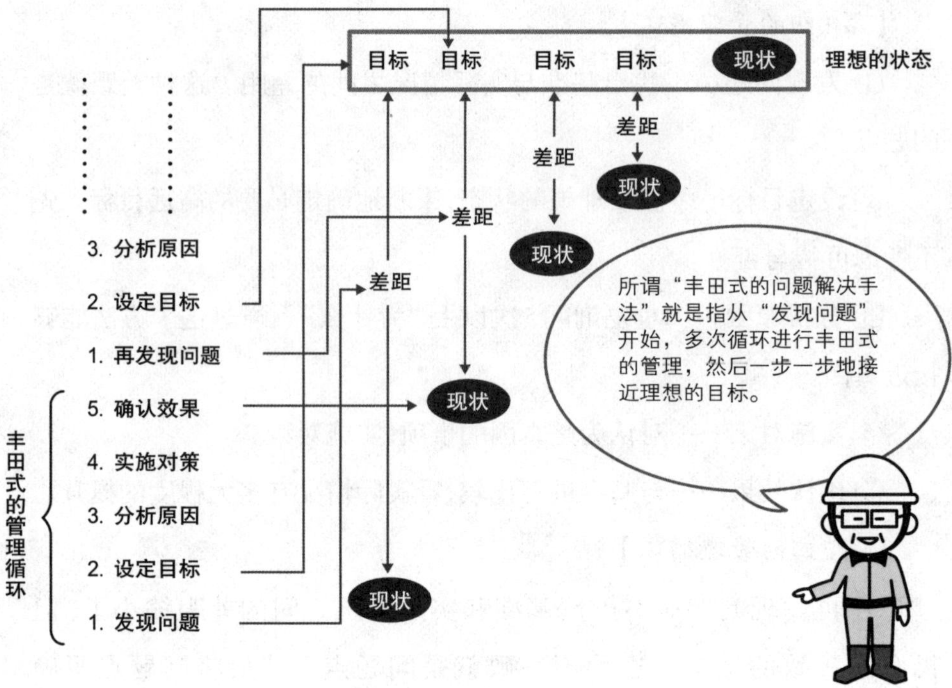

图8-1-1 从现状出发解决问题

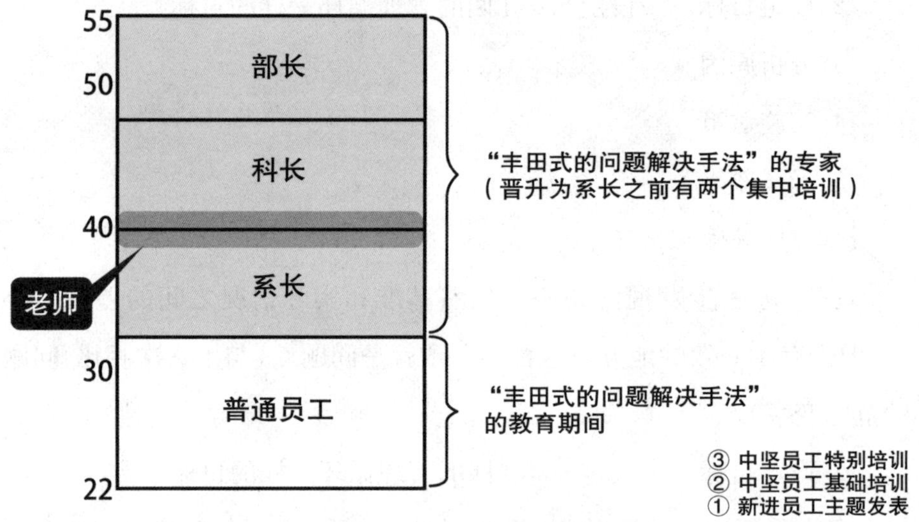

图8-1-2 丰田式的严格培训方式

▶**真因**　在观察某个问题时，会联想到各种各样的原因。然后通过多次询问“为什么？为什么？为什么？……”以此来彻底追究原因的话，能从多个原因中找出“真”正的原“因”（即真因）。针对真因，考虑对策。

以上对“**丰田式的问题解决手法**”进行了说明。在丰田，刚进公司起就会对此进行彻底的教育。

接下来，以大学毕业进入丰田的情况为例，对其教育体系进行说明。

▶ 新进员工的主题发表

新进员工在结束公司内部培训后，被分配到工作岗位上，然后从头开始掌握业务内容。并且对于被新分配到工作岗位的新员工，会立马给他们布置一个**改善主题**。

但是，这并不是说要让他们一个人去做，而是由其工作岗位上的前辈带领着进行一对一的指导。

实际情况是工作岗位上的前辈考虑改善主题的大致内容，然后在资料的收集以及分析方面，对新进员工进行必要的指导。对于前辈指导的内容，新进员工唯有挥洒汗水，拼命努力。

然后将近一年来辛苦努力的成果，在公司的董事面前通过发表的形式展现出来。在制作发表资料时，按照“丰田式的管理循环”的步骤顺序将内容写在A3纸上。

由于要向董事汇报这份发表资料，所以必须依次获得系长、科长、部长的审批。当然几乎没有一次性就能通过的。每次都被要求进行修改，而且往往还是大幅度的修改。

当我还是新进员工的时候，不要说电脑了，就连文字处理机都没有，所以只能全部手写。因此，一旦有大幅度的修改，如果能用橡皮擦去的话，多多少少还好一些，但其实几乎都要重写。

这么一来，很快就到了发表的前一天。我记得在发表的前一天只有几名新进员工在单位留到了深夜。

就像这样，在丰田采取极为严格的培训方式（图8-1-2），就问题解决手法进行教育。也正因为如此，新进员工在第二年开始就能够在工作中独当一面。他们的变化和成长着实令人吃惊。

▶ 中坚员工“基础培训”

新进员工在进行完主题发表之后，在业务方面通过OJT（On-the-Job-Training即“在职培训”），学习问题解决手法。

然后过了几年，由公司内各部门的人员组成小组，为中坚员工进行**基础培训**。

这项培训通过两晚的集训，在举办有关问题解决讲座的同时，人员还要各自解决问题，总结在A3纸上并进行发表。

> ▶ **A3纸** 也是为了培训怎样将内容“汇总在1张纸上”。做到图文并茂的同时，整理头绪，向他人传达自己的意见和想法。本书中的插图基本上也是汇总在1张纸上（不够的话，再另外加纸弄成1张大的纸）。

1个小组有10名人员，因而需要很多的老师。为此，老师的人选从丰田各部门中具有一定资格的系长或者是新任的科长一级的人员中选拔。由于是了解实际业务的干部直接进行指导教授，所以中坚员工在得到了锻炼，同时通过“指导教授”这一训练，干部们也得到了锻炼。这是一个教学相长的过程。

在丰田，实施公司内部教育的老师全都是丰田的人员。丰田的前辈培养了一批又一批的后辈。

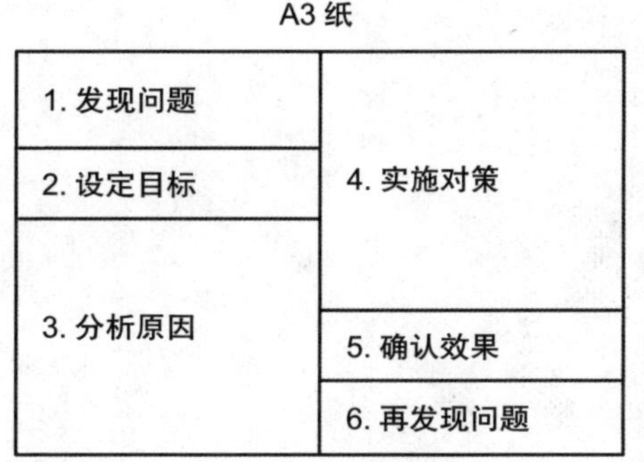

在丰田公司内

- 在向上司汇报关于问题解决的内容时，规定全部都要按照左图的格式写在 A3 纸上。
- 此外，可以说日常的业务几乎都是在“持续解决问题”，因此即使报告形式多种多样，但是想法和问题解决的管理循环是完全一样的。

图8-1-3 总结在1张A3纸上

▶ 中坚员工“特别培训”

在丰田，如果是大学毕业进入公司的话，晋升为系长大概需要10年。在晋升为系长前，需要接受面向中坚员工的**特别培训**。虽说是“培训”，也是为了检查是否已经掌握问题解决手法，足以晋升为系长。

这种培训非常严格，时间长达半年以上，共有4次的集训，并且需要提交4次报告。

丰田的人员在未晋升为系长之前，还是普通员工的时候，通过研修、在职培训等，必须彻底掌握问题解决手法。因此，系长以上职位的人员可以说是问题解决手法的“专家“了。

也就是说，由于在丰田所有人员的脑海里，都形成了“现场问题解决手法”的逻辑思维，因而日常的审批以及工作汇报都能非常顺利地展开。

此外，每年期初丰田的全体人员都会被分配一个“改善主题”。然后花1年的时间进行改善，在期末的时候将成果总结在A3纸上，通过发表向部长进行汇报。以这个成果来评价在此期间的努力程度，同时在奖金方面也会有所体现，因此不得不认真对待。

各种各样的自主研究会活动
——希望能够掌握本职工作以外的技能

无论是在办公室，还是在工厂，都会开展自主改善活动。改善主要分为三种。

- **小的改善**……全体人员的创意工夫提案活动（广范围的表面性的改善，但是合计起来的话，会产生巨大的效果）
- **中等的改善**……个人应付不了的案例作为QC（Quality Control）小组活动，以组为单位来展开行动。
- **大的改善**……选拔部长、科长作为改善成员，给他们资金（用于设备投资）和时间去开展“自主研究会活动”。

▶ 为期1年的自主研究会活动

这里，介绍一下各种各样的“**自主研究会活动**”。

在丰田，从现场制造部的部长、科长以及人事、总务、成本等管理部门的部长、科长中选拔成员开展自主研究会活动。由于是被选拔出来的，所以没有开展自主研究会活动的部长和科长也有很多。

但是，在丰田系的某家零件制造商处，从现场制造部的全体部长、科长以及管理部门的部长、科长，到普通的担当人员全体员工都要进行为期1年的自主研究会活动（为的是能够“青出于蓝而胜于蓝”），接下来对他们的活动进行简单介绍。

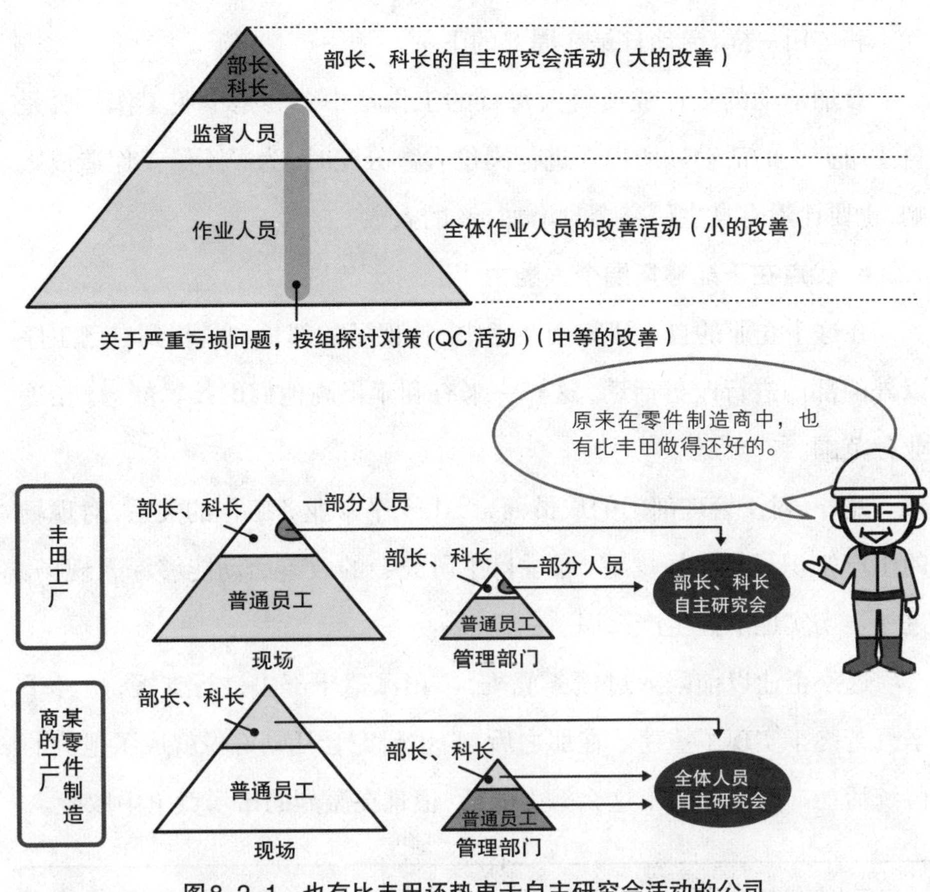

图 8-2-1　也有比丰田还热衷于自主研究会活动的公司

	周一	周二	周三	周四	周五
上午	本职工作	本职工作	本职工作	本职工作	本职工作
下午	本职工作	自主研究会	本职工作	本职工作	本职工作

自主研究会的活动定在周二下午进行，占全体工作的 1/10。为此，零件制造商要确保工作人员增加 1 成。

图 8-2-2　在自主研究会上可以学到现场的知识

和丰田一样，活动日是在周二的下午。

参加活动的全体成员每人每日的工作量中95%是本职工作，5%是自主研究会的活动。所以在进行岗位人数分配时，为了不给工作造成影响，也要比没有自主研究会时增加5%的人数。

▶ 优点在于能够拓展个人能力

在这个企业的自主研究会活动中，让现场的部长和科长到自己工序以外的部门进行改善活动，这样一来有利于提高他们的技术能力，拓展业务范围。

此外，对于管理部门的成员而言，由于平常业务工作的关系，对现场的生产知识只是略懂皮毛，通过自主研究会的改善活动能够深入现场，进一步切实地掌握生产知识。

这家企业以前陷入过债务危机，丰田派遣干部去进行支援，历经千辛万苦终于实现了重建。在那之后，自主研究会活动好像就成了他们的传统活动。确实如果不这么努力的话，很难在激烈的市场竞争中取胜。

▶ 每人每日的工作量 在日语中，用“1人工”一词表示每“人”每“日”的工作量。所以也有“人日”一词，意思是一样的。此外，还有“人月”“人时”这样的说法。

丰田警察、丰田消防?

——那些取缔超速行驶、进行新年消防演习的人员的真实身份

▶ 巡逻车会在工厂内来来回回巡逻?

田原工厂是丰田最大的工厂,由于占地面积极大,外面的供货卡车、厂内的零件搬运车、物流公司的运输用车、管理人员的私家车等等各种车辆要想在厂区内行驶,必须获得进门许可。

像这类汽车万一在厂区内发生事故,必定会对生产造成影响,因此交通违法行为查得很严。为此,在厂区内,有丰田自己的**巡逻车**来回行驶。车身颜色由黑白两种颜色构成,和真的巡逻车完全相同。由于这种巡逻车只限在厂区内行驶,因而这种设计是被允许的。巡逻车里坐着的是丰田总务部保安科的人员,他们充当着"警察"的角色。

实际上,在厂区内还会严禁超速行驶,和在一般公路上几乎无异。我在年轻的时候,在总公司的人事部工作过,有次乘坐公司的业务用车正要进入某个工厂时,被巡逻车拦了下来。原因是违反了临时停车规定。

总务部保安科直接将罚单送到了人事部长那里,于是我被严厉批评了一顿。总公司的总务部保安科在各个工厂都配有保安人员,执行警卫任务。

▶ 厂长也不能掉以轻心?

工厂的头儿就是厂长,但是保安人员不在其管辖之下。因此,厂长

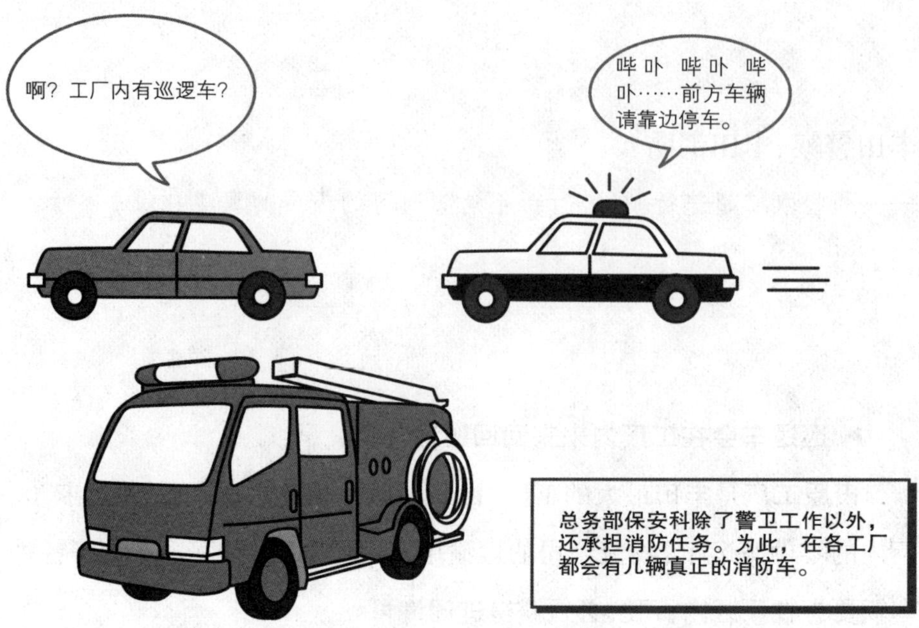

图8-3-1 巡逻车和消防车也会行驶在工厂内？

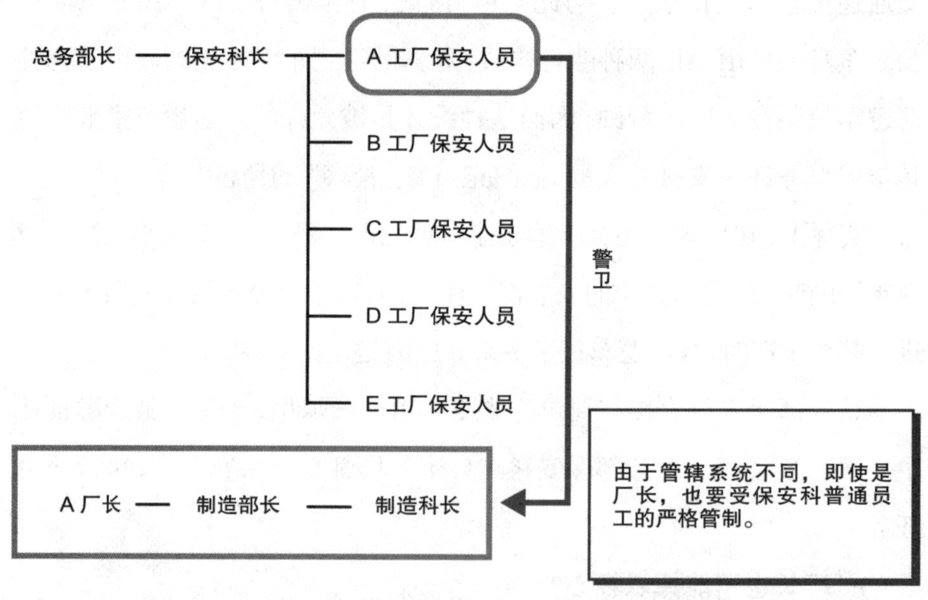

图8-3-2 “警察和消防人员”的真实身份是“工厂保安人员”

要是开着车在工厂内违反规定的话，作为“警官”的保安人员也会毫不留情地向厂长开出罚单。此外，也会对汽车内部进行突击检查，查看是否有将公司物品非法带出。这种情况下，会对所有的车进行检查，厂长和管理人员也毫无例外。我也曾在工厂担任管理一职，如果被保安人员抓住的话，从立场上来讲也会处于进退两难的境地。

此外，各工厂的保安人员不仅严查可疑人员和违规车辆，还要承担“消防”的工作。因此保安人员的值班室处，也会停着**消防车**。

在厂区内发生火灾时，如果等待真的消防车来救援的话，时间上会来不及。所以有必要用自己的消防车进行初步灭火。

新年过后，丰田的消防车都集中到总公司的操场，举行新年消防演习，届时会大规模地放水。丰田俨然就是一个迷你型国家。

▶ **丰田田原工厂**　占地面积370万平方米、建筑面积97万平方米，是丰田在日本国内规模最大的工厂。从业人数共计8 000人，年产量达到32万2 000辆。

▶ **火灾事故**　在我在职期间，没有经历过火灾事故，但是因为误报，消防车出动过几次。一旦出动就必定是在工厂内，所以每次都很紧张。

分散在工厂各处的办公室

——为了能够火速赶到目的地

工厂内的总务、生产管理、品质管理等的办公室在哪里呢？虽然在主楼、事务楼里也有办公室，但是在丰田工厂基本上将办公室分散设置在便于工作的地方。接下来，以生产管理为例进行介绍。

- 组装生产线的生产指示及运作……在三个组装车间正中间设置办公室
- 组装生产线的外购件采购……办公室设在主楼内（由于来客很多）
- 发动机组装生产线的生产指示、运作及外购件采购……办公室设在发动机车间内

▶ 发动机工厂的办公室

在这里以发动机车间的办公室为例，就其功能进行具体说明。

发动机是由发动机制造部生产的，因此发动机车间的办公室内不仅有发动机制造部的全体员工，生产管理部和品质管理部的相关人员也常驻那里。

发动机制造部的员工

- 发动机制造部长
- 发动机制造科长
- 发动机制造系长（在生产现场也有办公桌）

- 发动机制造技术员室室长
- 发动机制造技术员室成员

生产管理室的员工

- 发动机生产管理科长（但是作为上司的生产管理部部长在主楼里办公）
- 发动机生产管理科员

品质管理的员工

- 发动机品质管理科长（作为上司的品质管理部部长在主楼里办公）
- 发动机品质管理科员

以发动机制造部部长为首，制造、生产管理、品质管理的各名员工在其指挥下进行工作。但是**“生产管理部”“品质管理部”**的最终意见都由在主楼里办公的生产管理部部长和品质管理部部长定夺和审批。

例如，发生品质不良时，在发动机制造部部长的指示下，停止生产，调查不良发生的原因以及是否流出公司，采取各种对策。

但是最终宣布问题解决，允许恢复生产的是品质管理部部长。发动机制造部部长在没有获得允许的情况下，不能恢复生产。

▶ 观察办公室内

那么，来看一下发动机车间的办公室内吧。

> **▶厂长**　从公司整体来看，很多情况下相当于“部长”一级。在丰田的田原工厂，厂长是公司的董事，权限很大。但即便是厂长，也不能对工厂内的巡逻车颐指气使。

发动机生产管理科内有能够了解所有现场运作情况的**控制显示板**。在那上面有组装生产线、机械加工生产线的总图。在发生缺货、设备故障等问题时，相应工序处的灯会亮起。

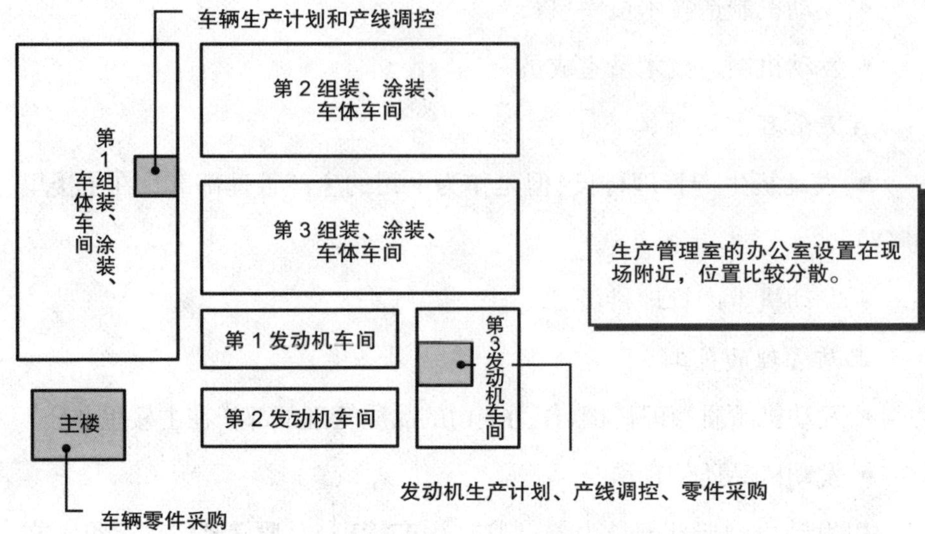

图8-4-1 生产管理室的办公室在现场附近

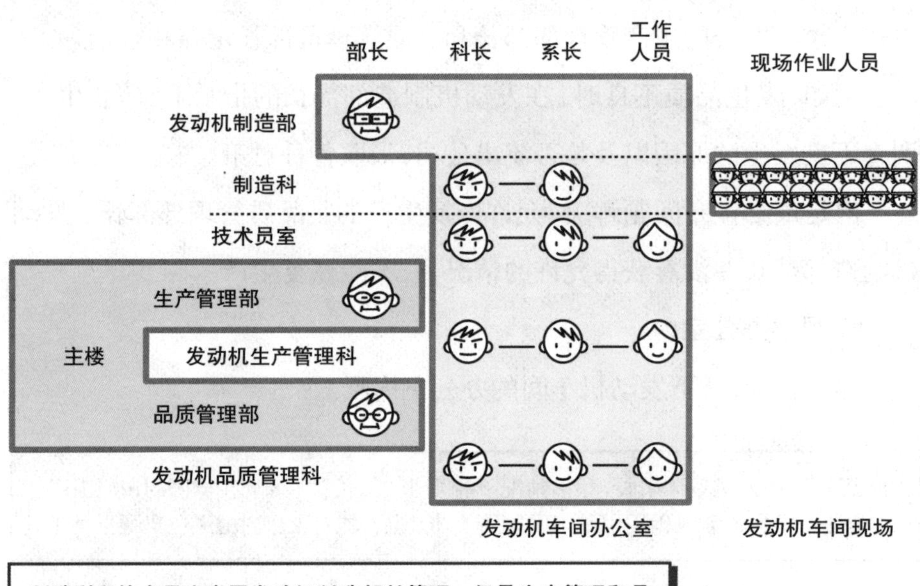

图8-4-2 管理人员在主楼办公，实际工作人员在现场工作……

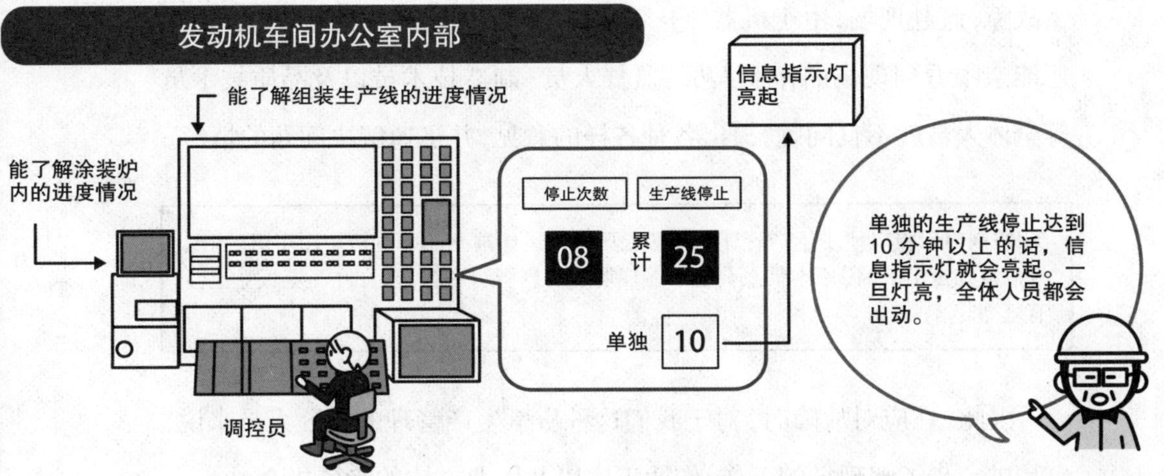

图8-4-3　发生紧急事态！全员出动！

此外，组装生产线停线10分钟以上的话，信息指示灯就会亮起，警报声响起。

从办公室内所有人员的座位上都可以看到这块控制显示板，当发生异常时，办公室内的全体人员都可以察觉到，并马上出动赶赴现场。

当然现场发生的故障由现场的作业人员和监督人员来应对，但是制造、生产管理、品质管理部门的办公人员也会赶赴现场，这样一来不仅有利于共同了解实际情况，还能够更快地作出处理。

在发生故障时，生产管理人员根据停线时间的长短，分析这会给前工序原料、零件的接收以及后工序的发货带来怎样的影响，然后联络总公司，因此必须始终守在现场。

工厂的现场俨然就是一所“活生生的学校”。

▶ 机器停止时正是学习的最佳时机

机器平时在运作时，像我们这种只懂生产管理技术方面专业知识的人员即使去现场进行观察，也只知道机器在正常切削运作。但是一旦发生故障，赶赴现场，由于机器停止了运作，就可以看到内部的结构。而且还能亲眼看到现场的作业人员、监督人员、制造技术员以及品质技术员等全体人员就不良问题，提出各种各样的意见，并迅速解决问题的情形。

▶ **控制显示板** 便于生产管理部了解工厂整体运作情况的一览板。在丰田，当现场出现物流不良时，原本信息会显示在现场的信息指示灯上，现在在一览板上也会有灯亮起。

因此，在应对故障时，对于我们这种从事生产管理的办公人员来说，也是进一步了解现场的工作、作业工序以及作业方法的绝佳机会。

生产现场仅凭技术人员的力量是不行的，还要有从事生产管理的办公人员，需要借助“文理”双方面的智慧和力量。要不分文理，为了实现高效创造优良品质这一共同目标而团结起来。

▶ 不停地询问不懂之处

说起像汽车公司这种制造业的事务部门，有会计部、物流部、采购部、总务部等等，这些部门的工作目的就是为了使生产现场能够顺利开展工作。

再者，制造业事务部门打交道的对象一般有银行、保险公司以及运输公司等等，这些公司专门从事与“资金”“保险”“物流”相关的业务，而且在全球范围内大规模地从事经营活动。

但是，即便在这类专业的公司，归根结底他们的工作也离不开制造商的生产现场。

这是因为在生产制造过程中，从物品流转开始就涉及物流，然后因为担心产品途中受损而上保险，最后结清货款。

可是，如果进了银行、保险、物流这样专业的公司，那就必须在几乎没有机会接触生产现场的情况下,处理日常业务。

然而,在制造业的现场却可以和各种各样的人打交道,还可以掌握生产制造的本领,那是所有工作的根本所在。

另外在序言中也提到,在生产现场,办公人员如有疑问,无论对方是谁都要不停地询问自己不懂的地方。因为现场的人员都很忙,所以如果自己不去问的话,别人是绝对不会告诉你的。反之,如果自己积极主动地去问,那么别人也会耐心地告诉你所有的事情。

专 栏

丰田生产方式也适用于IT企业!

我公司的主页是委托一家IT公司制作的。在制作主页时,为了能够更加具体地体现丰田生产方式(TPS),我想让主页制作的负责人在理解TPS真髓的基础上,再进行制作。于是,我向负责人彻底地介绍了一下什么是TPS。

在这家公司有一项"制作使用说明书"的工作,必须要将同样内容的东西制作成多个语言版本。众所周知,在日语、英语、意大利语中,即使意思相同,各语言的字数也不尽相同,因此不得不进行个别应对。而这将十分费事。

后来据说负责人心头涌现了一个想法:丰田生产方式不是要求所有都要进行标准化的嘛!那各国语言版的使用说明书能否进行标准化呢?

首先,制作日文版的使用说明书,把日文版的所有排版当做模板,然后考虑往模板内添加其他的语言。以往要制作所有语言的模板,现在只要有1个模板就可以极大地降低工时。结果经过几年的努力,成功实现商品化。

从这个例子也可以看出,TPS不仅适用于生产制造型企业,也适用于IT企业这类的软件企业。

在这个世界上,有了"产品"之后才开始了诸多的活动。诸如:买材料，支付货款（金融业）；将材料运至工厂（运输业）；补偿运输过程中意外事故造成的损失（保险业）；让更多的人知道产品的优点并且购买（广告业）；用电脑进行事务处理（IT 业）。

TPS 作为生产的终极手法，所有产业的人员都有必要学习一下。就是在典当业，也是以“产品”为担保的。

今后，我也想拓展一些生产制造型企业以外的客户。

结　尾

韩国、中国企业发生了怎样的变化?

改善欲望强烈的韩国、中国企业

▶ 在吸收丰田生产方式方面受到“自尊心”影响的日本企业

在面向企业导入TPS(Toyota Production System: **丰田生产方式**)的咨询活动中,我的客户不仅有日本国内的,也有韩国、中国的。最近,也在东欧的国家从事咨询活动。在实施咨询的企业数量方面,比起日本,韩国和中国的企业要更多。而实施后的改善效果方面,韩国和中国也处于绝对的优势。

这是因为在日本,各家企业自尊心太强,在导入丰田生产方式方面缺乏应有的积极性。这种心态就好比在棒球方面讨厌实力很强的巨人棒球队一样。

在我所从事的咨询活动中,迄今为止效果最为明显的是韩国的一家大型轮胎制造商。这家轮胎制造商在**大田**和**锦山**各有一个工厂,从首尔出发乘坐韩国的新干线往南行驶1个小时左右即可达到。

大田工厂位于远离城市的工业地带,锦山工厂则处于郊外的山里。锦山是韩国最大的高丽参产地,附近有很多种植高丽参的田地。

在朝鲜半岛上,感觉没有特别高的山,到处都是一座座连绵不绝的小山丘。

因此,如果像锦山工厂这样将山凿开的话,那得有多少的工业工地啊? 国土能够被很好地利用起来。

但是，在日本由于山岭陡峭，人们都挤在狭窄的平原地带生活，所以几乎没有多余的工业地带。

▶ 从地势上“与爱知县相似的韩国”“与美国相似的中国”

韩国的国土狭窄。通常这应该是劣势，但是在韩国反而优势更大。因为零件的输送距离就能变得很短。

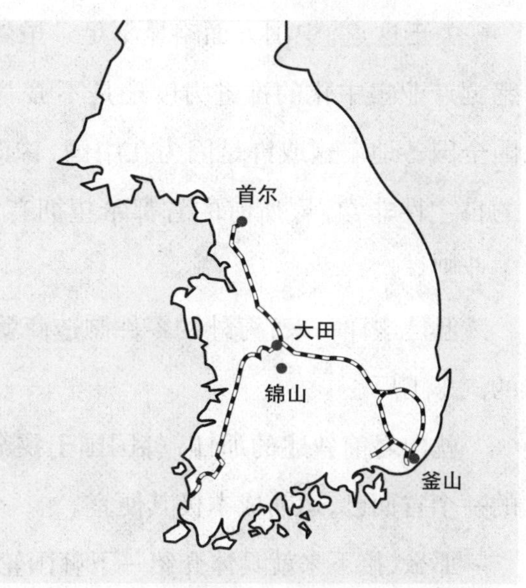

图1　韩国的大田、锦山

丰田当时在爱知县也集中了很多的相关企业来生产汽车，那时候的运输成本很低。但是，后来不得不在九州、东北以及北海道等地区扩展生产范围，所以造成了运输成本的增加。再后来在海外进行生产，就必须要跨海运送零部件。这样一来，成本构成中，运输费就占了相当大的比例。

> **▶ 大田、锦山**　大田是韩国第五大城市。西面耸立着素有“名山、圣山”之称的鸡龙山。古往今来因儒城温泉而扬名在外。锦山昼夜温差大，1 500年前因种植高丽参，作为“高丽参的故乡”而为人所熟知。

美国有着广阔的国土，所以通常会耗费庞大的物流运输成本。后来通过推进产业的集中化来应对这一问题。例如，将汽车产业集中在底特律、IT产业集中在硅谷、娱乐相关产业集中在好莱坞等等。

关于这点，中国方面略显不足。虽然中国也有着广阔的国土，但是感觉产业集中化的推进力度还是不够。例如，汽车产业也是分散在中国全国各地。这或许是因为在中国，像湖南省、四川省、河北省等“省”的自主性非常强，所有的省都希望拥有像汽车产业这种有发展前景的工业吧。

但是这样一来，海外的零件制造商就必须得将零件供应到中国全国的汽车工厂。

就像之前叙述的那样，韩国国土狭窄，放在中国只不过相当于中国的一个省而已，运输成本极其便宜。

那么，接下来就具体介绍一下韩国轮胎制造商的成功事例。

韩国轮胎制造商的改变

▶ 一切都是“竞争原理”在起作用

首先想要介绍的是韩国的一家大型轮胎制造商。几年前，这家韩国企业的高层领导（家族企业）去日本视察旅行时，参观了丰田的工厂，他被丰田工厂的先进化程度深深震惊了。于是他下定决心要导入丰田生产方式，回到韩国后，下达命令要求进行工厂改善。而从丰田退休的我作为指导人员，被召唤过去进行改善指导，直至现在。

关于改善的方法，根据那家公司的提议，采取竞争的方式。让各制造科进行丰田生产方式的改善，针对所有的改善的项目，分为以下五个等级进行评价，展开竞争。这种想法非常符合社会竞争激烈的韩国。

*信息指示灯

1分：没有信息指示灯

2分：作业人员使用信息指示灯

3分：作业人员使用信息指示灯，而且监督人员也会进行确认

4分：将信息指示灯设置在不仅是监督人员，连第三方人员也能明白的位置

> ▶ **家族企业**　迄今为止帮助诸多的客户进行了改善，总体来讲家族企业的改善进度好像更快。这或许是因为企业的经营者一旦决定要进行改善的话，员工也比较容易团结一致。

5分：作业人员、监督人员以及第三方人员都能充分活用信息指示灯。

*标准作业表

1分：没有制作标准作业表

2分：虽然制作了，但是难以理解

3分：虽然制作了并且容易理解，但是标示的位置不好

4分：制作、标示得简明易懂，但是有要修改的部分

5分：制作、标示得简明易懂，而且也进行修改

然后，每半年举办一次竞赛进行排名，对名次靠前的制造科进行表彰。这样一来，每当我去韩国进行每月一次的改善指导时，都能明显感觉到有所进步。从中也可以看出所有制造科的人员真的都在鼓足了干劲推进改善。

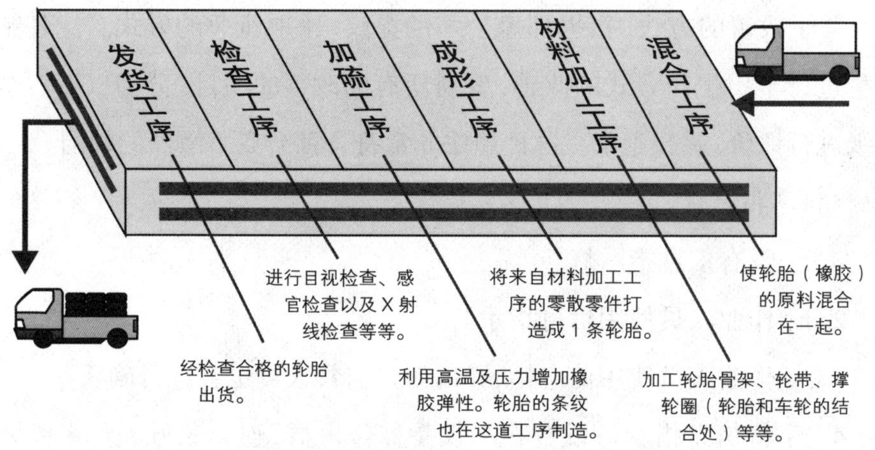

图2 生产轮胎的6道工序

▶**轮胎的生产** 轮胎内有各种各样的零件，因而构造十分复杂，并且在上面要包裹橡胶。如果在包裹完橡胶之后，经过检查发现次品，那么只能报废。因此，关键是通过各工序的检查来发现次品。

为了竞赛评分,前往各制造科进行检查时,他们会拿出很多果汁和点心。可以说这是一种“贿赂”。为了达到目的,坦然地做这样的事情,这也是韩国的厉害之处。在日本企业,这是绝对是不能想象的。当然也没有因为果汁之类的贿赂就造成评分不公平,还是深深感受到了这个国家的国民性。

大家在相互竞争的同时,某种程度上可以说是在享受的同时,推进改善活动后,成功取得了在日本的客户中未曾体验过的巨大成效。

接下来具体介绍几个改善事例。

▶ 韩国的7个改善事例

① 通过制作缩小版模型来展示改善的内容

通过制作缩小版的模型展示改善的示范案例,使得所有人都能轻松了解改善的内容。虽然制作缩小版的模型很费功夫,但是为了向全体人员传播改善的热情,这是一项有效之举。在日本,至今还没有看到过这么认真进行改善的公司。

虽然制作缩小版的模型花费工夫,但是有利于共享改善信息

照片1 通过缩小版模型可以实现改善信息的共享

② 移动式的检查台

（改善前）

没有进行检查的合适场所，都是拿到很远的地方进行检查。

（改善后）

对车辆进行改造，制作成检查台。（参考下页照片2）驾驶车辆的这名作业人员也兼做检查以外的工作。

在车辆移动时，照明灯会有掉落的危险，所以将磁铁吸附式照明灯摘下，收纳在座位背后的袋子中之后再出发。这种想法非常独特，对于他们制作检查车辆的做法也深表佩服。

③ 按步推进信息指示灯的使用

在刚开始导入时，即使信息指示灯亮了，在这个工厂里也没有人会去看，对灯的颜色区别完全不关心。于是标示了信息指示灯的含义（参考照片3）。改善以前作业人员完全不看信息指示灯，通过改善之后才开始注意到灯上包含了很多对作业有效的信息。

> ► **缩小版模型的效果**　在看到缩小版的模型时，我不禁感慨："这个太厉害了！"虽然会耗费工时和资金，但是能向全体工作人员传播改善的热情。这家公司有自信成为"韩国改善活动做得最好的公司"，我也如此认为。

一旦注意到之后，各种改善顺利展开。比如，根据作业人员的希望，改变信息指示灯的位置。这样一来，能够更加有效地活用于作业中。

以前在线信息只能在终端界面上才能看到（那时觉得已经足够了），后来利用和信息指示灯同样的方法，将信息显示在大的画面上。这样更多的相关人员都能经常看到。

此外，不轻易进行设备投资。在设备投资之前，必定是改善、改善、

这是韩国轮胎的作业人员想出来的“移动式检查台”。

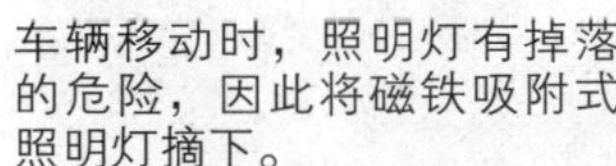

车辆移动时，照明灯有掉落的危险，因此将磁铁吸附式照明灯摘下。

收纳在座位背后的袋子中后，开始出发！

照片2　移动式的检查台

① 标示指示灯的含义

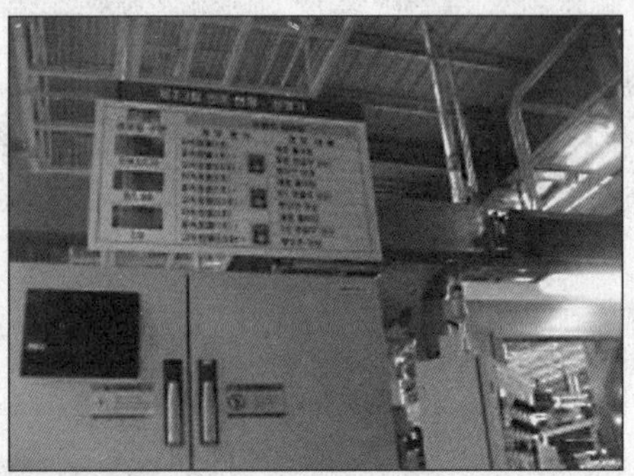

② 根据作业人员的要求，改变指示灯的位置

③ 以前只能在终端界面上才能看到信息，后来利用和信息指示灯同样的方法，将信息显示在大的画面上

④ 和丰田工厂一样的信息指示灯

照片3　韩国企业设置的信息指示灯

再改善,竭尽全力进行一切改善。在留有改善余地的情况下直接进行设备投资的话,剩下的改善余地就会被永久埋没。

在我向他们详细说明这些事情后,让他们开始着手进行信息指示灯的改善。他们切实遵从教诲,从利用现有的东西(信息、工具)开始进行改善,然后一步一步不断发展,最后进行设备投资(没有花费很多的费用),成功设置了和丰田一样的信息指示灯。

再者,就像之前叙述的那样,分为1 ~ 5分对这些改善活动进行评价,分别用具体的语句描述所达到的程度,以此为基础进行改善活动。

④ 开发能够安全降下布匹的装置

(改善前)

在这个韩国轮胎工厂,竟然将布匹从二楼中间(照片4的位置)扔到地面。这种行为在日本简直无法想象,而且布团也会妨碍牵引车前进。当然安全方面也是个大问题。

> ▶ **韩国的信息指示灯和日本的信息指示灯的区别**　在发出预报信息时,日本的信息指示灯上会有黄灯亮起,但是韩国的信息指示灯上还没有这种预报的功能。不过在利用信息指示灯显示现场的诸多信息这点上做得很好,因此赶上日本只是时间的问题。

(改善后)

将布匹放在这个装置(参考照片4)中,靠重力缓慢降下,一旦到达地面,门会自动打开,布匹从装置中出来。

这个改善是照片中的作业人员自己想出来的,装

照片4　制作自动升降机

置也是他自己做的。丰田生产方式中强调自己制作(内部制作)的重要性。即使发生不良和故障,自己做的话自己能修。

⑤ 腰痛的应对措施

(改善前)

所有的布匹都要自己动手搬,所以有作业人员出现腰痛。

(改善后)

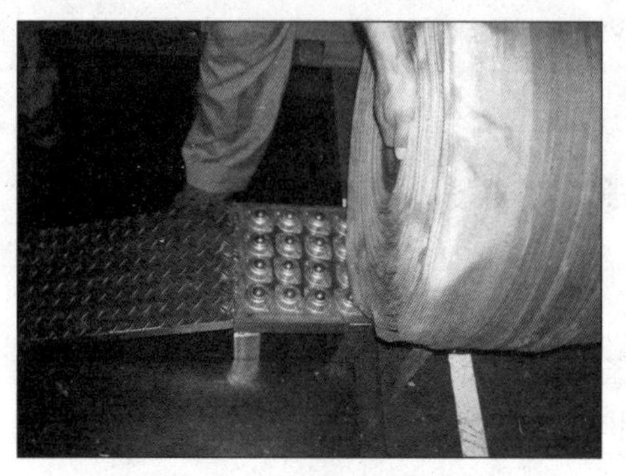

照片5 针对腰痛的改善

将布匹放在斜坡上滚动(参考照片5),在滚动的过程中变换方向,这样可以减轻腰部的负荷。

这个改善同样也是作业人员自己想出来并自己做的。对于作业人员这种自觉进行改善的积极性,我深感佩服。

▶**自动升降机** 该名作业人员从市面上销售的机器中,找到了这个自动升降机,然后自己安装的。据说他手底下还有几名改善能手,他们自愿申请周末上班进行改善活动。

照片6 制作过滤器

⑥ 独立制作过滤器

作业人员在附近的超市买来备品,自己制作了过滤器。并且自豪以很低的价钱就完成了。像这种“不花钱的改善”思想早已深入人心。这才是改善的根本。

⑦ 缩短换模时间的改善

（改善前）

用螺栓进行装卸。

（改善后）

变为滑块式的装卸。

这种改善已经在日本实施，而且现在也在**横向展开**（仿效学习）。事实上丰田实践过的一些改善由于有些复杂并且难以理解，所以很多情况下，很难推进导入到其他公司（据说同样丰田系的企业也是如此）。

但是如照片7所示，只要一步一步慢慢积累就一定能切实地做好。关键是要坚信丰田生产方式的有用性，在导入时有坚定不移的决心。

用螺栓进行装卸

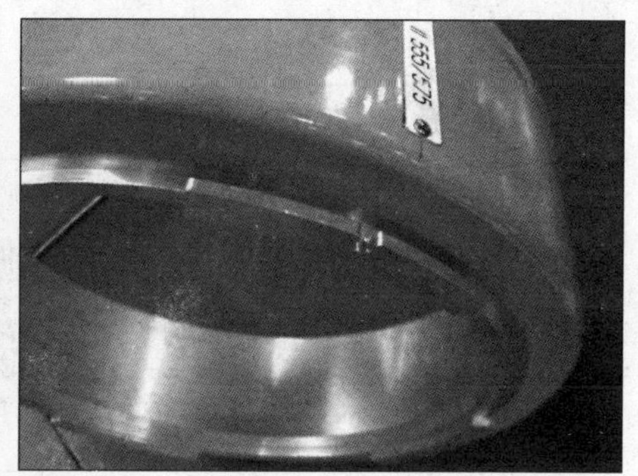

变为滑块式的装卸

照片7　从螺栓变为滑块

▶ 日本企业是世界上最落伍的？

丰田生产方式本身是生产制造的手法，一旦只要理解了，就不会太难。这家韩国的企业没过多久就掌握并实践了TPS（丰田生产方式）的全部内容。

但是在日本的一些大企业中，我感觉他们仍然在排斥丰田，无视甚至敌视丰田生产方式。比如，东京的企业好像会觉得“爱知县那个乡下企业在说什么大话呢！”关西的企业会则认为“要是东京的企业这么说

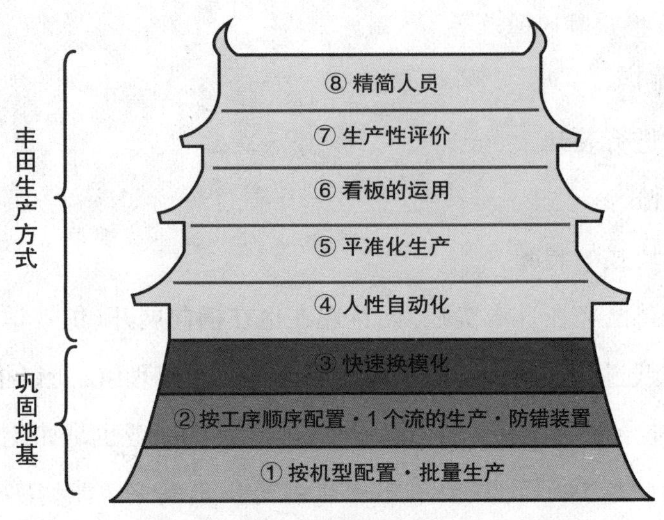

图3 可以将改善形象地看作是一座城堡

还好，爱知县的话……”如果是公司的高层这么说，我也无能为力，但是心中会觉得这种想法太过狭隘。

日本的企业自尊心过于要强，不下工夫又没有任何的技术。一旦和韩国企业竞争就会处于劣势。我真想对他们说：“如果心有不甘，那就赢给他们看啊！获胜的武器就是丰田生产方式，好好练就本领，战胜之后再笑吧！”

我曾参观过这些日本企业的工厂，从我的角度来看，问题果然还是不少。在那种状态下的话，我所指导的韩国企业还是能遥遥领先的。

我今后预计也会在法国、俄罗斯、波兰等国家开展改善活动。因为大家都想学习丰田生产方式。在导入丰田生产方式方面，本地的日本企业表现得最为消极，这点让我感到无比寒心。即使韩国和中国有反日情绪，但是他们的态度是：好就是好，只要是值得学习的哪怕是从敌人处也要学来。因此，日本企业要想战胜这些改善欲望强烈的海外企业，就必须要丢掉不必要的自尊心，彻底学习并吸收丰田生产方式。如果不这么做，在未来的世界竞争中必将被淘汰。

> ▶ **丰田生产方式（TPS）**　即使在日本的大型企业中，也有很多企业没有导入丰田生产方式。而中小企业的话，更是有很多都觉得批量生产才是理所当然。其实日本企业才应该拼命投入到TPS的导入中。

▶ 拧干的毛巾

30年前我进入丰田，当时社会上就评价说丰田“仍在拧干的毛巾”。这句话是半开玩笑半惊讶地指出“丰田竭尽全力进行改善。进行到再也无法进行为止。到底要做到怎样为止呢？”

照片8　题为“拧干的毛巾”的韩国海报

但是，令人惊讶的是，我在丰田工作的30年间，“毛巾上一直有水流下”。人员和库存也极少。看板也是人员放入塑封袋里手工制作的，然后变成电子看板。相信“毛巾上一定有水”，一直坚持拧的话，必定会有水出来。但是只要觉得“毛巾已经干了”的话，改善就会止步不前。

在韩国的这家企业，以“拧干的毛巾”为题张贴海报，呼吁员工进一步进行改善。难道日本的企业真的就不用再进行改善了吗？

> ▶ **“干的毛巾”出自谁人之口**　丰田英二曾说过：“即便是干的毛巾，只要发挥智慧也能拧出水来。”这句话有时被引用来指“欺负丰田的承包商”。我觉得丰田英二是推崇创造性的思维。

中国焊接机制造商的改善情况

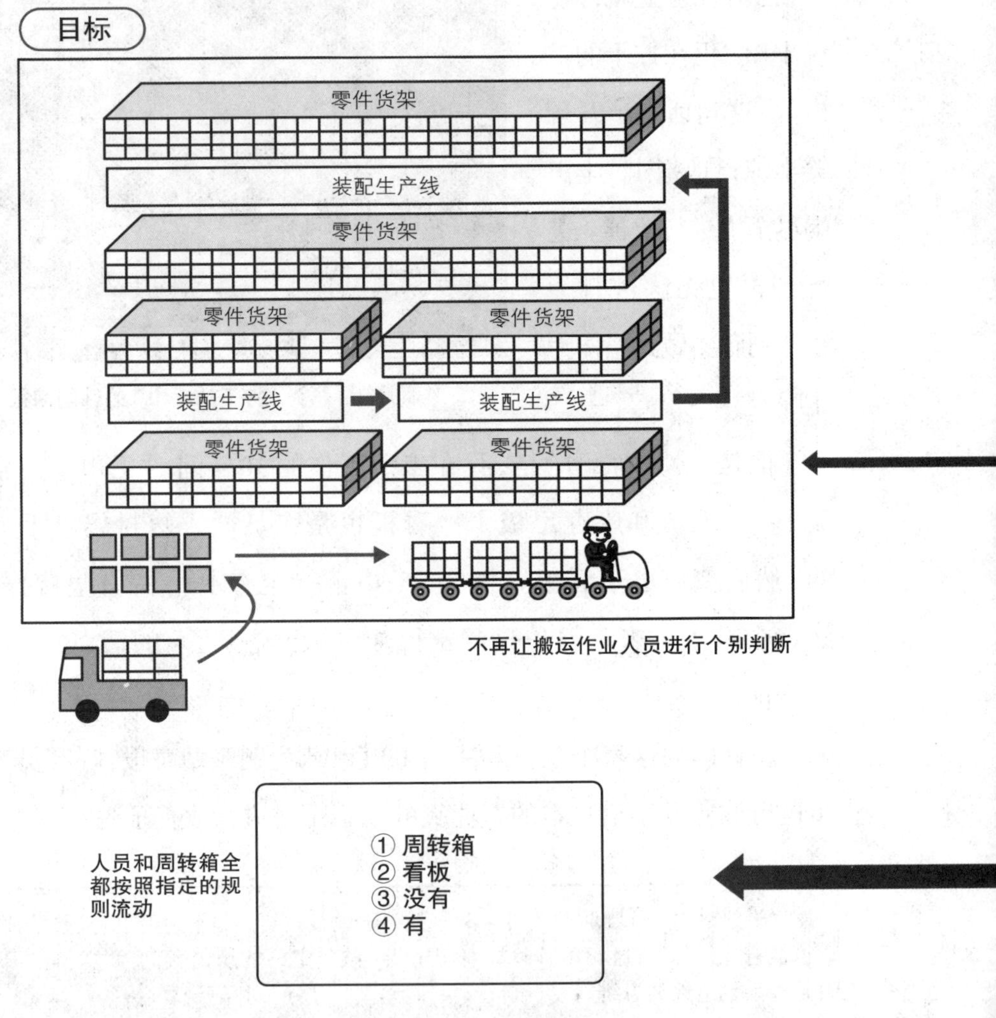

图4 从问题堆积如山的"现状"变为"理想中的状态"

▶ 朝着目标勇往直前的中国企业

接下来，介绍一下我现在指导中的一家中国焊接机制造商的改善。这家企业从上海开车往南行驶1小时左右能到。虽说从上海只要1个小时，但是周边都是田园地带。

这家中国企业一开始的情况都不忍直视。他们每天不得不在严格

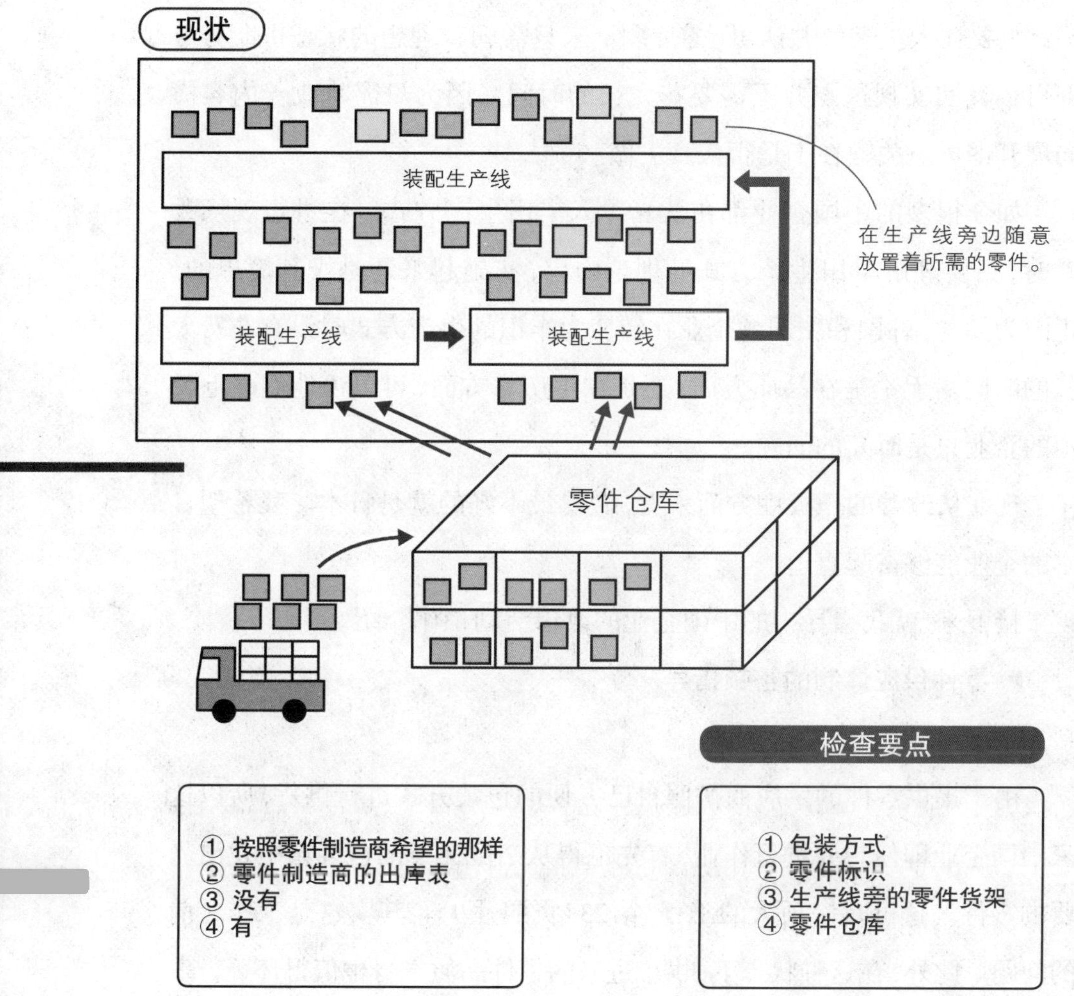

的生产管理体制下辛苦地工作。当我提出TPS(丰田生产方式)中一些好的方法建议时,他们立刻感受到了TPS的好处。简直就像在苦难之中遇到了救星一样。

现在这家中国企业在我具体的指导下,朝着理想的方向一直在前进。无论现状有多么糟糕,只要明确提出理想中的状态,人是能够很快作出改变的。

只要让人员理解并认可改善,剩下来只需朝着理想的状态拼命努力即可。其实实现这点并不需要花太长的时间。因为只需将改善内容横向展开即可。关键在于是否认真去做。

如今很多的中国企业都在认真导入丰田生产方式。在进行现场改善时,只要理解丰田生产方式的理论内容,实施起来还是极其简单的。正因为如此,韩国和中国的企业在转变为丰田的生产方式时没有花费太长的时间。无论是在品质方面,还是在生产率方面,可以说他们赶上日本的企业只是时间的问题。

现在从改善的积极性方面来看,做得最不好的就是日本。我希望日本的企业能够奋起直追。

接下来,就我指导中的中国企业的改善活动稍作介绍。

▶ 零件供应体制的整顿指导

(改善前)

由于提供零件的供应商按照自己方便的包装方式进行供货,所以这家中国企业即使想要进行作业,首先也得从杂乱无章的包装箱中找出需要的零件。这可是一项大的工程(第234页照片9)。其实这是工作之前的问题。此外,在这种状态下,供应进来的零件品质本身也值得怀疑。事实上,即使出现次品的混入、缺货以及尺寸不统一等问题,也很难辨别。

再者，在这家中国企业，装配生产线旁边没有任何零件货架，全部都堆积在零件仓库，然后从仓库取来需要的零件杂乱地放置在生产线旁边。问题堆积如山，确切地说应该是零件堆积如山。

（改善后“目标”）

首先，和零件的供应商协商使用“**周转箱**”。关于周转箱，请看图5就能明白，其实就是与供应商之间运输用的箱子。并且1箱（周转箱）中装的零件、产品数量都是规定好的。如果根据情况放6个、7个，每次数量都不相同的话，就没有意义了。完成好这步之后，再制作看板。（事实上，利用周转箱是导入看板的前提条件。）

> ▶ **周转箱**　丰田和零件制造商之间交接零件时用的具有一定规格的箱子。根据零件的大小、重量，容纳数量也会有所不同。在周转箱内附上看板后进行流转。

接下来看一下焊接机制造商的问题点。在装配生产线旁打造零件货架，对每个货架的存放位置进行编号，并写在看板上。这样一来，厂内的搬运作业人员只要根据看板上记载的存放编号，将周转箱投入到相应货架即可，不需要再进行多余的判断。

周转箱在零件制造商、搬运公司、装配制造商之间持续来回流转。这就好比日本黑猫宅急便的操作方式。

▶ 传送带使用方式的改善指导

（检查改善前的情况）

线束的传送带式生产线上也有问题。所谓的线束其实指的就是电线。最近的汽车利用电脑控制发动机，汽车上的电窗也是通过电脑控制车窗的升降。所以车上所有的地方都布满了电线，每台汽车要用到3 000米～4 000米的电线。由此看来，线束无疑成了主角。

① 供应商按照自己方便的包装方式进行供货。

② 从这里必须取出需要的零件。

③ 这种状态下，品质很令人担忧。

④ 装配生产线旁边没有零件货架，所需的零件堆得杂乱无章。

照片9　希望在零件供应方面进行改善

A
3
2
1
1
4
1161
0321
3111
2213
2166
0419
1919
2314
看板记载内容
· 产品名称
· 周转箱的尺寸
· 容纳数量
· 生产线旁的存放处编号
产品名称○○
装有 6 个
54
周转箱
物流中心
组装工厂（700 家）
供货指示
零件制造商（1 100 家）
高频率供货
高频率供货
高频率供货
高频率集货
高频率集货
高频率集货
供货
分货
集货

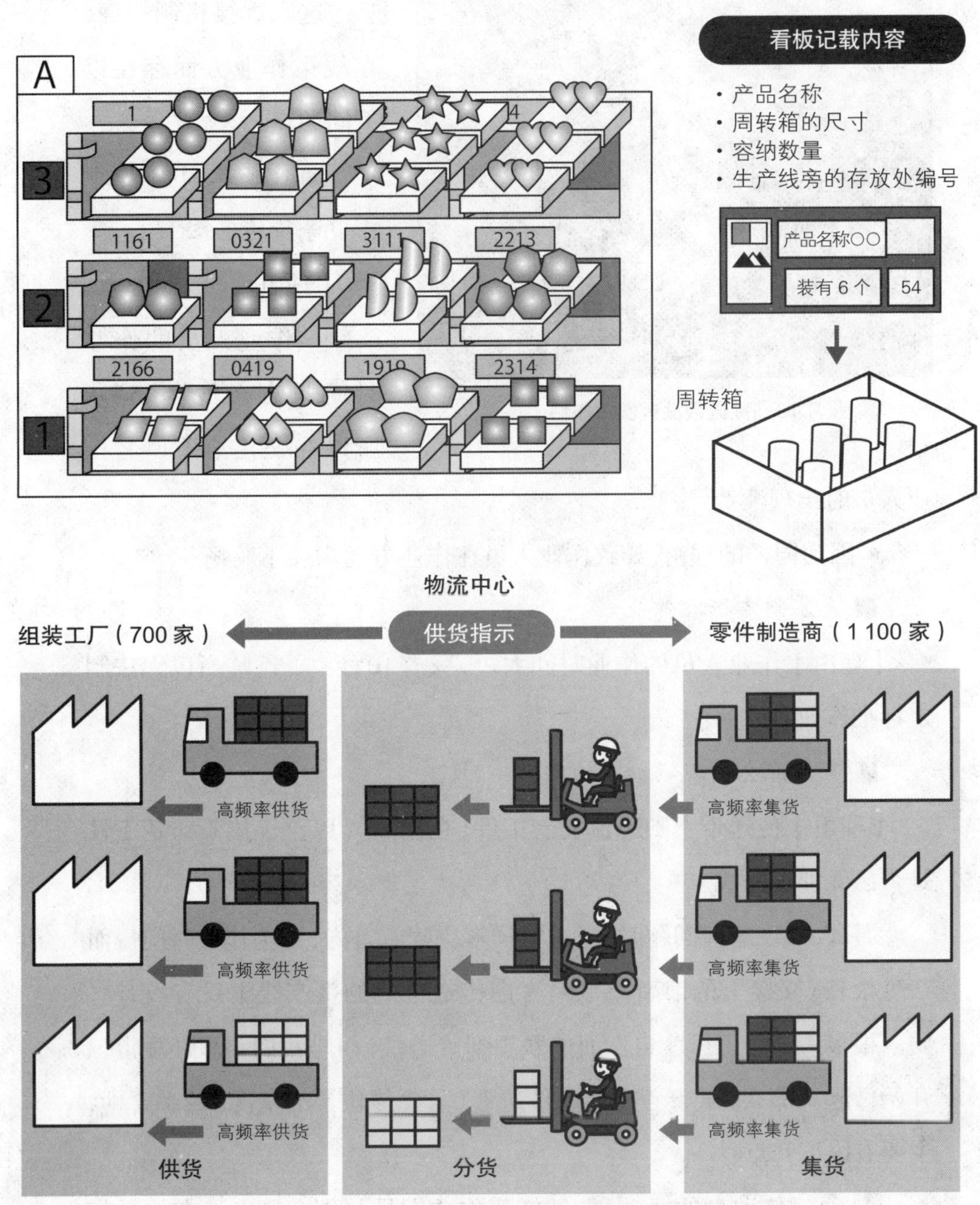

图5　导入“周转箱”的机制

照片10　传送带没有发挥作用……

这家焊接机制造商，在线束作业方面存在以下问题点。

■ 作业人员工作中出现等待的现象

【理由】

• 作业人员的作业时间只有10秒～15秒，所以在交接给下一名作业人员时出现浪费。

• 因为同样的理由，导致作业人员在作业方面沟通不顺畅。

■ 无法制定标准作业

【理由】作业人员的作业时间太短，只有10秒～15秒，所以无法制定标准作业。

■ 有可能会出现漏加工的问题

【理由】传送带上随意流动着工件（在制品），以至于搞不清楚工件是否已经加工完成。

那么，出现这些问题时，考虑怎样解决呢？首先，因为作业时间短而产生浪费（交接上的浪费），于是考虑传送带式的生产线本身有没有必要。很多人谈起工厂就自然而然联想到传送带，但是我们要从怀疑常识开始做起。那么，试着考虑使用传送带（需要传送带的情况）的必要性，主要有以下几点：

1 通过传动带的运动，能够知道作业人员的作业进度→在传送带的旁边墙壁上写有作业步骤。

[2] 一旦知道作业人员的作业出现延迟，就按下按钮（黄灯亮起）。

▶ **是否需要传送带**　经常有争论比较是传动带的方式好？还是单元式生产方式好？如果是传送带的生产方式，要经常考虑这种方式的优势所在，使得自己能够应对所有情况。

一旦按下按钮，支援人员就会赶来（生产线不停止）。

即便这样，仍然无法在循环时间内解决的话，生产线就会停止（红灯亮起）。

[3] 利用传送带移动工件（在制品）。

从中可以得知，在这条线束传送带式的生产线上，在[1]～[3]这3个必要性中，只有“[3]利用传送带移动工件”这一点具有其他方式无可比拟的优越性。

于是，得出令人意想不到的结论：应当废除传送带。在丰田，像这种突然废除一种旧的办法是家常便饭。

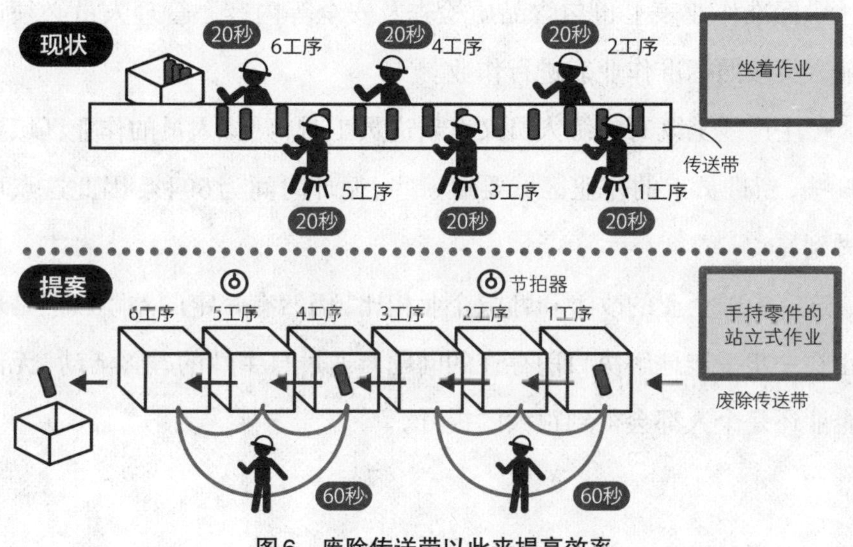

图6　废除传送带以此来提高效率

（改善后的目标）

对策1

• 废除传送带式的生产线，变为1个流的生产，打造手工作业、手动传递的生产线。

• 按照工序顺序，摆放排列设备、夹具、作业台等。

• 作业人员手持1个工件，在60秒内依次进行作业（必然要求站立作业）。

• 1个循环的作业时间为60秒，当完成1个循环的作业后，将工件放置到下一道工序，回到起始位置。

• 同样开始进行60秒的作业。

对策2

• 制作标准作业表。

• 以秒为单位，明确60秒的循环时间的作业内容，制作成标准作业表张贴出来。

• 标准作业表上也包含品质检查及安全等内容。管理人员必须让作业人员按照标准作业表进行作业。

• 生产线上既有熟练人员又有新进员工时，熟练人员的作业区域要长一些，新进员工的作业区域要短一些（循环时间为60秒，因此这点可以做到）。

这家中国企业的改善和韩国企业相比，仍然有一定的差距。但是现在正在一步一步地解决目前存在的问题。通过自主性的改善活动，无论是企业还是个人都会得到很大的提升。

电动汽车会取代传统动力汽车吗？

现在，汽车业正处于巨大的转型期。不言而喻，这个大的转变就是指从发动机驱动车转向**电动汽车**（EV）。大家普遍认为这将会成为必然趋势，发动机技术薄弱的新兴国家的核心技术必定从"发动机转变为电池"，甚至有人宣称将来会诞生松下汽车、索尼汽车。

我只不过是一名生产管理人员，既不是发动机、马达方面的专家，也不是经济评论家，更不是企业经营者。但是作为一名在现场工作了30年的生产管理人员，并且每天都乘车的人员，我对此抱有极大的怀疑。我认为从发动机驱动车到电动汽车的转变不会像社会上说的那么快，甚至会辜负大家的期望。

接下来，列举一下电动汽车的问题。

► 高价以及材料方面的担忧

虽说电动汽车会成为未来汽车的发展趋势，是**清洁能源**的汽车并且能享受购车补贴，但价格贵的话，也是很难取代原来的发动机驱动车。首先由于电池成本贵，所以汽车的价格会是原来的两倍以上。假设每度电要4万日元，那么20度电的话，仅电池就要耗费80万日元。也有观点认为，如果量产的话会便宜，但是据说现在**锂电池**价格的70%都是钴的费用，所以我对量产能起到多大的效果表示怀疑。钴的价格昂贵，当然如果能够找到代替它的正极材料进行量产的话，费用不到原来的1/4，所以希望能够改变材料。

> **▶ 丰田的电动汽车工厂** 2012年7月，发售单人座超小型电动汽车新型COMS（由丰田子公司丰田车体公司（Toyota Auto Body）制造）。同年9月，发布了以“iQ”为基础的小型电动车“eQ”。面向地方政府开始限定销售。（由高冈工厂制造）

另外，电动汽车上使用添加了**镝**的**钕磁铁**。这是种超稀有金属，只有中国供应。现在中国因为环境保护的原因，出口量减少，今后随着电动汽车的快速发展，能否供应充足的磁铁也是个问题。所以希望能够开发不使用镝的永久磁铁。

▶ 由于采用充电方式，可持续行驶的距离短

在**充满电**的情况下，日产的聆风可持续行驶200公里。拿同等程度的小型汽车进行比较的话，即使1升汽油可行驶20公里，60升的汽油能行驶1 200公里。而电动汽车由于无法利用内燃机的废热，冬天使用暖气时，可持续行驶距离会大大缩短。因此，在冬天开着暖气行驶，中途想要上高速公路时，无法以每小时50 ~ 60公里的速度行驶。

此外，在交流电压为200 V的情况下进行**普通充电**的话，到充完电为止也要8个小时。一般日本家庭的电压为100 V，那么就需要花15 ~ 16个小时。在日产的主页上甚至加注“虽然在100 V电压下可以充电，但是充电时间较长。因此推荐在200 V的环境下充电”。当然**快速充电**的话，能节省80%的时间，即便这样也需要30分钟左右。不管怎样，与在加油站加油相比，时间上要长很多。当要去某个地方需要快速充电时，30分钟也是很长的。

▶ 充电的基础设施不完善

由于电力成本仅为汽油的1/10，所以会阻碍旨在整顿加油站等基础设施的商业模式。虽然在社会上试着推进公交车的电动化，但是需要在公交车站进行**非接触式充电**，基础设施的投资也会变大。

现在的充电电池充电容量也有限，货运车及大型汽车基本不采用。因此，无法取消以往的加油站等基础设施。供电装置上同时设置汽油和电力的话，加油站又不合算，真是左右为难。

因此，我感觉电动汽车的普及并不会像人们想象的那么快。但是，作为城市的短途代步交通工具来考虑的话，非常实用还很环保。不过倘若那样的话，用户需要同时拥有电动汽车和汽油车两辆汽车。

目前**插电式混合动力汽车**（plug-in hybrid car）能够满足这两方面的需求。这种车的话在城市里可以作为电动汽车，在郊外可以作为混合动力汽车而使用。

事实上，致力于生产混合动力车的丰田和本田等公司虽然也销售小型电动汽车，但下一代的主流将会是插电式混合动力汽车。

混合动力的技术特点就在于汽油发动机和电动马达的动力混合。开发这种技术需要非常高超的技术和巨额的资金投资。电动汽车的技术在于“马达、变流器、电池”，所以基本上包含在混合动力技术内。

> ▶ **插电式混合动力**　这里的插头和家电产品上的一样，用插头在家用电源上直接可以进行充电，与非插电式混合动力汽车相比，由于多搭载了电池，所以仅靠电力就能行驶很长的距离。

反过来讲，电动汽车的关键技术在于电池的特殊性。混合动力汽车需要短时间、高功率输出的电池，与此相对电动汽车需要长时间、大容量的电池。因此，从丰田、本田来看，实际上生产电动汽车非常容易。

比起发动机驱动车，电动汽车的技术障碍要低。最近不具备混合动力技术的汽车公司都开始积极销售、极力宣传电动汽车。由于政府和民间都提倡电动汽车，所以慢慢给人感觉“真正的环保车就是电动汽车”。并且看上去这些汽车公司既有开发电动汽车的技术能力，又有预见性，给人一种这些企业很有前景的良好印象。

但是，那些电动汽车并不像评价的那么好卖。包括价格等从现阶段来看可以说电动汽车的普及还为时尚早。

在日本这种国土狭窄、人口密度高的国家，普及电动汽车有一定的现实性。但在中国、美国等国土辽阔的国家，极端地说，缺乏电力就等于死。这种情形很容易想象。在那样的国家，整顿电动汽车的基础设施简直就是天方夜谭。

▶ 3种汽车的并存

今后，像丰田、本田这样的大型汽车公司必须生产以下3种汽车。

传统汽油动力汽车……………………………………发动机、汽油箱

插电式混合动力汽车…………………发动机、汽油箱+马达、蓄电池

电动汽车…………………………………………………马达、蓄电池

为了制造这三种结构不同的汽车，需要有比现在更大的生产基地和生产规模，要求更高水平的生产管理。但是，不能指望生产台数会有大幅度的增加（中国市场会有所扩大，但是很难想象日本、美国市场会急剧扩大）。

也就是说，对于汽车公司而言，要考虑所有成本上升的因素为好。因此，未来汽车行业的竞争将更为激烈。

届时，差距就体现在**通过生产管理废除浪费的彻底程度**以及改善的能力。

但是，即便是日本的汽车公司仍然还没有完全领会“废除浪费”的含义。在本书中也多次提到，因为发生像东日本大地震级别的灾害以及

海外的洪水灾害，而导致该地区的零件供应中断时，丰田的生产线会立即停止，但是其他汽车制造商因为备有库存，所以在工作数天之后生产线才停止。这反映了丰田的所有生产线上都没有不必要的库存这一现实，同时也说明丰田以外的汽车公司至今仍然持有庞大的库存。这是他们没有真正着手降低库存的证据。

▶ **丰田以外的汽车制造商的库存**　向零件制造商的负责人一打听，得知向丰田供应零件是最为平均化的，因而工作起来很轻松，但是其他汽车制造商的订购量变动很大，应对起来很辛苦。订购出现变动时，对于汽车制造商而言，就必须作为库存而持有。

此外，我离开丰田公司后，也曾几次参观过丰田以外的汽车工厂。那时，让我感到惊讶的是，现场完全没有信息指示灯。这样一来，由于所有的作业人员都不能离开他们负责的机器，那么就会耗费庞大的工时。不得不说其他的汽车公司和丰田就从现状来看，在生产制造的效率方面也存在很大的差距。

丰田是日本汽车行业的领头羊，因此无论如何都要带着赶超丰田的心态，彻底研究并切实导入作为丰田制造哲学的丰田生产方式。看到海外企业拼命地导入丰田生产方式，切身体会到他们取得的成果，我觉得如果不提高日本汽车行业的整体能力，那么在未来的“电动汽车”以及与“韩国、中国汽车”的竞争中，必然承受不住压力而处于劣势。

日本的电机行业已经不行了。现在在日本仅存汽车行业以及支撑这一行业的零件业和材料业。期待日本的企业能够振奋起来。